Alice Schwarzer
Warum gerade sie?

Alice Schwarzer
Warum gerade sie?
Weibliche Rebellen
15 Begegnungen
mit berühmten Frauen

Luchterhand
Literaturverlag

Inhalt

Vorwort

Berühmte Frauen. Schon die Kombination dieser Worte klingt obszön und wird nicht nur Stolz, sondern auch Häme provozieren. Berühmte Männer, klar, die existieren, und zwar zuhauf, in Geschichte wie Gegenwart und für jeden Geschmack. Aber berühmte Frauen? Katharina die Große vielleicht, von der der Nachwelt weniger ihre staatsmännischen Leistungen als ihre angeblichen sexuellen Perversionen überliefert sind? Der Filmstar Marlene Dietrich, die ihr Leben lang ihren Körper verachtet und geistvolle Männer verehrt hat und nicht aufhört zu beteuern, sie sei ein Nichts, sei nur das Geschöpf von Sternberg und dessen Kunst, sie auszuleuchten? Oder Simone de Beauvoir, die Intellektuelle, die trotz eines halben Jahrhunderts eigenständiger und weltöffentlicher Existenz das Etikett der »grande Sartreuse« nie loskriegte und bis zuletzt mit der Frage belästigt wurde, ob ihr im Leben nicht doch etwas fehle, die Mutterschaft zum Beispiel?

Drei Frauen, die für drei Arten von Karrieren stehen: Die Politikerin für die Anpassung an das Männliche, der Filmstar für die Kultivierung des Weiblichen, die Intellektuelle für den Grenzgang. Auch die 15 von mir hier porträtierten Frauen gehen sehr unterschiedliche Wege. Sie haben klassische Frauenkarrieren gemacht, wie die Schauspielerinnen oder die Prostituierte; sie haben sich in typischen Männerberufen durchgesetzt, wie die Regisseurinnen oder Journalistinnen; oder sie haben versucht, sich von beiden Einschränkungen zu befreien, sind einen dritten Weg gegangen. Eines aber haben sie alle gemeinsam: Sie alle sind Ausbrecherinnen aus der Weiblichkeit, bewußt oder unbewußt. Schon ihre öffentliche Existenz verstößt gegen die eherne patriarchalische Regel der weiblichen Beschränktheit, im doppelten Sinne.

Bei den Begegnungen mit diesen bekannten und berühmten Frauen interessierte mich vor allem, warum gerade sie diesen Weg gehen konnten. Welche Lebenskonstellationen und Eigenschaften machen die Entwicklung von Stärke bei Frauen möglich, ja fördern sie vielleicht sogar? (Eine Frage, die ich mir seit langem bei allen Frauen stelle, die über das ihnen Zugewiesene hinausgehen.) Und wie wirkt sich die Existenz solcher weiblichen Vorbilder oder Idole speziell auf Frauen aus? Gleichzeitig interessiert mich die Entmystifizierung dieser »berühmten Frauen«, das heißt, ich will diese Frauen erreichbar machen und zeigen, daß ihre Stärke kein Wunder ist, sondern daß auch sie sich diese Stärke erarbeiteten und erkämpften – und daß auch sie Schwächen und Widersprüche kennen. Denn Stärke, Erfolg und Macht, das sind ja keine Werte an sich, sondern nur dann wünschenswert, wenn sie nicht zur Einschüchterung und Entmündigung anderer beitragen, sondern zur Selbstfindung und Selbstbestärkung aller herausfordern.

Traditionell identifizieren Frauen sich mit Schwäche. Diese Kultivierung der Schwäche wird von der Männergesellschaft systematisch – und seit Existenz der neuen Frauenbewegung wieder verstärkt! – gefördert und propagiert. Frauen haben eine gemeinsame Geschichte im Leiden, nicht im Siegen. Stärke und Macht werden gemeinhin mit »Männlichkeit« gleichgesetzt und sind darum für Frauen tabu.

Die erfolgreiche Frau ist also immer eine »männliche« Frau und wird nur in drei Varianten überhaupt geduldet: Entweder sie hat einen ganz geschlechtsneutralen Auftritt, ist »weder Fisch noch Fleisch« (Karrierepolitikerinnen wählen gerne diese Lösung). Oder sie inszeniert sich betont weiblich (ein Phänomen, das sowohl in Kultur wie Politik anzutreffen ist). Oder aber sie tritt, fast transvestitisch, resolut männlich auf. Und dann gibt es noch eine vierte, die modernste und besonders schizophrene Variante: Die Karrierefrau, die nach außen »ganz Frau geblieben« ist, hinter den Kulissen aber hart durchzieht wie ein Kerl.

Doch welchen dieser Wege die erfolgreiche Frau auch immer wählt: sie muß sich verleugnen, muß etwas vortäuschen, was sie in Wahrheit nicht ist. Der einzig authentische Weg – den einige wenige versuchen – wäre das Eingeständnis der weiblichen Realität verbunden mit männlichen Ambitionen. Jede Frau ist vom Weiblichkeitsdrill (mit)geprägt und jede Frau ist von der Frauenverachtung betroffen; jede wird weggebissen aus den Erfolgsclubs der Männer und bestenfalls als Ausnahmefrau geduldet; jede ist potentielles Vergewaltigungsopfer, da schützt auch Karriere nicht. Jede ehrgeizige Frau aber muß gleichzeitig mit Männern in Bereichen konkurrieren, in denen sie die Herren sind und die Spielregeln bestimmen.

Welche äußeren und inneren Bedingungen machen das Abweichen vom weiblichen Pfade also überhaupt denkbar? Das ist die Frage, die ich mir selbst und diesen Frauen immer wieder gestellt habe. Auffallend bei den Lebensläufen erfolgreicher Frauen fand ich, daß sie fast nie aus »normalen« familiären Verhältnissen kommen, sondern meist aus einer atypischen, oft sogar regelrechten Außenseiter-Situation. Nichts scheint lähmender zu sein für Frauen als Normalität. Die Ausbrecherinnen aus der weiblichen Bescheidenheit haben oft vielfache Brüche: in ihrer nationalen Identität, in ihrer Klassenherkunft, in ihrer Identität als Frau. Sie sind unehelich, vaterlos oder, im Gegenteil, sogenannte »Vatertöchter« (also mit dem Vater identifiziert, ihm nacheifernd). Und nur jede zweite der hier Porträtierten hat selbst Kinder. – Bei den exponierten Feministinnen sind, in Vergangenheit wie Gegenwart, übrigens ganz häufig sehr ähnliche, atypische Lebenskonstellationen zu finden.

Mein eigenes Verhältnis zu diesen weiblichen Vorbildern und Idolen ist so unterschiedlich, wie die Frauen selbst es sind. In manchen Fällen scheint mir ihre öffentliche Rolle besonders typisch oder atypisch; in anderen ihre Arbeit besonders innovativ; einige waren mir in meiner Jugend vielleicht sogar selbst ein Vorbild (so hier in zwei Fällen). Manche traf ich beim

Interview zum ersten und zum letzten Mal, mit einigen blieb ich in Kontakt, mit anderen bin ich seit langem befreundet. Recht unterschiedlich ist darum auch die Form und Intensität der Gespräche. Mal sind es Interviews, die ich seit langem plante; mal Begegnungen, die sich fast zufällig aus einer hastigen journalistischen Aktualität ergaben.

Darum vorweg ein paar Worte zu den Produktionsbedingungen: Jede der hier Porträtierten hat den Text gesehen, *bevor* er erschien. Nur das, womit sie selbst einverstanden waren, wurde auch veröffentlicht. Die Gespräche konnten also immer in großer Offenheit stattfinden. Selten, aber doch manchmal, mußte ich dadurch bei der Veröffentlichung auf Passagen, die mir aufschlußreich schienen, verzichten. Das nahm ich in Kauf, denn ich halte es grundsätzlich für unzumutbar, über einen Menschen, der mir vertraut hat, etwas zu veröffentlichen, was falsch oder gar verletzend sein könnte. Schließlich ist, was einmal gedruckt ist, nicht leicht rückgängig zu machen. Ich selbst weiß das als Objekt der Berichterstattung nur zu gut.

Die reinen Gesprächspassagen sind Extrakte von ein- bis zweistündigen Gesprächen. Dabei habe ich immer die wörtliche Diktion der Befragten und auch ihre wesentlichen Aussagen erhalten; ebenso häufig scheinbar unwesentliche, aber charakteristische Details. Die Fragen und Antworten wurden lediglich durch Kürzungen oder Umstellungen pointiert.

Auffallend fand ich, daß die Mehrheit dieser mediengewohnten, aber auch medienstrapazierten Frauen meine Textfassung unberührt ließ: Uneitel und gelassen ertrugen sie den fremden Blick und die oft ja auch unbequeme Interpretation ihrer Person. Auffallend fand ich beim Zusammenstellen der Porträts auch, daß meine Fragen im Laufe der Jahre präziser und vielleicht auch (selbst-)kritischer geworden sind.

In diesen Texten geht es immer ebenso um die realen Lebens- und Arbeitsbedingungen, also die äußere Realität der Frauen, wie um ihre psychologische Verfassung, die »innere« Realität (die ja weitgehend ein Produkt der äußeren Realität ist). Diese

Internalisierung der uns Frauen diktierten Rolle habe ich als Feministin zwar von Anbeginn an kritisch gesehen, in diesen Zeiten der erneuten Propagierung einer »neuen« Weiblichkeit jedoch messe ich ihr eine verstärkte Bedeutung bei. Doch »Weiblichkeit« ist für mich kein Wert an sich und »Männlichkeit« kein Tabu um jeden Preis. Im Gegenteil: Ohne »männliche Anmaßung« (Jelinek) kein Ausbruch aus dem weiblichen Getto! Das Forschen nach den »männlichen« Seiten der Frauen ist also immer ein ganz zentraler Punkt in den Gesprächen.

Das früheste der Porträts entstand 1976/77 für die erste Emma. Nach Erscheinen der Ausgabe wurden »die Emma-Frauen« ins damalige Kölner Frauenzentrum gebeten (oder sollte ich besser sagen: zitiert?). Es wurde nicht gerade ein schwesterlicher Abend... Einer der (ausgesprochenen) Hauptvorwürfe gegen mich lautete: Wie konnte ich als Feministin es überhaupt wagen, »so eine« wie Romy Schneider zu porträtieren. Das sei doch »kein Thema«, sei einfach »unterm Strich«. Wir Frauen hätten »nun wirklich andere Probleme«.

Eine solche Reaktion drückt nicht nur einen gehörigen Mangel an Selbsterkenntnis und Gelassenheit dem Star gegenüber aus (denn schließlich hatten sich viele der Anwesenden Romy einst selbst an die Wand gepinnt und sind solch demonstrative Ablehnungen nichts als die andere Seite der Medaille des Starkultes), sie dokumentiert auch die totale Ignoranz gegenüber den wahren Mechanismen bei der Fabrikation von »Weiblichkeit«. Denn beim Rollendrill spielen ja nicht nur Realitäten (wie die männlich-weibliche Arbeitsteilung und das Gewaltmonopol der Männer), sondern auch Ideologien eine Rolle. Und ein Idol wie Romy Schneider, diese abtrünnige Jungfrau der Nation aus den 50er Jahren, ist nun mal eine vorzügliche Ideologieträgerin und Projektionsfläche – und ganz besonders interessant, weil sie genau dagegen rebellierte. Dies alles zu leugnen, heißt wenig wissen von sich und seiner Zeit.

Hinzu kam damals der von der Linken kritiklos übernommene Kollektivkult in der jungen deutschen Frauenbewegung, die jede individuelle Stärke negierte, und nur noch männliche Helden à la Che Guevara gelten ließ sowie einige wenige linke weibliche Idole, die sich zwar für die ganze Menschheit eingesetzt, zur besonderen Lage der Frauen jedoch kein Wort verloren (wie Rosa Luxemburg) hatten.

Würde eine solche Diskussion im heutigen Zeitgeist anders verlaufen? In einem vergleichbaren, also der Linken nacheifernden und diffus »frauenbewegten« Milieu nicht unbedingt. Beweis: Zehn Jahre später bekam ich nach der Veröffentlichung meines Dönhoff-Porträts einen ganz ähnlichen Rüffel. Meine (selbst-)ironische Schilderung der ersten Minuten unserer Begegnung (»Das Soldatische an ihr wird schamhaft verschwiegen... Mit einer Mischung aus Strenge und Neugier richtet sie den Blick auf mich... Innerlich schlage ich die Hakken zusammen.«) veranlaßte die feministische Zeitschrift »Lila Lotta« aus Bonn zu einer vernichtenden Kritik an der »großen Schwester« Emma. Mit ihren Stories über berühmte Frauen sei Emma zur »Amme und Märchentante der bundesdeutschen Frauenbewegung« avanciert, der Schwarzer-Text über Dönhoff sei eine einzige »peinliche, unterwürfige Lobhudelei«; mehr noch: eine Perversion, denn aus den Sätzen spräche »die Sehnsucht nach einer Domina«.

In dem Dönhoff-Porträt stehen Geschlechts- und Klassenidentität im Mittelpunkt. Die zentrale Frage bei diesem ungewöhnlichen Weg ist die nach den Gründen der Abweichung von der »typischen« Frauenrolle, also die nach den »männlichen« Seiten dieser sich so unweiblich in die Weltgeschäfte einmischenden Frau. Ausgerechnet solche Überlegungen ins Sexuelle zu ziehen, ist aufschlußreicher, als es der selbstgerechten Kommentatorin lieb sein kann... Hier haben wir es also wieder: das sogenannte »Angst-vorm-Erfolg-Syndrom«, die unreflektierte Übernahme linker Kriterien als »feministisch« und die Begrenzung von Frauen aufs Sexuelle – unter allen Umständen, durch Männer wie Frauen.

Einmal in Fahrt, geht die »kleine Schwester« aus Bonn gleich noch weiter. Sie wirft mir gar eine »Identifikation mit den Machtstrukturen selbst« vor, ja setzt Emma darum gleich mit den Anhängerinnen des »Nationalsozialismus und der chilenischen Junta«. – Am Geschütz, das aufgefahren wird, erkennen wir: Hier geht es nicht um sachliche Auseinandersetzung, sondern um persönliche Diffamierung. Eine solche Vorgehensweise scheint mir so typisch weiblich wie typisch deutsch.

Hier spricht, ein halbes Jahrhundert nach Nazi-Deutschland, das tief gestörte Verhältnis der Deutschen im Umgang mit Autoritäten, Widersprüchen und Nuancen: Undenkbar, daß man ein und dieselbe Person schätzen *und* kritisieren kann, daß sie unangepaßt *und* angepaßt ist, daß sie weit geht *und* zu kurz greift. Noch die Töchter und Söhne, die Enkelinnen und Enkel sind geprägt vom strammdeutschen Schwarz-Weiß-/Freund-Feind-Denken. Da beherrschen strahlend Gerechte und dunkel Rechtlose das Weltbild; da kann es nur Verherrlichung oder Vernichtung geben; da fällt Toleranz, (Selbst-)Kritik und Veränderung schwer. Denkverbote und Schubladen verstellen Alten wie Jungen, Konservativen wie (angeblich) Fortschrittlichen den Blick.

Und noch etwas typisch Deutsches kommt für uns Frauen verschärfend hinzu: die gänzliche Abwesenheit von Vorbildern. So gründlich wie in Hitlerdeutschland wurde die individuelle und kollektive Existenz von Frauen in keinem Land ausradiert. Dabei blieben nicht nur Feministinnen auf der Strecke, sondern alle Frauen, die etwas Hervorragendes geleistet hatten. Nur die tröstenden Mütter und rettenden Engel, die »wahren Frauen« durften überleben – allerdings auch sie nur verstümmelt.

Deutsche Frauen haben also noch weniger Grund als alle anderen Frauen auf der Welt, stolz zu sein auf sich und ihre Geschichte. Menschen aber, männliche wie weibliche, »brauchen Ideale, Vorbilder, Ziele, an denen wir uns orientieren können«, schreibt die deutsch-dänische Psychoanalytikerin

Margarete Mitscherlich-Nielsen und stellt fest, daß der »Unfähigkeit zur Bewunderung« immer auch »Gefühle des Neides und der Rivalität« zugrunde liegen.

Was aber ist so »weiblich« an den Angriffen unserer Schwestern, die soviel Wert darauf legen, »klein« zu sein? Traditionell weiblich sind die Berührungsängste, wenn es um Stärke, Erfolg, Macht – kurzum Männlichkeit geht. Zwar haben die hier porträtierten Frauen allesamt keine wirkliche Macht, sondern eher eine individuelle Stärke. Und selbst bei Frauen, die dicht an der Macht sind, wie Gräfin Dönhoff, ist es auffallend, daß sie nicht wirklich danach streben, ihre Position machtpolitisch zu untermauern und starke Tendenzen zum Idealismus haben.

Aber auch da, wo Frauen wirklich nach Macht streben – im guten wie bösen – sind sie allein. Sie sind nicht, wie die mächtigen Männer, eingebunden in ein Netz von gegenseitiger Beförderung, Bestätigung und Bestärkung. Die Macht von Frauen ist immer äußerst begrenzt und gefährdet – doch schon das scheint den Herren zuviel zu sein. Hinzu kommt: Frauen sollen, und wollen furchtbarerweise auch oft, Objekt oder Opfer bleiben und nicht Handelnde werden. »Viktimismus« nennen amerikanische Feministinnen diese Lust am Opfersein (und die gleichzeitige Dämonisierung von Stärke) bei Frauen.

Dem hat die Neue Frauenbewegung, nicht ohne Erfolg, in den letzten 20 Jahren einiges entgegengesetzt. »Frauen gemeinsam sind stark!« und »Sisterhood!« lauteten die Parolen des Aufbruchs. Doch als sich nach der ersten Euphorie die guten alten Gewohnheiten wieder Bahn brachen, war er wieder da, der »Schwesternstreit«. Von den Männer-Medien wurde er flugs ans Licht gezerrt und triumphierend als das Ewigweibliche propagiert. Die zarten Pflänzchen »Schwesterlichkeit«, »Frauenfreundschaft« und »Frauenliebe« gedeihen zwar weiter, stehen aber im Schatten dieser grellen Propaganda der angeblich ewigen Selbstverachtung, des Selbsthasses, der Selbstzerfleischung von Frauen.

»Um es klar und deutlich zu sagen: Bei der Wiederkunft der

Hexenverfolgung werden andere Mittel angewendet«, schreibt die amerikanische Feministin Mary Daly. »Diesmal werden Frauen dazu abgerichtet und legitimiert, die Sache untereinander zu erledigen.« Auch in der Bundesrepublik vergreift sich schon lange kein kluger Mann mehr an Feministinnen. Frauen machen Frauen fertig, das ist die Devise.

Zur Kultur des Umgangs von Frauen mit Frauen läßt sich also nicht nur Erbauliches sagen. Daß nur so wenige Frauen wirklich Freude an der Stärke und am Erfolg anderer Frauen haben, gehört dazu. Ebenso die Kultivierung und Propagierung des weiblichen Mittelmaßes, betrieben von Männern wie Frauen.

Ich meine damit die moderne Neigung von Frauen, anderen Frauen alles nachzusehen. Sie scheint mir eine der größten Gefahren des Vulgärfeminismus und nur eine neue Form der Verachtung von Frauen. Denn einen Menschen, den ich ernst nehme, messe ich an seinen Möglichkeiten, ihm gebe ich die Chance einer (offenen!) sachlichen Kritik, statt ihn der Demontage einer (heimlichen) unsachlichen Häme auszuliefern. Die Wurzeln für ein solches Verhalten von Frauen gegenüber Frauen sind im mangelnden Selbstwertgefühl und dem daraus resultierenden Selbsthaß zu finden. Und in der Schwäche und Angst: Ich kritisiere dich nicht, also kritisierst du mich auch nicht, und wir treffen uns auf der untersten Ebene des gemeinsamen Nenners. Frauen gemeinsam sind schwach.

Längst hat die Männergesellschaft erkannt, daß die Folgen einer Jahrtausende währenden Erniedrigung auch durch einen erstarkenden Feminismus nicht so rasch aufzuholen sind. Ihr neuester Beitrag ist die Strategie des weiblichen Mittelmaßes. Die sieht so aus: Vor allem in Bereichen, in denen wirkliche Qualifikationen nicht so einfach meßbar sind (wie es in der Naturwissenschaft oder der Wirtschaft der Fall wäre), also zum Beispiel in Kultur und Politik, läßt man Frauen Karriere machen, die in Wahrheit nicht gut, sondern bestenfalls Mittelmaß sind. Diese mittelmäßigen Karrierefrauen haben viele unschätzbare Vorteile für Männer: Ihre Konkurrenz ist nicht zu fürchten. Ihre Existenz ist ein erneuter Beweis der weiblichen Beschränktheit (Frauen sind eben doch nicht ganz so gut wie Männer). Und ihre Dankbarkeit wird keine Grenzen kennen, sie werden sich erkenntlich zeigen.

Diese von den Männern geförderten mediokren Frauen danken ihren Aufstieg dem starken Geschlecht durch demütige Anerkennung – und dem schwachen Geschlecht durch Verrat. Sie sind quasi qua Natur Antifeministinnen, denn jede Unterwerfung unter die männliche Ordnung impliziert weibliche Anpassung und damit die (heimliche) Verachtung des Weiblichen, was sich nicht selten in öffentlicher Lobpreisung der sogenannten Weiblichkeit artikuliert.

Mit der Einführung der Quotenfrauen in der Politik wird das wohl kaum besser werden. Denn so berechtigt die Quotenfrauen in der Arbeitswelt sind – jeder zweite qualifizierte Platz und Ausbildungsplatz für eine Frau – so problematisch scheinen sie mir in der Politik: Hier geht es schließlich nicht nur um das Recht auf Karriere, sondern auch um Inhalte, die vertreten und verfochten werden müssen. Quotenfrauen in der Politik aber sind bis auf weiteres fast ausnahmslos Karrierefrauen von Männergnaden. Sie können nicht anders, sie müssen einfach Antifeministinnen sein (oder zumindest so tun).

Das ist das Makabre: Ihre Existenz verdanken die Quotenfrauen in der Politik strukturell den autonomen Feministinnen, denn nur von ihnen kam zunächst die Forderung »Mehr Frauen in die Politik!«. Personell aber sind diese neuen Karrierefrauen von Männern abhängig, ohne die sie sich nicht auf einen Quotenplatz heben lassen können. Die Chance also, daß die Polit-Quotenfrau mittelmäßig und frauenfeindlich sein wird, ist leider sehr groß; und die Gefahr, daß gerade sie frauenbewegte, starke Frauen behindern oder sogar bekämpfen wird, auch nicht gering. Wir können erste Folgen schon jetzt in allen Parteien feststellen, von rechts bis links, von CDU bis Grüne...

Das Pendant der Frau von Männergnaden ist die unabhängige Frau. Auf sie ist der Haß am stärksten. Ich selbst bin ein Beispiel dafür. Aufschlußreich ist, daß ich wegen meiner Rolle sowohl von Etablierten angegriffen werde, wie auch von Alternativen, ja sogar von Feministinnen. (Ich meine dabei keine Sachkonflikte, sondern grundsätzliche Kontroversen.)

Aber ist es nicht auch tatsächlich ein Widerspruch in sich, Feministin zu sein und berühmt? Wollten wir Frauen nicht endlich aus dem Schatten der Mächtigen treten? Sind wir Feministinnen nicht angetreten, um alle gleich zu sein? Ja, wir sind. Aber gleich stark, nicht gleich schwach. Was ich damit meine? Das möchte ich mit zwei Erfahrungen aus der Frauenbewegung illustrieren; die eine aus den frühen 70er Jahren in Paris, die andere aus der Mitte der 70er in Berlin.

Als die antihierarchische, eher anarchistisch geprägte französische Frauenbewegung 1970 auf ein neues aufbrach (und ich mit ihr), da waren, neben vielen unbekannten Frauen, auch einige bekannte darunter: Wissenschaftlerinnen, Journalistinnen, Schriftstellerinnen, Schauspielerinnen. Wirklich klar wurde das erst Jahre später. Damals waren alle gleich, dachten und taten alle alles gemeinsam; keine hätte sagen können oder wollen, wer nun gerade welche Idee als erste gehabt oder welche Tat getan hatte. Es war auch ohne Bedeutung für uns. Unsere Stärke schien das Wir. Ein Ich gab es nicht. Darum war es auch ungeschriebenes Gesetz damals in Paris, daß einzelne Arbeiten oder Auftritte nur unter Angabe des Vornamens der jeweiligen Frau stattfanden. Die Nachnamen waren abgeschafft (und eh nur der »Name des Vaters«).

Wir fühlten uns damals alle recht wohl dabei und ahnten nicht die Konsequenzen: nämlich die Behinderung der Entwicklung individueller Stärke von Frauen nach innen (innerhalb der Frauenbewegung) ebenso wie nach außen. So fand die Darstellung und Vermarktung des französischen Feminismus in Kultur, Wirtschaft und Politik sehr bald ohne die Feministinnen statt – an ihre Stelle traten Nicht-Feministinnen oder gar Anti-Feministinnen, die nur zu gern bereit waren, mit einem abwiegelnden Pseudo-Feminismus Karriere zu machen. Die Entwicklung in der Bundesrepublik war nicht unähnlich: Auch hier der nivellierende Gruppendruck und gleichzeitig verdeckte Machtstrukturen – hinter deren schützendem »Wir« Einzelne im Namen eines Kollektivs die Drähte zogen (ohne dafür die Verantwortung zu übernehmen).

Als zweites Beispiel Berlin 1974, Plenum im Frauenzentrum Hornstraße. Es wurde, schon und immer noch, über den § 218 diskutiert. Nach einer Weile ergriff ich auch das Wort, weil mir schien, daß die Argumente hinter den bereits erreichten Stand zurückfielen (ich hatte 1971 ein erstes Buch über den Kampf gegen den § 218 veröffentlicht). Schon nach wenigen Sätzen fiel mir eine gewisse Regula in die Parade: »Halt den Mund!«, fuhr sie mich an. »Du weißt immer alles besser.« Ich fragte zurück, ob ich denn nur reden dürfe, wenn ich alles, was ich schon weiß, wieder vergesse und mich so klein mache wie die Kleinste unter uns. Darauf Regula ganz ernsthaft: »Genau!«

Wir Frauen wissen alle, wovon wir reden, wenn wir sagen: Nichts macht Frauen bei Frauen so beliebt wie Schwäche oder Opfersein. (Schein-)Schwache Frauen können des Mitgefühls und der Verschonung durch ihre Geschlechtsgenossinnen relativ sicher sein. Und starke Frauen müssen ebenso sicher mit Aggressionen rechnen, auch und gerade von Frauenseite. Diese Kultivierung des Opferstatus' von Frauen ist eines der größten Hindernisse bei der Emanzipation. Frauen, die Frauen deswegen kritisieren, müssen sich auf einiges gefaßt machen.

»Es ist eine dornenvolle Laufbahn, die wir Gleichgesinnten betreten«, schrieb die Feministin Louise Dittmar schon Mitte des 19. Jahrhunderts, »und oft verzweifle ich an der Kraft, gegen Vorurteile und Gewohnheiten zu kämpfen, die dem eigenen Geschlecht zu Glaubenssatzungen und, was das Schlimmste ist, zur anderen Natur geworden sind«. Hundert Jahre später analysierte Simone de Beauvoir in ihrem Buch »Das andere Geschlecht«, wie Frauen sich männlicher Stärke selbstverleugnerisch unterwerfen oder aber versuchen, sie zu zerstören, indem sie die Männer schwächen (»nörgelnde« und »zeternde« Ehefrauen).

Nun sollen Frauen auch noch die Stärke anderer Frauen anerkennen. Was ihnen beim Manne noch quasi »naturgegeben« einleuchtet, wollen sie jedoch von einer Frau auf keinen Fall mehr hinnehmen. Warum die und nicht ich?! Und: eine starke Frau ist ja auch leichter und folgenloser anzugreifen als ein starker Mann... Hinzu kommt das Lob, mit dem eine Frau, die über starke Frauen herfällt, immer rechnen darf!

Es bleibt dabei: Kritik an der Weiblichkeit und der Griff zur Männlichkeit sind unabdingbare Bestandteile jeder wirklichen Emanzipation von Frauen. Wobei mit »Männlichkeit« die Eigenschaften und Domänen gemeint sind, die die Männergesellschaft sich bisher exklusiv vorbehalten hat (wie Wissen, Kreation, Geld, Erfolg, Macht). Das erste Resultat der Infragestellung der Geschlechterrollen ist allerdings überraschend: Männer werden femininer, Frauen aber dürfen nicht maskuliner werden. Männer spielen Sonntagsvater, weinen auch mal und tragen Ohrringe, meiden jedoch gern (nicht immer) die Schattenseiten der Weiblichkeit: die »Frauen«arbeit und den Privilegienverzicht. Frauen aber hören nicht auf zu beteuern, daß sie »trotzdem Frau bleiben« (was immer das auch heißen mag), und sich durch ständiges Lächeln auch noch für den kleinsten »männlichen« Zug zu entschuldigen (wozu nach der herrschenden Wertung unter anderem gehören: offene Intelligenz, Durchsetzungsfähigkeit, Selbstbewußtsein, Kraft, Agressivität).

»Sollen die Frauen jetzt etwa den Männern alles nachmachen?« so höre ich schon vorwurfsvoll fragen. Ja und nein. Sie müssen alles beherrschen, was die Männer beherrschen, denn die beherrschen die Welt! Ob sie dann auch alles tun sollen, was die Männer tun, steht noch auf einem anderen Blatt. Doch nur was wir haben, können wir auch verweigern.

Um unsere sogenannte »Weiblichkeit« brauchen wir uns dabei, glaube ich, keine Sorgen zu machen. Selbst die »männlichste« unter den hier porträtierten Frauen hat, wie ich finde, noch rührend »weibliche« Züge; das heißt, sie hat all das, was uns Frauen solange zugewiesen wurde: den aufmerksamen Blick, die soziale Verantwortlichkeit, die »Nächstenliebe«. Es braucht schon einiges, bis Frauen auch das ablegen. Dann allerdings geraten sie leicht so unter Druck, daß sie die besseren Männer sein wollen. Maggie Thatcher ist das beste Beispiel dafür – und gleichzeitig ein zwingender Beweis für die feministische These, daß »Männlichkeit« und »Weiblichkeit« nicht von Natur gegeben, sondern kulturell erworben sind. Nicht »Männlichkeit« korrumpiert, sondern Macht. Und wenn auch Frauen die haben, dann ist es keineswegs ausgeschlossen, daß auch sie sie mißbrauchen – ganz wie die Männer.

»Kreativität hat kein Geschlecht«, hat Meret Oppenheim einmal gesagt. Wie recht sie hat. Intelligenz und Kraft haben ebenfalls kein Geschlecht. Aber alle diese Eigenschaften sind heute von Männern gepachtet. Frauen, die sie sich aneignen wollen, müssen in Männerdomänen wildern. Gleichzeitig aber dürfen sie sich dabei nicht selbst verlieren, nicht sich und die Geschichte ihres Geschlechts – und damit auch ihre eigene! – dabei vergessen. Wer also und was sind sie? Das scheint mir die ganze Schizophrenie der Situation von Frauen heute.

Lange bevor der Zeitgeist ausbrach, war es in den linken und alternativen Bewegungen Mode (wenn auch nicht unbedingt Realität), auf Karriere und Kings zu verzichten und zurückzutreten ins namenlose Kollektiv. Ein solcher Verzicht stellte für einen Mann in der Tat einen Bruch mit allen bisherigen Privilegien und Werten dar. Für eine Frau aber war er im Gegenteil nichts anderes als die nahtlose Fortsetzung des bisher Gewohnten. Eine junge Frau, die auf Qualifikation verzichtet? Na und. Das taten schon ihre Mutter und ihre Großmütter, nur hieß das damals nicht »Verweigerung« sondern »Frauenrolle«. Eine politische Aktivistin, die in der Gruppe aufgeht? Na und. Sie wird da nur eine mehr sein unter Millionen namenloser Frauen in der Geschichte. Eine erfolgreiche Frau, die auf ihr zustehende Posten und Ehren verzichtet? Sie beraubt nur die anderen Frauen um eine der so raren Chancen eines weiblichen Vorbildes und tut den Männern einen Gefallen.

Frauen und Männer kommen in einer patriarchalischen Gesellschaft nun mal von zwei entgegengesetzten Polen. Wenn sie dasselbe wollen, müssen sie manchmal das Gegenteil tun. Männer, die bisher nur Ich sagen konnten, müssen lernen, endlich auch Wir zu sagen. Frauen, die bisher nur Wir sagen konnten, müssen lernen, endlich auch Ich zu sagen. Wir Frauen sind ein Geschlecht, das seit Generationen nicht für Stolz, Stärke und Kampf, sondern für Bescheidenheit, Sanftmut und Anpassung gelobt wird. Wie allen Unterdrückten, so redet man auch uns Frauen ein, wir seien gern unterdrückt und liebten unsere Herren. Wir alle – Frauen, Juden, Schwarze, Proletarier – sind angeblich »von Natur aus anders« und »von Natur aus friedfertig«; wir lassen uns, glauben wir den Herrenmenschen, wie die Lämmer zur Schlachtbank führen. Aber Frauen, Juden, Schwarze, Proletarier haben immer in der Geschichte auch das Gegenteil bewiesen!

»Die Frau ist frei geboren.« – Olympe de Gouges 1791. »Man wird nicht als Frau geboren, man wird dazu gemacht!« – Simone de Beauvoir 1949. – Wie lange wissen wir das schon? Wie oft müssen wir es noch sagen!

Zeiten des Fortschritts können gleichzeitig auch Zeiten des Rückschritts sein. Wir leben in einer solchen Vor-und-zurück-Zeit. Unsere Versuche der Selbstbefreiung stoßen nur zu geringem Teil auf Zustimmung und mehr auf Widerstand. Der schlimmste *reale* Rückschlag ist die steigende Gewalt (von Männern gegen Frauen), der folgenreichste *ideologische* die erneute Propagierung der (neuen) »Weiblichkeit« (durch Männer wie Frauen). Der kittende Kleister zwischen beiden ist die verstärkte Pornographisierung von Frauen, die Darstellung von Frauen als winselnde Geschöpfe, die Ja meinen, wenn sie Nein sagen und von Unterwerfung, Demütigung und Gewalt träumen.

Daß die Mehrheit der Männer so reagiert, überrascht nicht,

schließlich haben sie Privilegien zu verlieren. Daß sie dabei auf die Komplizenschaft eines Teils der Frauen – und zwar vor allem solcher Frauen, die teilhaben an den Männer-Privilegien – rechnen können, tut weh. Auch kommt die Antwort auf den Feminismus, kommt das Rollback schneller und härter, als wir Feministinnen es erwartet haben. Das macht die Benennung des Selbstbetrugs und Verrats von Frauen heute dringlicher als zuvor.

Lebensläufe können eine Erklärung für vieles sein, sie dürfen jedoch keine Entschuldigung für alles werden. »Das Patriarchat als Ausrede« (Janice Raymond) fällt nur auf uns Frauen selbst zurück. Es ist darum Zeit, daß wir uns fragen: Was können wir tun? Trotz widriger Umstände, trotz alledem! Was können wir tun, um uns selbst und die Verhältnisse zu ändern, um beizutragen zu mehr Freiheit für Frauen? Diese Frage ist die einzige, auf die wir selbst eine Antwort geben können.

Zwei Frauen, die beide viel beigetragen haben zu Utopie wie Realität einer menschlicheren Existenz von Frauen, fehlen in diesem Buch. Beide haben weibliche Betroffenheit mit dem Griff nach der Männlichkeit verbunden. Es sind die Schriftstellerinnen und Philosophinnen Simone de Beauvoir und Irmtraud Morgner. Meine Gespräche mit Beauvoir aus den Jahren 1971 bis 1982 habe ich in einem Extra-Band herausgegeben (Rowohlt Verlag). Meine Gespräche mit Morgner sind nie erschienen. Die meisten waren zu privat, eines aber doch zum Publizieren bestimmt. Das habe ich auf Bitten von Irmtraud Morgner in der Schublade gelassen, weil die Gefahr zu groß war, daß sich bei der Veröffentlichung der vielfältige Druck auf die DDR-Schriftstellerin nur noch verstärken würde.

Befreundet sind wir seit Mitte der 70er Jahre, das schien uns beiden nach Erscheinen der »Trobadora Beatriz« und des »Kleinen Unterschieds« eine Selbstverständlichkeit. Beide haben wir unsere intellektuelle und politische Komplizität, unsere Einigkeit in der Einschätzung von Menschen und Verhältnissen immer genossen, trotz Mauern. Heute ist Irmtraud

Morgner sehr krank. Sie ist 56 Jahre alt und steckt mitten in ihrer Arbeit. Daß das Ende schon jetzt so absehbar ist, hat auch damit zu tun, daß sie eine Frau ist: Sie hat sich sehr weit vorgewagt. Der Preis dafür scheint hoch.

»Der Dichter«, sagt Irmtraud Morgner, »macht die Welt mit sich ab. Im Kopf, in der Seele und im Körper. Als Frau tut man das unter Bedingungen, die fast nicht verkraftbar sind. Irgendwann bricht dann auch die körperliche Abwehr zusammen. Ich habe Krebs, aber das kommt nicht ›unerwartet und für alle viel zu früh‹. Das ist kein Zufall. Das ist die Quittung.«

Zermürbt ist Irmtraud Morgner nicht nur vom Kampf gegen das Desinteresse und den Widerstand einer selbstgerechten, waffenstarrenden Männergesellschaft, sondern auch von der Entwertung und dem Selbsthaß von Frauen. »Was einen wirklich fertig macht«, sagt sie, »das ist das mit den Frauen. Um ihre Art, mit mir umzugehen, zu verstehen, habe ich mich in sie reingedacht. Aber das ist natürlich das Schwerste, das auszuhalten...«

Befragung ist immer auch Selbstbefragung. In so manchem dieser Porträts steckt unübersehbar auch ein Stück von mir. So teile ich mit Dönhoff und Rossanda den Beruf und mit Jelinek das zentrale Thema, ist Trotta meine Generation und Bausch aus meiner Heimatstadt. Mag sein, daß ich bei Punkten, die mir selbst vertraut sind, stärker insistiert und bei solchen, die mir fremd sind, manches übersehen habe. Diese Porträts wollen und können kein umfassendes, kein »objektives« Bild der Geschilderten liefern, sondern nur meinen Blick auf sie zeigen. Daß sie diesen Blick zugelassen haben, dafür danke ich allen fünfzehn.

Als ich im Frühling 1989 erstmals die Herausgabe dieser Porträts mit den Leuten von Luchterhand besprach, sagte einer der Mitarbeiter: »Warum machen Sie nicht ein Interview mit sich selbst statt eines Vorwortes?« Ich muß gestehen, die Idee gefiel mir. Ich habe es dennoch nicht getan, weil eine genaue Selbstbefragung die Grenzen eines solchen Textes sprengen würde. Aber es stimmt: Ich habe mir im Laufe dieser Arbeit so manchesmal gewünscht, auch einmal konfrontiert zu werden mit manchen dieser Fragen. Gleichzeitig hätte ich Angst davor, denn bei einer präzisen Befragung erfahren alle Beteiligten, auch die Befragten selbst, ein Stückchen mehr (von sich), als sie bisher wußten.

Ich würde mich freuen, wenn das in den folgenden Texten hie und da der Fall sein sollte. Und ich hoffe, daß diese Porträts auch anderen Frauen Mut machen.

Alice Schwarzer
Köln, im Juni 1989

Domenica
Prostituierte

Die Starhure der linken Szene eine Streetfighterin für Frauen – daß das nachfolgende Porträt das deutlich macht, hat eben diese Szene verständlicherweise nicht goutiert. »taz«-Autor und -Linksaußen Wiglaf Droste (LeserInnen durch lockere Sexismen, Rassismen und Antisemitismen bekannt) reagierte darum nicht überraschend, als er schrieb: »Schwarzers Tittengeschichte« sei nichts als ein »liebfrauenmilchiges, warmseliges Gephrasel, ein Lore-Roman«, verfaßt in »bedeutungsgeblähten Nullsätzen«, wie sie »Texter in mäßigen Werbeagenturen als Anfangslektion beigebogen bekommen«. Das Porträt im »bewährten Liebe-Frauen-Kondensmilch-Stil« erschien im Oktober 1988 in der Emma.

Angefangen hat unsere Bekanntschaft damit, daß wir zusammen nach Stuttgart eingeladen wurden. Da sollten wir gemeinsam über Pornographie diskutieren. Ich habe mich geweigert, habe gesagt: Ein Show-Fetzen mit Domenica, das mache ich nicht. Ein paar Tage später stand in der Presse: »Alice Schwarzer weigert sich, mit Domenica zu diskutieren.« So war das nicht gemeint. Also habe ich ihr geschrieben, habe ihr erklärt, warum ich nichts von dieser Art des inszenierten »Hennenkampfs« halte. Ein paar Wochen später rief sie mich an. Wir nahmen uns vor, uns kennenzulernen.

Am letzten Wochenende habe ich Domenica in Hamburg besucht. Drei Tage lang Hamburger Kiez: Reeperbahn, Herbertstraße, volles Milieu. Und vor allem: Drei Tage lang Domenicas Zweieinhalb-Zimmer-Wohnung in der Hein-Hoier-Straße (gleich um die Ecke von der Davidswache). Und viele, viele Tassen Kaffee.

Die »Königin vom Kiez« residiert an einem runden Wohnzimmertisch. Die weiße Spitzendecke ist übersät mit Blumenvasen, Gläsern und vor allem – Kaffeetassen. Es geht zu wie im Taubenschlag. Domenica läßt die Wohnungstür lieber gleich angelehnt, dann muß sie »nicht immer extra aufstehen«.

Liliane und Horst sitzen schon da. Liliane ist »Stiefelfrau«, also Berufs-Domina, und Sprecherin der »Solidarität Hamburger Huren«. Sie bereitet sich, sagt sie, auf »eine berufliche Veränderung vor«. Horst hat 20 Jahre als »Tänzerin« gearbeitet und war sieben Jahre lang mit einem Türken verheiratet, quasi. »In der Küche mußte ich immer ein Kopftuch tragen – aber was tut man nicht alles, wenn man liebt.«

Kaum sitzen wir (die Fotografin Bettina Flitner und ich), gibt es erst einmal »ein Täßchen Kaffee«. Dann ruft Peggy an, eine Kollegin (von mir). Und an der Tür klingelt eine SPD-Expertin, die mit der Star-Hure »über Pornographie diskutieren will«. Beide wimmeln wir ab. Wir sind schließlich hier, um zu arbeiten.

Keine Chance. Es klingelt. Susanne, zum drittenmal geschieden und operierte Ex-Transsexuelle, wollte mich »immer schon mal kennenlernen« und bringt mir rote Röschen. Lucy, ein sehr zarter Mann, guckt »nur ganz kurz rein«, um von seinen Wehwehchen zu erzählen. Für jeden gibt es eine Tasse Kaffee, manchmal auch gleich ein ganzes Päckchen oder einen Zwanziger. Und einen lieben – allerdings nie sentimentalen, eher unironischen – Blick. Domenica ist Kölnerin.

Vor dem Essen gehen wir in die Herbertstraße. Vorbei an der Polizeistation Davidswache, entlang den wartenden, jungen Prostituierten. Nicht eine, die die vorbeigehende Domenica nicht lieb, sehr lieb anlächelt. Der Zutritt zur Herbertstraße ist Frauen normalerweise verboten. In Domenicas Begleitung sind wir willkommen. Und sicher.

Abends, beim Essen beim »kleinen Italiener um die Ecke«, setzen wir uns in die Hinterstube. Keine Chance. Es fängt an mit Tuscheln und Blicken von der Bar. Dann schlawinern sie ran, die unrasierten Yuppies aus der Szene (nicht aus dem Milieu!). Der Erste »wollte Domenica immer schon mal kennenlernen«. Der Zweite ist »Fotograf beim ›Wiener‹« und will wissen, wie Domenica sein Foto von ihr in der neuesten »Wiener«-Ausgabe gefällt (»Hier, ich hab zufällig 'n Exemplar dabei«). Der Dritte gibt lässig kund, daß er »noch 'ne dritte Karte fürs Michael-Jackson-Konzert am Mittwoch übrig« hat und »es ganz toll fände, wenn…«

Spät abends kommt A., Domenicas »bester Freund«. Die Art bester Freund, die eigentlich jede Frau, jeder Mensch gebrauchen kann. Er ist Schläger und Philosoph. Er liebt Domenica. Seit Jahrzehnten. Das spürt man. Er will nichts von ihr. Er ist nur »immer für sie da«. Nachts um drei verabschieden wir uns. Nicht mehr so ganz nüchtern. Und ein Stückchen älter.

Für den nächsten Tag habe ich Domenica gebeten, ganz streng gebeten, auf keinen Fall Gäste einzuladen. Schließlich wollen wir noch das Interview machen. Es klappt. Domenica sitzt allein vor vielen leeren Tassen. Beim Abräumen in die winzige Kochnische müssen wir um viele Bilder rumgehen, die gerahmt oder einfach so auf dem Boden stehen. »Malerei«, sagt Domenica mit ihrer sehr tiefen, sehr schönen Stimme, »Malerei ist meine ganz große Schwäche.«

An den Wänden hängen, auf goldbrauner Blumentapete, Familienfotos. Die Schwester, sehr zart und sehr weich, starb vor einem Jahr in Domenicas Bett, an ihrem Leben (sie war Animierdame in einer Frankfurter Bar und hatte einen »sadistischen Kerl«). Die Mutter, ganz dunkel und ganz wild, wurde von Domenica sehr geliebt (»Das war eine richtige Hexe«). Beide sind im letzten Jahr gestorben. Und schließlich Domenica selbst: Auf Reisen in Rio. Beim Kurz-Gastspiel auf der Bühne. In Action bei der Performance in der Hamburger Kunsthalle.

»Ich mach uns erstmal ein Täßchen Kaffee«, sagt Domenica. Die ganze Zeit über bleibt sie im Nachthemd, weiß-blaue Baumwolle, hochgeschlossen, kurze Ärmel. »Das ist gemütlicher so.«

Am dritten Tag, Montag, sehen wir uns noch einmal. Domenica hat es in den ersten beiden Tagen einfach nicht über sich gebracht, sich fotografieren zu lassen. »Die haben mich totfotografiert«, sagt sie – und weiß wohl nicht, daß Marlene Dietrich einmal genau den gleichen Satz gesagt hat.

Wo sie selbst gerne fotografiert werden möchte? Die Antwort kommt prompt: »Im Hamburger Rathaus! Denn da ist die Macht, und da müssen wir hin. Wir Huren, um Gelder zu holen zum Aussteigen und für unsere Gruppen. Und wir Frauen überhaupt.«

Aber erst trinken wir noch einen Kaffee, versteht sich. Mit Charlotte, Domenicas energischer Putzfrau, die früher »die beste Putzfrau in der Herbertstraße« war. Wir warten auch noch auf Ulla, die Domenica »ihren neuen Kerl vorstellen« will. Dem alten hat Ulla – die vor einem Jahr ausgestiegen war, seither Sozialhilfeempfängerin und gerade wieder eingestiegen ist – noch vorgestern 2000 Mark geschenkt. Bar. Die will sie wiederhaben. Der Neue soll ihr schlagkräftig dabei helfen. Charlotte schüttelt bärbeißig den Kopf. »Wie kann man nur so blöde sein und einem Kerl Geld geben.« Es stellt sich heraus, daß Charlotte ihr ganzes Geld ihren Kindern gibt, dem Sohn und der Tochter.

Auftritt Ulla. Noch 'n Kaffee. Ihr Bier bringt sich Ulla selbst mit. Es wird schon wieder gemütlich. Ulla mag Zuhälter. Sie findet, daß ein Mann, den sie liebt, es nicht nötig hat, arbeiten zu gehen. Er soll gut aussehen. Ihrem Neuen hat sie heute morgen neue Stiefel gekauft. Heute nachmittag soll noch eine »schicke Lederjacke« dazu angeschafft werden.

Domenica und Charlotte schütteln wie zwei weise alte Eulen die Köpfe. Ulla findet, Domenica sollte sich nicht nur für die Huren, sondern auch für die Zuhälter einsetzen. Jetzt reicht's aber. »Hör doch auf!« wettert Domenica. »Neulich rief mich ein Lude an und sagte: ›Wie ist es mit Ausstiegshilfen für Männer?‹ Da habe ich geantwortet: ›Wenn mal der Tag gekommen ist, an dem eine Hure nicht von der Sozi beerdigt wird, und hundert Luden gehen hinterm Sarg her – ja dann setz ich mich auch für Luden ein. Bis dahin sind die Frauen dran. Mein Geld kriegen auch nur noch Frauen.‹« (Und solche, die sich, unabhängig vom Geschlecht, so fühlen.)

Noch 'ne Tasse Kaffee? Schon wieder Mittag. Jetzt müssen wir aber los. Wir parken am Jungfernstieg. Allein auf den paar hundert Metern bis zum Rathaus stürzen sich dreimal Touristentrupps auf Domenica, lassen sich mit ihr knipsen. Domenica, die Fotoscheue, nimmt es hin und lächelt auch noch dazu.

Im Rathaus will die Fotografin Domenica am liebsten an den Schreibtisch des Bürgermeisters setzen. Sein Referent bedauert: »Der Bürgermeister hat einen Termin, und ohne seine Zustimmung…« Gut, dann nehmen wir mit dem leeren Senatssaal vorlieb. Die Presseabteilung bedauert… Bleibt uns nur noch eine ganz offizielle und hochlegale Führung durch das Hamburger Rathaus (empfehlenswert). Da gibt es allerhand zu sehen. Und zu fotografieren.

»In Köln kriegt die Huren-Gruppe ›Lysistrata‹ sogar Geld von der Stadt. Aber die hier, die verdienen indirekt Millionen an uns, tun aber nichts für uns.« Kämpferischer Blick. Und zum Abschied noch ein Tip: »Fahrt ihr jetzt nach Köln? Da eröffnet ›Lysistrata‹ gerade ihre neuen Räume. Geht doch da mal vorbei!« – Tun wir. Aber bevor wir abfahren, trinken wir zusammen noch eine Tasse Kaffee. – Das Interview schicke ich ihr in der Woche darauf. Sie ist einverstanden, »ganz und gar«.

Alice Schwarzer: Du hast gestern abend, als wir zusammen essen waren, ein paarmal gesagt: Ich hätte schon vor Jahren mit dir sprechen sollen, Alice. Warum? Was wolltest du mir sagen?

Domenica Niehoff: Ich hätte dir meine Sorgen erzählt. Denn ich denke, daß du eine Frau bist, die emanzipiert ist. Wir hätten dann gemeinsam die Probleme, die ich hier so habe, anpacken können. Aber das können wir ja jetzt immer noch tun…

Schwarzer: Was für Probleme?

Domenica: Das mangelnde Selbstbewußtsein der Mädchen hier. Ihnen klarmachen, daß sie nicht für die Liebe zahlen müssen!

Schwarzer: Wieso? Ich dachte, die würden für die »Liebe« bezahlt?

Domenica: Ich meine nicht die Freier, ich meine die Zuhälter. Gut 70 Prozent aller Frauen und Mädchen, die anschaffen, haben ja einen Zuhälter. Und den bezahlen sie. Fürs Nichtstun.

Schwarzer: Außerhalb vom Kiez nennt man dich »Die Königin der Reeperbahn«. Hier auf dem Kiez aber hast du eher den Ruf einer »Emanze«. Es heißt, du würdest »die Mädchen wachmachen«. Das Haus auf der Herbertstraße, in dem du zuletzt gearbeitet hast, hatte den Spitznamen »Emanzen-Puff«. Seit wann hast du diesen Ruf, Domenica?

Domenica: Das hat vor sechs Jahren bei mir angefangen. Ich sah so viele Mädchen, die aufs gemeinste ausgebeutet wurden und auch geschlagen wurden. Und das hat mir leid getan. Ich hab gedacht: Mensch, kann man denn hier nichts tun?! Und es wird ja auch immer schlimmer. Die Mädchen, die jetzt anschaffen, werden immer jünger. Heute stehen schon die 12-, 13-, 14jährigen auf der Straße. Hier auf der Reeperbahn geht's ja noch, hier sind die schon meist 18. Schlimm ist das in Sankt Georg, wo die Mädchen voll sind mit Drogen. Sie schaffen das auch gar nicht, mit den Freiern richtig umzugehen.

Schwarzer: Was heißt das?

Domenica: Also, wenn bei mir ein Mann frech ist, den schick ich gleich wieder weg. Bei mir muß man sich gut benehmen. Mein Zimmer ist kein Mülleimer, ich bin kein Schrotthaufen. Wir Alt-Huren haben unsere Gesetze. Wir machen's nur mit Kondom, immer schon. Wir lassen uns nicht küssen, denn das ist ja was, was man natürlich nur zu Hause tut. Anal gibt es überhaupt nicht. Aber die jungen Mädchen, die meist von einem Zuhälter Drogen kriegen und dann auf die Straße geschickt werden, die machen alles. Denen ist alles egal. Die sind so kaputt, die haben gar nicht mehr die Kraft, auf sich zu achten. Früher wurde man eingeführt von älteren Huren. Da wurde gesagt: Das machst du, und das machst du nicht. Heute stehen die da ziemlich isoliert, die sind ganz ihren Kerlen ausgeliefert.

Schwarzer: Verderben diese jungen Frauen dadurch auch euren Markt?

Domenica: Noch nicht mal. So einen Gast, der sowas mit jungen Mädchen macht, den möchte ich vor meinem Fenster gar nicht haben.

Schwarzer: Du hast öffentlich gesagt, du freust dich über jede, die aussteigt.

Domenica: Ja, ich freue mich über jede, die aussteigen will und das auch kann! Und über jede, die hier erfolglos ist und eine andere Arbeit findet. Ich freue mich auch, wenn sie nicht erst aussteigen, wenn es zu spät ist.

Schwarzer: Für dich selbst, Domenica, ist es fast schon zu spät.

Domenica: Ja, für mich ist es fast schon zu spät. Noch ver-

diene ich mein Geld, aber das ist ja eine Zeitfrage. Eine Berufs-
ausbildung habe ich nicht.

Schwarzer: Welchen Beruf hättest du denn gern gehabt?

Domenica: Ich wäre schrecklich gerne Modezeichnerin geworden. Aber naja...

Schwarzer: Dichter haben auf dich Gedichte geschrieben,
Maler haben dich gemalt. Du scheinst das Paradebeispiel für
die erfolgreiche, selbstbewußte Hure zu sein. Und dennoch
warnst du heute jede Frau vor der Prostitution.

Domenica: Weil das ein sehr schwerer Beruf ist. Den über-
steht nicht jede unbeschadet, unbeschadet am Körper und an
der Seele. Es ist auch nicht besser geworden in unserem Ge-
werbe. Aids. Arbeitslose Männer. Immer mehr Frauen schaffen
an. Aber es kommen immer weniger Gäste. Und die Gäste werden auch immer jünger. Und perverser. Die stehen auf Urin und
so. Hinzu kommt: Früher war der Weg in die Prostitution auch
wirklich schwerer. Heute gehen manche auf den Strich wie auf
die Kirmes. Sie kommen heute auch oft aus besseren Kreisen.
Früher kamen die Huren aus einem so armen Milieu, dem
nichts anderes übrigblieb. Heute kommen sie auch aus den besten Familien.

Schwarzer: Es gibt Frauen, die behaupten, auf dem Strich
wäre leicht »eine schnelle Mark« zu machen. Zum Beispiel die
von dem Berliner Prostituiertenprojekt »Hydra«. Die sagen
auch, die modernen Prostituierten hätten alle keine Zuhälter
mehr, sie würden ihr Geld selbst behalten.

Domenica: Das ist natürlich Quatsch. Und es ist auch verdammt gefährlich, sowas zu erzählen. Pieke Biermann hat neulich im Fersehen gesagt, es gäbe das Problem Zuhälter nicht.
Da muß ich mich sehr wundern... Das Schlimme ist: Die jungen Mädchen glauben das auch noch, und dann haben sie die
Bescherung. Es ist besser, die Wahrheit zu sagen. Und diese
Wahrheit kennen wir Huren selbst natürlich nur zu gut. Das
Problem bei Hydra ist, daß das fast alles Sozialarbeiterinnen
sind, die die Sache nicht aus eigener Erfahrung kennen. Und die

glauben, sie täten uns Huren einen Gefallen, wenn sie sowas erzählen. Die Wahrheit ist: Maximal ein Drittel der Huren hat einen netten Mann, der selber verdient, oder gar keinen. Alle anderen werden abkassiert. Und das oft mit Gewalt. Die meisten Huren werden auch heute noch überhaupt erst von einem Mann auf den Strich geschickt. Daß eine von ganz alleine hier ankommt und sagt: So, jetzt will ich anschaffen – also das ist mir in all den Jahren kaum begegnet. Das sind dann auch Mädchen, die gar nicht erst auf die Straße gehen, die versuchen, in Appartements zu arbeiten. Die jungen Mädchen müssen doch wissen, was auf sie zukommt. Eine Warnung, das ist doch das wenigste, was wir Alt-Huren ihnen schuldig sind.

Schwarzer: Und was kommt auf sie zu?

Domenica: Elend. Verdammt viel Elend. 90 von 100 Huren werden ein Fall fürs Sozialamt.

Schwarzer: Und du, Domenica? Hast du gespart?

Domenica: Ich war genauso blöd wie alle. Ich hab auch nicht gespart. Ich hab mein Geld verschenkt. Oder verplempert. Für Reisen. Für Klamotten. Fürs Trinken. Ich hab früher jede Nacht für 400, 500 Mark gesoffen. Du spülst da natürlich auch einiges runter...

Schwarzer: Du bist eine der ganz wenigen Prostituierten, die sich öffentlich kritisch über Zuhälter äußert.

Domenica: Mir ist ein netter Freier lieber als ein fieser Zuhälter. Der Freier bezahlt wenigstens. Der Zuhälter kassiert.

Schwarzer: Damit sprichst du etwas aus, was viele deiner Kolleginnen kaum zu denken wagen. Denn so ein Zuhälter, der ist ja bei seiner Hure so tabu wie der Ehemann bei seiner Hausfrau.

Domenica: Du sagst es.

Schwarzer: Es gibt Leute, die finden, daß du zu weit gehst. Die machen sich Sorgen um dich.

Domenica: Was soll ich denn tun? Soll ich schweigend zusehen? Es bleibt mir ja nichts anderes übrig, als den Mund aufzumachen.

Schwarzer: Du bist heute damit nicht mehr allein. Allein in Berlin gibt es drei Huren-Gruppen. Und in Hamburg existiert seit dem Mord an der Prostituierten Sabine Demuth am 29. März 1987 die »Solidarität Hamburger Huren«. Gestern nachmittag haben wir hier bei dir zusammen mit Liliane von Rönn gesessen, die zur Zeit die Sprecherin der »Solidarität« ist. Liliane arbeitet zur Zeit noch als Domina, aber will sich »bald beruflich verändern«. Sie hat gestern zu dir gesagt: »Domenica, du hast uns den Weg bereitet.« – Wie hat sie das gemeint?

Domenica (lacht): Naja, die meint meinen Einzelkampf in den letzten Jahren. Aber so ging das ja auch nicht weiter. Gottseidank gibt es jetzt eine Gruppe. Früher bin ich ja ganz allein an die Öffentlichkeit gegangen. Und wenn es nur mit einem netten Lächeln war, um zu zeigen: Huren sind auch Menschen. Und in der letzten Zeit hab ich mir zunehmend den Kopf eingerannt, bin zu den Mädchen in Sankt Georg gegangen und hab auf die eingeredet: Steigt aus! Geht doch lieber in einen Blumenladen. – Jetzt gibt's die Gruppe. Die stärkt das Selbstbewußtsein der Mädchen. Die wissen jetzt: Da ist eine Gruppe von Huren, von wirklich professionellen Huren, die für uns kämpfen. Da können wir hingehen.

Schwarzer: Du rührst ja nicht nur an das Tabu Zuhälter, du rührst an ein noch größeres Tabu: die Polizei. Du hast öffentlich gesagt, daß Prostituierte, die von ihren eigenen Männern, von ihren Zuhältern also, erpreßt oder mißhandelt werden, ruhig zur Polizei gehen sollen, wenn sie sich nicht anders zu helfen wissen. Nun ist es aber ein ungeschriebenes Gesetz in deinem Milieu – und nicht nur in deinem, wenn's um den eigenen Mann geht – daß man auf keinen Fall zur »Schmiere« gehen darf. Wer das tut, ist vogelfrei. Ein Gesetz übrigens, das für die Männer sehr praktisch ist...

Domenica: Ja, Lampen baut man nicht...

Schwarzer: Was heißt das?

Domenica: ...zur Polizei gehen. Früher war »Lampen-Braut« das fürchterlichste Schimpfwort. Und die Frauen haben das auch so hingenommen. Eine Frau, die ihren Schläger angezeigt hat, fühlte sich selbst wie der letzte Dreck.

Schwarzer: Das war ja nicht nur bei den Prostituierten so...

Domenica: Ja, und damit wollte ich aufräumen. Von wegen: Sowas tut man nicht! Wieso nicht? Wenn ich aufs gemeinste ausgebeutet, bedroht und geschlagen werde, ja dann muß ich mich wehren können. Ich kenne Fälle, da sind Frauen schwer mißhandelt worden. Die Fußnägel rausgezogen, zu zehn Zuhältern drauf uriniert und so. Wenn ich dann kein Recht kriege, ja dann muß ich eben zur Polizei gehen!

Schwarzer: Du sagst das so gelassen. Ein guter Freund hat dich gestern in meiner Gegenwart gewarnt, hat dir gesagt: Sei vorsichtig, Domenica, wenn du so weitermachst, passiert dir noch mal was...

Domenica: Stimmt. Ich bin auch ein bißchen ängstlich. Aber da geht's dir doch nicht anders, Alice, oder? Ich bin der Meinung: Die Frauen müssen wissen, daß sie sich wehren können.

Schwarzer: Wir waren gestern abend zusammen in der Herbertstraße, dieser Bordellgasse an der Reeperbahn, wo die Frauen im Schaufenster sitzen und mit den Kunden dann rauf ins Zimmer gehen, und zu der Frauen normalerweise keinen Zutritt haben. Du hast uns erzählt, daß es in der Herbertstraße »Frauenhäuser« gibt und »Männerhäuser«. Die Frauenhäuser gehören Frauen, die Männerhäuser Männern.

Domenica: Die Frauenhäuser gehören Ex-Huren. Die nehmen weniger Geld für Getränke und Miete von den Frauen und sind auch nicht ganz so hart. In einigen Männerhäusern muß ein Mädchen, das einen Abend lang nichts verdient, weiterarbeiten, bis sie ihr Geld hat.

Schwarzer: Du selbst hattest zwischendurch ja auch mal ein Haus.

Domenica: Ja. Das hab ich aber wieder verkauft. Das ist eigentlich nichts für mich. Wenn da mal eine nix verdient hat, dann hab ich der noch 50 Mark in die Hand gedrückt und gesagt: Ich kann's nicht mehr mit ansehen, geh mal einen trinken. Aber mein Haus war auch das mit der höchsten Erfolgsquote!

Schwarzer: Was für ein Erfolg?

Domenica: Das Haus mit den meisten Aussteigerinnen.

Schwarzer (lacht): Du scheinst mir wirklich nicht die geeignete Bordellbesitzerin zu sein, Domenica... Aber als Prostituierte hast du ja einen legendären Ruf. Darf ich dich fragen, wie deine Arbeit eigentlich konkret abläuft?

Domenica (lächelt verlegen): Wie soll ich das denn sagen?

Schwarzer: Ganz sachlich. Halt für die Frauen, die nicht jeden Tag auf dem Kiez sind.

Domenica: Tja, also erst nehm ich ihm mal das Geld ab. Das ist klar.

Schwarzer (lacht): Und bevor du ihm das Geld abnimmst?

Domenica: Also, ich sitze im Fenster. Dann kommt ein Gast auf mich zu. Den schätzt man dann schon ein bißchen ab: Hat er was? Hat er nichts? Ist er nett? Ist er nicht nett? Dann fragt der, was es kostet. Ich sage dann: 100 Mark. Wenn er fragt: Was gibt's denn da alles für? sage ich: 'Ne nette halbe Stunde. Wie, werden wir oben sehen, ich kenn ja deine Neigungen noch nicht... Viele Frauen versprechen unten schon alles, auf Druck der Männer (Bumst du auch? Machst du auch Französisch?), weil die sonst gar nicht erst mit hochgehen. Oben fängt man dann ganz blöde an. Bist du Hamburger? Oder so. Warst du schon mal öfter bei Huren? Das frag ich nur, um zu wissen, ob er sich auskennt in unseren Spielregeln. Von den Schüchternen kann man zwar mehr Geld kriegen, aber die Erfahrenen wissen, daß sie nicht alles verlangen und machen können... Na, dann sag ich: Leg mir mal dein »Geschenk« dahin. Dann versuch ich, ein größeres »Geschenk« zu kriegen. Ich sage: Es könnte ja dann viel netter werden, wir könnten verschiedene Sachen machen... Ich finde, 100 Mark ist das Minimum. 50 Mark ist viel zu wenig. Alle Frauen sollten mindestens 100 Mark verlangen! Aber die jungen Mädchen, die begnügen sich ja oft schon mit 20 oder 30 Mark. Vor allem, wenn sie drogenabhängig sind und auf dem Schlauch stehen.

Schwarzer: Du hast den Ruf einer Domina, aber das bist du im klassischen Sinn ja gar nicht. In Wahrheit bist du eher der Typ »energische Frau«, du quälst die Männer doch nicht, oder?

Domenica: Also, ich quäle auch ganz gerne. Aber nur seelisch. Durch mein Äußeres, die strenge Frisur und so, provoziere ich bei den Männern meistens die Phantasie, dominiert, bestimmt zu werden. Ich soll dem Mann befehlen, was er zu machen hat. Als Tante, Mutter oder Lehrerin. Ich befehle ihm zum Beispiel, meine Stiefel zu küssen. Er muß um alles betteln. Er darf mich nicht einfach so anfassen – ich muß ihm das erlauben. So gesehen arbeite ich ganz gerne mit Masochisten. Ich mache nur nichts, was mit Blut zusammenhängt oder wehtut. Was ich für mich nicht will, mache ich auch nicht mit anderen.

Schwarzer: Eine Kollegin von dir hat mal gesagt: Masochistische Ehemänner lassen deshalb ihre Phantasien nicht bei den eigenen Frauen raus, weil sie derselben Frau dann nicht fünf Minuten später befehlen können: Deck jetzt mal den Tisch!

Domenica: Klar. Für 'ne Stunde ist das ja mal ganz schön, aber ansonsten wollen die doch der Mann bleiben. Und befehlen tun sie eigentlich auch bei uns. Ich mache ja auch nur das, was die Männer wollen. Die bezahlen mich doch dafür. Das heißt, ich spiele ihre Wünsche. Die Männer sind also die wahren Herren der Situation.

Schwarzer: Auf den ersten Blick scheint diese Variante der Prostitution leichter für die Frauen. Auf den zweiten aber frage ich mich, ob das aktive Sich-Reindenken in die Männer nicht in Wahrheit härter ist als ein passives Die-Beine-Breitmachen? Das faßt zwar nicht den Körper an, aber die Seele.

Domenica: Man muß schon sehr einfallsreich und sehr einfühlsam sein.

Schwarzer: Ist es da nicht schwer für dich, zwischen Beruf und Privatleben, zwischen Kunde und Liebhaber zu unterscheiden?

Domenica: Ich hab ja kaum Liebhaber. Ich sag das ganz ehrlich. Mein privates Sexualleben hat unter dieser Sache ganz schwer gelitten. Heute schalte ich bei der Arbeit ab, steh richtig neben mir. Früher habe ich, wenn überhaupt, Sex meistens im Geschäft gesucht: Der hat gezahlt, das war anonym – das war mir genauso recht wie dem Gast.

Schwarzer: Damit hast du aber eine der heiligsten Huren-Spielregeln verletzt.

Domenica: Was heißt Huren-Spielregeln? Ich glaube eher, daß das die Spielregeln der Zuhälter sind: daß ein Gast einem auf keinen Fall zu gefallen hat! So ein Freier ist manchmal netter als der Zuhälter. Und in der letzten Zeit ist auch so manche meiner Kolleginnen von einem Freier rausgeholt worden. Und genau das wollen die Zuhälter verhindern, wenn sie die Freier so verteufeln. – Ich selbst habe mir das immer zugestanden, auch mal einen Gast nett zu finden. Ich habe ja auch keinen festen Mann zu Hause. Aber ich war da eine Ausnahme. Ich würde auch den Frauen den Rat geben, weiterhin kühl zu arbeiten. Es ist einfacher so.

Schwarzer: Das ist ja auch Teil deines Erfolgsgeheimnisses, daß man gesagt hat: Die tut es gerne.

Domenica: Ja. Allerdings muß ich sagen: Ich hab's auch 100 mal nicht gern getan. Und eben einmal gern. Aber ich habe mich nie so geekelt wie viele andere. Es gibt Kolleginnen, die ekeln sich bei 100mal 100mal. Ich habe mich vielleicht bei 100 mal 20mal geekelt.

Schwarzer: Domenica, welches Verhältnis hast du eigentlich privat zur Sexualität?

Domenica (lächelt verlegen): Da hab ich Schwierigkeiten. Da bin ich gar nicht mehr so stark. Dann hab ich den Mann nicht mehr so im Griff, kann nicht mehr so bestimmen. Aber das geht doch jeder Frau so, oder...? Und dann hab ich natürlich auch Probleme mit den Vorstellungen, die die Männer so von mir haben. Mensch, das ist doch die Domenica, die hat ja schon 10 000 Männer gehabt, die schmeißt die Beine von da nach da... Sex, Sex und nochmal Sex, so stellen die sich das vor. Ich mach dann lieber gar keinen Sex. Der soll mich ja als Mensch kennenlernen. Ich kann lustig sein, ich kann traurig sein...

Schwarzer: Wie ziehst du dich denn an, wenn du verliebt bist?

Domenica: Ich war so lange nicht mehr verliebt.

Schwarzer: Versuch mal, dich zu erinnern.

Domenica: Na, dann versuch ich schon, mich schick zu machen. Aber nicht mit Brüsten raus. Eher seriös. Wenn ich verliebt bin, bin ich sowieso meistens hilflos...

Schwarzer: Hast du schon die Erfahrung gemacht, daß Liebhaber sich auch mal in dich eindenken, in deine Phantasien?

Domenica (zögert): Ja, auch schon. Ja, doch. Einmal.

Schwarzer: Welche Folgen hat eigentlich deine Berühmtheit für dich?

Domenica: Die ist nicht nur von Vorteil. Das Geschäft ist schlechter geworden, weil zu viele Gaffer kommen. Auch der Gast will keine berühmte Hure ficken... Und privat habe ich nur Schwierigkeiten dadurch. Ein Mann geht gerne mit einer berühmten Schauspielerin aus, aber nicht mit einer berühmten Hure. Ich könnte auch nicht mehr so einfach aussteigen wie anonyme Kolleginnen. Jeder weiß, daß ich als Hure gearbeitet habe.

Schwarzer: Berühmt gemacht hat dich vor allem die linke Intelligenzia, Schriftsteller wie Wolf Wondratschek, Zeichner und Maler wie Tomi Ungerer und Horst Janssen. Wolf Wondratschek hat im »Playboy« 1980 auf dich das »Loblied auf eine Hure« gesungen. Wenigstens du würdest, so der Szene-Dichter, deinen »Beruf noch mit Freude und Frömmigkeit« ausüben, denn du seist endlich die so lange gesuchte, legendäre Hure, die wirklich »zwischen den Beinen glüht«. Leider, leider aber seist du eine Ausnahme. Die Mehrheit der Huren sei nichts als »Fließband-Schicksen«, »perfide Diebinnen«, denen es noch nicht einmal »Spaß macht«.

Domenica: Naja... Dafür hat er übrigens viel Geld kassiert, aber keinen Pfennig abgegeben. Schlimm, sowas zu schreiben! Ich finde es ganz richtig, daß meine Kolleginnen ganz klar ihr Geschäft im Auge haben. Das ist es ja auch. Da kann ich mir nur selber den Vorwurf machen, daß ich manchmal so blöd war, das nicht so gemacht zu haben. Wondratschek tobt mit solchen Sprüchen ja auch eher seine Komplexe aus. Der ist am Boxring besser aufgehoben als im Bordell.

Schwarzer: Was hältst du für das Geheimnis deines Erfolges?

Domenica: Man muß schon Ausstrahlung haben. Nur schön sein genügt nicht. Vor allem wissen die Männer, daß ich ziemlich großherzig bin.

Schwarzer: Gestern hast du gesagt, dein Herz wäre schon kleiner geworden, und du würdest hoffen, daß du bald gar keines mehr hättest. Wie meinst du das?

Domenica: Ich kann so schlecht Nein sagen. Das kann einen in ganz schlimme Situationen bringen. Ich hab auch schon versucht, das abzustellen, hab mir gesagt: Jetzt bist du mal ganz kühl. Aber da war ich todunglücklich. Ich könnte gar nicht anders leben... Es bringt mir auch keinen Spaß.

Schwarzer: Aber ein paar Illusionen hast du schon verloren in diesen letzten Jahrzehnten?

Domenica: Ja...? Ich glaube nicht. Leider. (lacht)

Schwarzer: Es ist doch nicht zu überhören, daß du lieber heute als morgen aussteigen würdest.

Domenica: Wenn ich eine gute Alternative hätte: gerne! Ich würde zum Beispiel schrecklich gern einen Salon machen, so ein Lokal mit Ausstellungsraum, mit Künstlern, wo auch die Mädchen hinkommen können. Aber dazu brauche ich Geld... Allerdings: Ich erlaube mir, und habe es mir immer erlaubt, auch mal frei zu machen, wenn ich die Schnauze voll habe. Ich konnte mir das auch immer erlauben, weil ich niemanden hatte, bei dem ich das Geld abliefern mußte.

Schwarzer: Du hast aber auch schon selbst einen Zuhälter gehabt. Ganz am Anfang. Dreieinhalb Jahre lang.

Domenica: Ja. Einmal. Aber danach nie wieder. Früher war das eben einfach so. Aber nur, weil es so war, muß es ja nicht so bleiben. Wachgeworden bin ich erst danach. Wenn ich heute manchmal so höre, wie eine Kollegin sagt: Guck mal, die tolle Uhr, die hat er mir geschenkt – dann könnte ich ausflippen. Die hast du doch selbst verdient! sag ich dann. So blöd können die Frauen sein.

Schwarzer: Du warst immer eine Außenseiterin, ein Paria. Deine Eltern waren nicht verheiratet, dein Vater war Italiener, deine Mutter hat gejobt und gezockt. Mit vier Jahren bist du ins Waisenhaus gekommen, zu den Nonnen, und mit 14 wieder raus. Du hast einen starken Gerechtigkeitssinn entwickelt.

Domenica: Den bekommt man im Heim! Man kann ja da nur dann eine Revolte machen, wenn alle mitmachen. Und so ist es bei uns hier doch auch. Als ich zum erstenmal auf den Kiez kam, hat mich das am meisten schockiert: Schon wieder Gesetze, schon wieder Druck – das kannte ich ja schon aus dem Waisenhaus. Da hab ich angefangen, mich zu wehren. Ich halte lange still. Ich sitze meist wie so'n Buddha in der Ecke – aber irgendwann wird's mir dann zuviel...

Schwarzer: Schon deine Mutter war nicht sehr angepaßt. Einem Richter, vor dem sie wegen Hehlerei stand, hat sie mal eine Tasche an den Kopf gehauen und dafür prompt eine verschärfte Strafe gekriegt, nämlich ein Jahr Gefängnis. Aber obwohl sie auf der Flucht war, hat sie dich und deine zwei Geschwister weiterhin im Heim besucht, heimlich. Ausgerechnet mitten während deiner Kommunionsfeier ist sie dann verhaftet worden...

Domenica: Ja, das war schrecklich für mich. Ich war ziemlich fromm. Ich stand da in meinem weißen Kleid. Da kommt die Polizei die Treppe hoch. Meine Mutter versteckt sich erst hinter der Säule. Und haut dann ab. Dadurch habe ich kein einziges Foto von meiner Kommunion! Mein schönster Tag war natürlich gelaufen. – Hätte die Polizei da nicht fünf Minuten warten können...? Sowas ist in meiner Kindheit öfter vorgekommen. Darum hatte ich auch ziemliche Wut auf die Polizei. Und Angst. Mit 14, 15 ist mal so ein Kerl bei uns aufgetaucht, hat mir eine Marke gezeigt, und ich bin mitgegangen. Vor lauter Angst.

Schwarzer: Hat er dich mißbraucht?

Domenica: Ja, hat er. Aber ich hab das freiwillig gemacht. Aus Angst. Ich hab gedacht, das muß ich machen.

Schwarzer: Du hast dann mit 17 eine Beziehung mit einem Mann angefangen, der zwei Bordelle hatte. Der hat dich aber nicht ins Bordell geschickt, sondern in die Küche. Du warst seine Hausfrau.

Domenica: Ja. Und deswegen habe ich auch ein schlechtes Gewissen gehabt. Ich war elf Jahre lang mit dem zusammen und habe sozusagen mit von dem Geld der Mädchen gelebt. Was ich nicht richtig gefunden habe.

Schwarzer: Warum bist du dann nicht gegangen?

Domenica: Das weiß ich auch nicht... Der Mann war, wenn er betrunken war, ziemlich brutal. Wenn er nüchtern war, war er nett. Mich hat auch die Sicherheit seines Geldes gehalten. Ich hatte nichts gelernt, und mit den Jahren wurde ich immer abhängiger von dem Mann. Ich hab mir auch nichts mehr zugetraut. Mein bißchen Selbstvertrauen hatte der mir genommen.

Schwarzer: Er hat sich später umgebracht.

Domenica: Ja. Für mich war es dann, nach elf Jahren im Haus, eine richtige Erleichterung, selbst in den Puff zu gehen. Das war dann endlich selbstverdientes Geld. Und groß war der Schritt ja nicht. Die ganze Welt war für mich ein Puff.

Schwarzer: Du hast lange Jahre gut verdient und tust es noch. Trotzdem sagst du heute: Es hat sich nicht gelohnt.

Domenica: Ich habe bereut, nichts gelernt zu haben. Darum sage ich heute den jungen Mädchen: Steigt aus! Lernt was!

Schwarzer: Wenn du eine Tochter hättest, die auf den Strich gehen will, was würdest du tun?

Domenica: Ich würde versuchen, ihr alle Schwierigkeiten, alles Schlimme, alles Elend in diesem Beruf klarzumachen. Ich würde ihr sagen, wie es wirklich ist. Und daß es nur schlimmer geworden ist. Trostloser. Härter. Und wenn sie es dann immer noch mit aller Macht wollte, würde ich versuchen ihr beizustehen. Ich würde sie auf keinen Fall fallenlassen. Das ist übrigens eine schöne Erfahrung, die ich neuerdings mache: Daß die Mütter hierherkommen und ihre Töchter besuchen. Die Prostitution ist nicht mehr so im Getto. Dafür kämpfe ich seit langem. Aber das hat auch Nachteile: Dadurch ist der Schritt in die Prostitution natürlich auch leichter geworden als früher. Das macht mir Sorgen. Denn an dem Beruf gibt's nichts zu verherrlichen. Die meisten von uns bleiben auf der Strecke.

Margarete Mitscherlich-Nielsen
Psychoanalytikerin

Sie ist es nicht gewohnt, zu erzählen,
eher, zuzuhören. Die heute bekannteste Analytikerin im deutschen
Sprachbereich war im öffentlichen
Bewußtsein lange Zeit nur die
Frau von Alexander Mitscherlich.
Erst Mitte der 70er Jahre rückte
sie mit ihrem, vom neuen Feminismus beeinflußten Buch »Müssen
wir hassen?« in das Blickfeld einer
breiteren Öffentlichkeit. Nach
dem Tod von Alexander Mitscherlich, 1982, begann zunächst eine
wahre Witwenhatz: auf die
nonkonformistische Analytikerin
ebenso wie auf die bekennende
Feministin. Aus der Psychoanalytischen Vereinigung und der Lehre hat
Margarete Mitscherlich-Nielsen
sich heute weitgehend zurückgezogen. Sie arbeitet als Analytikerin
und Autorin in Frankfurt. Das
Gespräch erschien im Juli 1985.

Alice Schwarzer: Wenn Margarete Mitscherlich-Nielsen sich selber charakterisieren sollte, im guten wie im bösen: wie beschreibt sie sich?

Margarete Mitscherlich-Nielsen: Komisch, das merkwürdige ist, daß ich mich so lange nicht mit mir beschäftigt habe... Ich weiß wirklich im Moment nicht, was meine typischen Charaktereigenschaften sind.

Schwarzer: Es gibt doch sicherlich einige.

Mitscherlich: Ich möchte sagen, ein Laissez-faire. Ich laß mir vieles durchgehen, weil ich es einfach nicht schaffe. Und solange ich noch in einer engen Zweierbeziehung lebte, war ich ein sehr eifersüchtiger Mensch. Ich hätte nicht vertragen können, daß Alexander mit anderen Frauen was hatte, wozu er durchaus eine Neigung hatte... Und da hatte ich auch oft Wut, Rivalitäten etc. Aber mit wem sollte ich heute Rivalitäten haben? Auf wen sollte ich eifersüchtig sein?

Schwarzer: Mit einer Person wie dir verbindet man doch bestimmte Vorstellungen. Eine Psychoanalytikerin, die ist souverän und gelassen. Du bist das auch, aber nicht nur. Du bist gleichzeitig ein sehr aufbrausender Mensch. Du hast selbst mal gesagt, du seist cholerisch...

Mitscherlich: Jaja, ich kann sehr aufbrausend sein.

Schwarzer: Eigentlich hast du doch recht wenig von einer deutschen Professorin. Du bist eher ein ziemlich wildes Temperament, das jederzeit bereit ist, auszubrechen, Dinge zu tun, die sich eigentlich »nicht gehören«. Das hat mich, als ich dich kennenlernte, am stärksten frappiert. Im kleinen Spielerischen äußert sich das ebenso wie in großen Gesten. Zum Beispiel in dem Emma-Bekenntnis 1977: »Ich bin Feministin.« Das war ja damals ein Skandal. Oder einfach darin, daß du dich auf der Straße aufführst wie ein junges Mädchen, auf einem Bein den Bordstein lang hüpfst.

Mitscherlich: Ich habe den getragenen Ernst des Erwachsenseins eigentlich nie so richtig akzeptiert. Gottseidank nicht. Eine Zeitlang war das so, als ich die psychoanalytische Ausbildung in der Bundesrepublik leiten mußte. Da bin ich froh, daß ich da raus kam. Ich habe einfach keine Lust mehr, wenn ich so angepaßt sein muß. Ich mag ja auch nur die Menschen, mit denen ich gelegentlich ausflippen kann.

Schwarzer: Hierzulande ist das ja besonders schlimm. Es gibt ja so eine Art deutscher Klugscheißerei. Dieses sich immer Absichern, nie wagen, was zu denken, was vielleicht mal nicht stimmt oder von den eigenen Leuten nicht akzeptiert wird.

Mitscherlich: Ja, furchtbar, entsetzlich! Und das ist es eben, weswegen ich ja auch froh bin, muß ich ganz ehrlich sagen, daß ich aus diesen engeren psychoanalytischen Verhältnissen raus bin.

Schwarzer: Du bist die bekannteste deutsche Psychoanalytikerin, aber gleichzeitig eine Außenseiterin in der eigenen Branche.

Mitscherlich: Jaja, keine Frage. Aber es ist sehr erleichternd, sehr befreiend auch, immer wieder ein Außenseiter zu sein. Man war ja in den 50er Jahren als Psychoanalytiker ein Außenseiter der bundesdeutschen Gesellschaft. Aber wenn man dann mehr oder weniger ein Insider wird und zum psychoanalytischen Establishment gehört, das ist schrecklich. Dann muß man sich wieder befreien. Und dabei hat mir unter anderem auch die Frauenbewegung geholfen.

Schwarzer: Du bist es gewohnt, das Leben anderer auf der Couch erzählt zu bekommen. Aber reden wir doch einmal von dir, deinem Leben, deiner Kindheit. Wie war dein Leben, was sind deine wichtigen Prägungen?

Mitscherlich: Ich bin an der dänisch-deutschen Grenze in Dänemark geboren. Mein Vater war Arzt. Was die Volkszugehörigkeit betrifft, wie man so schön sagt, fühlte er sich wie seine gesamte Familie seit Jahrhunderten als nationalbewußter Däne. Meine Mutter stammte aus Lütjenburg, in der Nähe von Lübeck, und war eigentlich als nationalbewußte Deutsche erzogen worden, so daß ich zwischen zwei verschiedenen Wertungen stand, was das Nationalbewußtsein betraf. Es war natürlich auch ein Land, das erst nach dem Ersten Weltkrieg wieder dänisch wurde, ein Land, um das sehr viel gekämpft wurde zwischen Deutschen und Dänen, und das hin und her ging, mal war's dänisch, mal war's deutsch. Die ganze Kindheit meines Vaters zum Beispiel war sehr dadurch bestimmt worden, daß er als Kind sehr nationalbewußter Dänen in eine deutsche Schule gehen mußte. Und ich war geboren worden zu einer Zeit, nämlich 1917, als es noch deutsch war. Erst nach dem Kriege, 1920 war die Abstimmung, kam dieser Teil an Dänemark, weil die Mehrheit für Dänemark optiert hatte.

Schwarzer: Wie war eigentlich deine Mutter?

Mitscherlich: Meine Mutter war eine sehr energische Person. Sie war eine geborene Leopold, der Vater war Pelzhändler, die Mutter eine geborene Freudenthal. Sie waren zwar sehr protestantisch und christlich, aber so ganz klar war es nie, wo beide eigentlich herkamen... Später, als sie Direktorin einer Höheren-Töchter-Schule wurde, hat sie noch einige Semester studiert, um den entsprechenden Abschluß für die Qualifikation zu bekommen. Aber sie gab den Beruf bei der Eheschließung auf. Meinen Vater hat sie nie so geliebt wie ihren ersten verstorbenen Verlobten – und er wußte das auch.

Schwarzer: Das kann ja auch so eine Art von Frauen sein, sich den Männern zu entziehen: indem sie irgendwelche längst Verstorbenen vorschieben... Das verschiebt ja dann auch von Anfang an die Machtverhältnisse zugunsten einer Frau.

Mitscherlich: Ja. Es war klar, daß meine Mutter der Mittelpunkt in der Familie war. Sie war die Lebendigere, so war mein Gefühl. Sie war die Interessiertere. Sie war eigentlich auch immer zum Lachen aufgelegt.

Schwarzer: War sie auch die Intellektuellere?

Mitscherlich: Die Sache ist nicht ganz so einfach. Ich habe sie als die Intellektuellere empfunden. Sie las sehr viel, sie war literarisch sehr bewandert. Wenn ich mit ihr durch die Wälder und die Gärten ging, wußte sie jede Blume mit deutschem und lateinischem Namen zu nennen. Sie konnte sehr schnell so Gelegenheitsgedichte machen, hatte hübsche Zeichentalente etc. etc. Sie half meinem Vater in der Praxis, sie half in der Schule aus, sie schmiß ihren Haushalt wie nix, es gab immer sehr gut zu essen, sie konnte fabelhaft kochen. Sie war für mich eigentlich eine allmächtige Frau, das gebe ich gerne zu.

Schwarzer: Du hast ja sehr an ihr gehangen, und sie ist ja noch nicht lange tot. Sie ist ja fast 100 Jahre alt geworden.

Mitscherlich: Ja, 98…

Schwarzer: Und sie ist ja bis über 90 noch nach Afrika gereist… Sie muß doch auch erschlagend gewesen sein. Hast du dich von ihr eigentlich anerkannt gefühlt?

Mitscherlich: Ich fühlte mich sehr geliebt von ihr, das ist keine Frage. Ich war aber auch unendlich abhängig von ihr. Sie hat mich ja selbst in den ersten schulpflichtigen Jahren unterrichtet. Ich ging erst ab neun Jahren überhaupt zur Schule.

Schwarzer: Wieso eigentlich?

Mitscherlich: Ich entschied mich, da ich mich natürlich total mit meiner Mutter identifizierte, für die deutsche Schule. Mein Bruder, der sich viel mehr mit meinem Vater eins fühlte und mit mir in Dauerkonkurrenz lag, ging auf die dänische Schule. Naja, aber mich schickte sie erstmal auf gar keine. Das war sehr angenehm, da ich sehr viel Freiheit hatte. Ich war gewohnt, aufzustehen und rauszugehen, wann es mir in den Sinn kam. Das habe ich später auch ein paarmal in der Schule getan. Ich dachte nicht daran, pünktlich in die Schule zu kommen, es sei denn, meine Mutter schickte mich. Es war für mich nicht ganz einfach. Ich konnte mich sehr schwer an den Zwang gewöhnen, das habe ich vielleicht mein Lebtag nicht mehr richtig gelernt. Und ich hatte auch immer irgendwie Krach mit den Lehrern, hatte immer sehr schlechte Betragensnoten. Ich selbst fand mich zwar immer furchtbar lieb und furchtbar nett, aber… Aber Schwierigkeiten in der Schule hatte ich eigentlich nicht. Ich hatte eigentlich immer gute Zensuren, vor allem in Mathematik galt ich zeitweilig als Leuchte.

Schwarzer: Du hast sehr viel über das Deutschsein, über die

Identität der Deutschen geschrieben. Ist es gerade diese Distanz und der Bruch deines Deutsch-Dänisch-Seins, was es möglich gemacht hat, da einen Schritt zurückzutreten und kritisch darauf zu blicken?

Mitscherlich: Ich habe mich zuerst auch sehr mit den Deutschen identifiziert. Ich denke, stärker, bewußter als jemand, der diesen Bruch nicht in der eigenen Familie hat. 1932, mit 14 Jahren kam ich dann nach Deutschland. Nach Flensburg. Da ging ich zur Schule, weil meine Familie noch Geld in Deutschland hatte, das sie aufgrund der Brüningschen Gesetze nicht mehr nach Dänemark transferieren konnte. Ich sollte davon dann in Deutschland studieren. Da bekam mein Deutschtum seinen ersten Dämpfer. Das war doch eine sehr andere Mentalität. Ich hatte zum Beispiel die Neigung, viel zu laufen, ich fiel leicht hin, und wenn ich das tat, dann wurde ich in Deutschland auch noch angefahren und wurde zur Beherrschung meiner selbst ermahnt. Wo hingegen, wenn mir das in Dänemark passierte, ich bemitleidet wurde, mir geholfen wurde. Nur noch Gehorsam und Sauberkeit. Das kannte ich ja eigentlich nicht. Meine Mutter hat es immer versucht, aber unsauber wurde deswegen nicht als moralisch minderwertig angesehen.

Schwarzer: Und die Trennung von der Mutter?

Mitscherlich: Die war katastrophal.

Schwarzer: Da bist du also ganz abrupt ins Erwachsenenleben gestoßen worden.

Mitscherlich: Ein Jahr lang, das weiß ich, habe ich meine Mutter angefleht, mich doch wieder zurückzunehmen. Aber sie hat immer gesagt – das habe ich ihr auch immer hoch angerechnet – du willst doch studieren, du möchtest doch Abitur machen, und es geht nun mal auch geldlich nicht anders. Sie hat mich immer wieder überzeugt. Ich bin dann tränenüberströmt, wenn ich ein Wochenende zu Hause war, wieder in mein deutsches Gefängnis gegangen. So habe ich es wirklich empfunden. Das hat ungefähr ein Jahr gedauert, und dann bin ich wirklich dadurch selbständig geworden.

Schwarzer: Sie also hat vor allem Wert auf deine Ausbildung gelegt, hat nicht gesagt, heirate mal einen netten Mann oder so?

Mitscherlich: Darin war sie ganz klar! Mein Vater sagte immer, mein Gott, warum soll jetzt das ganze Geld da in Deutschland aufgebraucht werden? Dann kriegt sie eben keine Aussteuer! Darüber habe ich allerdings immer hohngelacht und gesagt: Nichts ist mir gleichgültiger als Aussteuer! Das war sehr früh, so mit 15 Jahren, ganz klar für mich. Ich habe zu meiner Mutter gesagt, ich will nicht heiraten, ich will zwar Kinder haben, das finde ich nämlich sehr schön, aber ich will auf gar keinen Fall heiraten. Daß ich nicht heiraten wollte, hat sie akzeptiert!

Schwarzer: Wir kommen nachher nochmal darauf, warum du dann trotzdem geheiratet hast. Du bist ja dann in Deutschland in den beginnenden Faschismus geraten.

Mitscherlich: Ich war ja trotz allem bis dahin in Freude mit meiner Mutter identifiziert und in dem Glauben, daß Deutsch, Deutschsein eigentlich viel besser ist als Dänischsein... Und das wurde mir dann allerdings nach 1933, wo ich erstaunt mit angesehen habe, wie die Lehrer sich duckten, gründlich verleidet. Und dann sah ich plötzlich so in meiner Klasse diese BDM-Mädchen, in Uniform und noch geordneter, im Marschschritt – da schien mir alles so maßlos lächerlich.

Schwarzer: Du hattest in der Schule eine Lehrerin, die für dich wichtig war. Und hattest in der Zeit auch die klassische Jung-Mädchen-Freundschaft?

Mitscherlich: Ich hatte immer innigste Jung-Mädchen-Freundschaften. Mit 13 übernachtete ich manchmal bei meiner besten Freundin, wir schmusten und sagten: So ist das wohl mit Mann und Frau... Es dauerte dann noch lange, bis ich mit einem Mann etwas Ernsthaftes anfing. Erst kam noch diese Deutschlehrerin, die ich über alles liebte, Annie Meez, die uns Philosophie beigebracht hat, Literatur, aber nicht nur alte deutsche Literatur, sondern auch die verpönte Literatur der

20er Jahre. Wir waren begeistert. Sie war mein Idol. Sie war übrigens sehr häßlich, dick. Aber wir fanden sie einfach wunderschön. Sie war von der Statur her sicherlich nicht größer als ich, sehr breit, und watschelte, obwohl sie erst Mitte 30 war, und hatte so ein rundes Gesicht mit Froschaugen. Aber sie war unglaublich ausdrucksfähig. Wir maßen die Schönheit an ihr. Mit Jutta gemeinsam – das war meine liebste Freundin – und noch ein oder zwei anderen Freundinnen schwärmten wir, gingen nachts um ihr Haus rum. Wenn Männer uns ansprachen, haben wir nur verächtlich gesagt, mit Männern sprechen wir nicht. Statt dessen rasten wir um ihr Haus und guckten nach, ob sie noch Licht hatte. Wir gingen sogar freiwillig nachmittags zum Philosophie-Unterricht, zum modernen Literaturunterricht etc. etc. Das war die absolute, tiefe Leidenschaft.

Schwarzer: Zum Studieren bist du dann nach München gegangen.

Mitscherlich: Ja. Da mußte ich auch vorher in ein Arbeitslager, weil ich als politisch unzuverlässig eingestuft worden war und fast das Abitur nicht hätte machen dürfen, was eine absolute Katastrophe war.

Schwarzer: Was mußte man da machen?

Mitscherlich: Da mußte man morgens die Fahne hissen und Hitlerlieder singen, so habe ich 20 Pfund abgenommen, das war alles furchtbar. Danach kriegte ich dann den Stempel, daß ich in Deutschland studieren durfte. Ich habe dann erst Geschichte, Deutsch, Literatur, Englisch studiert, in München.

Schwarzer: Und warum bist du auf Medizin umgestiegen?

Mitscherlich: Germanistik war dann auch sehr vom nationalsozialistischen Quatsch geprägt, und Geschichte auch. Mein Vater wollte immer, daß ich Medizin studierte. Da habe ich zu Medizin übergewechselt, obwohl natürlich Literatur mein Fach war, das war es, was mich hauptsächlich interessiert hatte.

Schwarzer: Was ja auch später immer wieder durchgeschlagen hat. – Die politischen Verhältnisse sind damals doch auch sehr in dein ganz alltägliches Leben eingebrochen. Du hast auch später ganz konkret versucht, Widerstand zu leisten.

Mitscherlich: Ich konnte mit den Dänen jenseits der Grenze offen sprechen, aber mit den Deutschen nicht mehr. Das war ganz klar. Da hörte bei mir der deutsche Nationalismus auf. Mehrere Monate im Jahr war ich in Dänemark und hatte dort auch Beziehungen zu den verschiedensten Dänen. Aber auch in Deutschland waren wir natürlich eine Clique. Ich bin in der Zeit nie mit anderen Menschen zusammengekommen als solchen, die zunehmend Hitler haßten. Aber ich habe auch vor Angst gezittert während dieser ganzen Zeit. 1937 in München habe ich die Kristallnacht miterlebt, da wurde mir schon klar, mit was man da konfrontiert ist. Daß, wenn man nur eine andere Meinung äußerte, man dann ganz schnell verschwindet.

Schwarzer: Sicherlich waren die Freundschaften da sehr eng und spannungsfrei, oder? Alle Aggressionen gingen ja gegen den Außenfeind, gegen die bösen Faschisten.

Mitscherlich: Das war klar: Die Bösen waren die Nazis, und die Guten waren die, die gegen die Nazis waren. Und da gab es dann eigentlich gar keinen Unterschied, ob die nun rechts oder links waren. Eines Tages wurde dann klar, daß die Gestapo nach uns suchte. Unsere Wirtin später in Heidelberg, deren Mann SA-Mann war, hat uns aber sofort gewarnt und gesagt: »Die Gestapo war da, da hat euch jemand angezeigt, wegen Wehrkraftzersetzung undsoweiter. Und ich muß sagen, wann Sie die Zimmer verlassen, dann wollen sie Ihre Zimmer durchsuchen.« Da habe ich eine Todesangst gehabt. Ich hatte gar keine Lust, zu sterben, überhaupt nicht. Und ich hatte rasende Angst, wenn die anfangen, mich zu verhören, oder mich irgendeiner Folter unterziehen, daß ich meine Freunde verrate oder irgendwas Gräßliches mit mir passiert.

Schwarzer: Das ist dir dann aber erspart geblieben?

Mitscherlich: Die haben mich dann verhört, uns alle, aber ich war ja immer noch dänische Staatsangehörige, und die wollten ja eigentlich mit den Dänen nicht so unbedingt Trouble machen. Ich bin dann ja auch bald aus Deutschland weggegangen. Erst nach Dänemark, dann in die Schweiz.

Schwarzer: War das damals das erstemal, daß du als Ärztin gearbeitet hast?

Mitscherlich: Ich habe in einigen dieser Durchgangslager mitgeholfen, in Dänemark, aber immer nur vorübergehend. Da kamen ja auch aus dem KZ die ganzen Leute, gingen durch das Land. Da hat man zum erstenmal wirklich die katstrophale Auswirkung gesehen. Ich meine, wir wußten alle, was passierte, aber nicht in dem Ausmaß.

Schwarzer: Was wußtet ihr und was wußtet ihr nicht?

Mitscherlich: Also wir wußten, daß die Geisteskranken umgebracht werden. Wir wußten, daß Vergasungen stattfanden. Wir haben mal gesehen, das weiß ich noch, wie so ein Wagen, ein Lastwagen aus dem KZ kam, da kauerten die ganzen Häftlinge und vorne stand so ein SS-Mann und schwang die Peitsche. Diesen Anblick habe ich nie vergessen. Seit 1939 hörten wir regelmäßig das englische Radio. Daß KZs da waren, daß die Leute mißhandelt wurden, daß sie vergast wurden, das alles wußten wir – nur nicht in dem tatsächlichen Ausmaß.

Schwarzer: Weil das so unvorstellbar war?

Mitscherlich: Ja. Man weiß ja auch, daß die Polen versucht haben, von Auschwitz aus die Engländer zu informieren, und die Engländer das Material erst viel später gebracht haben.

Schwarzer: In der Schweiz hast du dann ziemlich bald Alexander Mitscherlich getroffen.

Mitscherlich: 1947.

Schwarzer: Alexander war damals ja noch verheiratet, und ihr wart sozusagen illegitim zusammen. Das bedeutet ja auch was für die Beziehung. Euer gemeinsames Kind, das 1949 zur Welt kam, war erstmal unehelich. Das war ja damals noch gar nicht so einfach.

Mitscherlich: Nein, das war natürlich nicht einfach, das war ganz klar. Du kannst dir ja auch die 50er Jahre noch vorstellen. Wir haben aber eigentlich auch gar nicht an Heirat gedacht, muß ich sagen. Wir hatten uns da in der Schweiz getroffen, 1947, da gab es so gut wie überhaupt keine Deutschen, und überhaupt sehr wenig Ausländer. Und da waren wir quasi in einem ganz anderen Land, in einer ganz anderen Situation.

Schwarzer: Wie ist die Psychoanalyse dann aufgetaucht? War das eine gemeinsame Sache? Oder hat das einer von euch zuerst eingebracht?

Mitscherlich: Die Psychoanalyse interessierte mich schon lange. Anfangs habe ich allerdings noch wenig unterscheiden gelernt zwischen Jung und Freud. Ohne Zweifel wurde mein Interesse dann intensiviert durch die Beziehung zu Alexander. Er war schon seit langer Zeit an der Psychoanalyse interessiert.

Schwarzer: Du hast damals noch in einer anthroposophischen Klinik gearbeitet.

Mitscherlich: Ja. Aber das war nichts für mich, bei aller Bewunderung für die Anthroposophie... Gleichzeitig war das eben eine religiöse Sekte, das ließ sich einfach nicht verleugnen. So daß ich da dann meine Zelte abbrach und noch eine Zeitlang in Zürich war, in einer orthopädischen Klinik, wo ich die Medizin sehr »down to earth« lernte, das heißt, als schlicht irdische Wissenschaft. Und dann war ich schwanger. Um Gottes willen, da konnte ich ja nicht in der moralischen Schweiz bleiben...

Schwarzer: Wie alt warst du da?

Mitscherlich: Da war ich 30 Jahre alt. Ich hatte ja auch meine erste langjährige Beziehung hinter mir, die blieb in Dänemark. Ich hatte in der Schweiz einen ganzen Teil Geld verdient, für damalige Verhältnisse, für 20 Franken kriegte ich 100 Mark. Das habe ich alles umgetauscht, habe es in meine Taschen gesteckt, überall. Ich hatte mir einen weiten Mantel gekauft, einen todschicken weiten Mantel. Und als ich über die Grenze kam, wurde ich reingerufen in so ein Kabuff. Na, dachte ich, was soll das jetzt werden. Dann hat mir die Beamtin wirklich aus allen Taschen mein Geld rausgeholt. Man durfte ja nur eine kleine Summe mitnehmen. Da habe ich ihr meine Situation erzählt, ich sei schwanger und ich hätte in Deutschland kein Geld – da hat sie mir wieder alles in die Taschen gesteckt.

Schwarzer: Die hast du öfter getroffen, diese Art von Frauensolidarität, nicht wahr?

Mitscherlich: Ich habe eigentlich mit Frauen – von meiner Mutter angefangen, die mir erlaubte, mich von ihr selbständig zu machen – über all die Jahre vor allem Positives erlebt. Ich kann es nicht anders sagen. Ich habe sehr selten die dunkle Seite der Frauen kennengelernt, bei meinen Freundinnen eigentlich so gut wie nie.

Schwarzer: Wo kamst du konkret zur Psychoanalyse?

Mitscherlich: In Stuttgart. Da begann ich eine Eigenanalyse.

Schwarzer: Aus wissenschaftlichem Interesse oder war das auch ein persönlicher Druck?

Mitscherlich: Beides. Ich hatte immer das große Bedürfnis, mich mit mir selber auseinanderzusetzen. Ich habe das sehr gerne getan. Ich wollte allerdings von vornherein Psychotherapeutin werden. 1950 habe ich meine Analyse bei Vilma Popescu begonnen. Frau Popescu war eine Rumänin, die nach einigen Jahren nach Kanada ging. Sie hatte, glaube ich, in Wien ihre Ausbildung gemacht. Gleichzeitig habe ich am Stuttgarter Institut meine psychotherapeutische Ausbildung begonnen.

Schwarzer: Warum bist du Psychoanalytikerin geworden?

Mitscherlich: Ich war einfach prädestiniert dazu, Psychoanalytikerin zu werden. Ich habe mich wirklich, solange ich denken kann, für psychologische Prozesse interessiert. Ich habe mir immer über meine Mutter psychologische Gedanken gemacht: Was denkt sie eigentlich, was fühlt sie eigentlich, wie glücklich ist sie, wie unglücklich? Mein erster bewußter Impuls, an den ich mich erinnere, ist: Wie kann ich meine Mutter glücklich machen? Als ich anfing, mit der Psychotherapie bei Frau Popescu im Stuttgarter Institut, war ich keineswegs so freudianisch orientiert wie später. Das Gefühl, daß Psychoanalyse wirklich erhellend, aufklärend und eindeutig ist, mir etwas brachte, was mir niemand sonst erklären und zeigen konnte –

das Gefühl habe ich erst in London kennengelernt. Ich machte dort nochmal eine Analyse bei Balint. Da habe ich diese ganze Londoner Atmosphäre kennengelernt, die ja eigentlich die ursprünglich Wiener Atmosphäre war – Freud und auch fast alle Berliner Analytiker waren ja nach London gegangen. Da habe ich Dinge kapiert, die ich vorher nie kapiert habe, in mir selber und außerhalb von mir selber. Das war ein einschneidendes Erlebnis.

Schwarzer: Was bedeutete das konkret?

Mitscherlich: Erstens wurde ich ganz anders mit meinen Aggressionen konfrontiert, mit meinen Wiederholungszwängen, meiner Ambivalenz auch meiner geliebten Mutter gegenüber, meinem Vater gegenüber. Also, was da an innerseelischen Vorgängen zu dem und dem geführt hat und mich so und so hat reagieren lassen, und mich für das und das hat blind werden lassen, nämlich für meine Idealisierungen und Aggressionen insbesondere. Es fiel mir wie Schuppen von den Augen. Es ist schmerzlich und schrecklich, aber ja, so ist es. Und seitdem habe ich natürlich neu idealisiert, das gehört ja wohl immer dazu.

Schwarzer: Wen, Freud?

Mitscherlich: Ja. Aber ich bin heute nach wie vor Freudianerin. Daß Freud etwas zusammenfaßte, was eh und je gesehen wurde, aber was nie in einer Theorie und in der Konsequenz, in der Differenzierung in einem alles umfassenden Gebäude zusammengebracht wurde, das bleibt wahr. Es war nichts Neues, was Freud mit dem Ödipus entdeckte, aber er entdeckte es hier und jetzt in einer modernen Gesellschaft und faßte es in einer Theorie zusammen, die dann immer weiter und weiter ausgearbeitet wurde. Was er von den Frauen sagte, das war natürlich auch gesehen mit den Augen seiner Zeit.

Schwarzer: Er hat ja aber doch in einer Zeit gelebt, in der es die erste Frauenbewegung schon gab, die Männerwelt also schon auf den Frauenkampf reagiert hat. Das hätte er zugeben können.

Mitscherlich: Das hat er getan. Er hat seiner damaligen Verlobten geschrieben, das ist alles gut und schön, natürlich sollten die Frauen mehr Rechte haben, natürlich ist die Frau seit Jahrhunderten nicht genügend anerkannt. Aber ich kann mir doch nicht vorstellen, daß eine Frau genau wie ein Mann werden soll. Den Brief habe ich auch öfter zitiert. Man darf aber auch nicht vergessen, daß Psychoanalytiker zu werden, mindestens ein solcher Frauenberuf war wie Männerberuf, nur in Amerika nicht.

Schwarzer: Klar, weil das Frauen-Sache ist, das Sich-Einfühlen in andere...

Mitscherlich: Genau. Aber ich wollte damit nur sagen, Freuds Phallozentrismus stand im Einklang mit seiner Kultur. Auf der anderen Seite war er sicher einer der wenigen Männer, der die Hysterie bei den Männern zuerst gesehen hat, weswegen er ja aus der Universität mehr oder weniger ausscheiden mußte. Also Freud war jemand, der einerseits natürlich den Phallozentrismus gesehen und mitgemacht hat, andererseits die Weiblichkeitswünsche der Männer und die Fragwürdigkeit des narzistischen Phallozentrismus sehr deutlich beschrieben hat.

Schwarzer: Als Kreativer wird er ja nicht so blöd gewesen sein, die neuen Erkenntnisse der damaligen Feministinnen links liegenzulassen...

Mitscherlich: Genau, er war gewiß nicht blöd. Sicher, seine Theorie vom Penisneid... Aber er hat natürlich auch den Brustneid gesehen. Er hat den enormen Neid des Mannes auf die Frau beschrieben. Er hat gesehen, daß wir alle schließlich und endlich ganz anders abhängig sind, und zwar früher von der Frau als vom Mann, daß also die Frau, was kindliche Abhängigkeit betrifft, die Mächtigere ist.

Schwarzer: Aber wie weit hat er denn auch die realen Machtverhältnisse zwischen Männern und Frauen eingestanden? Da gibt es ja auch immer die Gefahr der Psychologisierung, daß man also abstrahiert von realen Machtverhältnissen. Und alles aufs Subjektive schiebt. Der Penisneid hat aber den ganz realen Hintergrund des Neides auf die Rolle, nicht wahr?

Mitscherlich: Völlig klar. Freud war ja auch allgemeinpolitisch nicht sehr interessiert. Also er hat sich psychologisch und medizinisch in eine Außenseiterstellung sondergleichen begeben. Hätte er sich nun auch noch gesellschaftlich und politisch wirklich bewandert und kämpferisch zeigen müssen? Ich glaube in der Tat, das ist zuviel verlangt. Es gibt Grenzen dessen, was jemand zu leisten vermag, und das waren seine Grenzen.

Schwarzer: Hast du diese Grenzen von Anfang an gesehen?

Mitscherlich: Nach London war Freud mein Vater, mein neuer Vater, wenn du so willst. Das heißt, mein allwissender Lehrer, mein Aufklärer, den ich gelesen und über alles bewundert habe. Das dauerte lange... Es dauerte eine Zeitlang, bis ich in der Lage war zu sagen: Freud hat mir unendlich viel vermittelt, das ist eine neue Art des Denkens, und das bleibt so. Daß ich aber gleichzeitig sehen konnte, daß er, was bestimmte gesellschaftliche Situationen, der Frau oder auch was allgemeinpolitisches anbetraf, dafür wenig Interesse gehabt hat und infolgedessen auf diesen Gebieten Grenzen hatte. Es dauerte lange, bis ich bereit war, zu sagen: Du darfst ja auch was sehen und denken, was er nicht gesehen hat.

Schwarzer: Du bist dann nach der psychoanalytischen Ausbildung zurück nach Heidelberg gegangen.

Mitscherlich: Ende 1954 bin ich zurück, Anfang 1955 habe ich dann Alexander Mitscherlich geheiratet.

Schwarzer: Warum habt ihr eigentlich geheiratet? Wo du doch vorher so gegen die Ehe warst.

Mitscherlich: Es ist überhaupt keine Frage, daß ich mit einem Teil meines Bewußtseins gegen die Ehe war, mit einem anderen Teils meines Bewußtseins aber mich sehr gerne in eine beruhigte Lage begab, eine sichere, bürgerliche Existenz...

Schwarzer: Also die legale Frau von Mitscherlich sein, nachdem du so lange die illegale warst...

Mitscherlich: Das ist völlig klar!

Schwarzer: Hast du die dänische Staatsangehörigkeit aufgeben müssen oder hast du damals gar nicht darauf geachtet?

Mitscherlich: Doch, doch, ich habe sie ja erst gar nicht aufgegeben. Ich bin dänische Staatsangehörige geblieben, bin dann erst, ich glaube, Anfang der 60er Jahre deutsche Staatsangehörige geworden. Ich gehörte halt auch nicht der Ärztekammer an und nichts, weil ich dänische Staatsangehörige war. Meine berufliche Situation war dadurch recht mühsam.

Schwarzer: Hast du eigentlich von Anfang an deinen Namen beibehalten oder später wieder dazugenommen, wie viele Frauen?

Mitscherlich: Ich habe immer ganz einfach meinen eigenen Namen angehängt. Aber ich kann mich gesetzlich eigentlich nur Mitscherlich nennen.

Schwarzer: Du warst doch dann für die damalige Bundesrepublik – wo der Faschismus doch die ganze Tradition der Psychoanalyse zerschlagen hatte – Anfang der 50er Jahre eine der ersten, die in London das psychoanalytische Handwerk wieder kennenlernte?

Mitscherlich: Es gab in Berlin eine Gruppe, die auch während des Krieges gearbeitet hatte, im bekannten Göring-Institut. Und ein Teil dieser Gruppe um Müller-Braunschweig herum wurde 1951 von der Internationalen wieder als Deutsche Psychoanalytische Vereinigung anerkannt. Ich habe auch seinerzeit mein endgültiges Examen in Berlin ablegen müssen, um zur Deutschen Psychoanalytischen Vereinigung zu gehören. Aber gleichzeitig bestand in Heidelberg die von Alexander Mitscherlich mit Hilfe der Rockefeller-Stiftung gegründete Psychosomatische Klinik. Ich bin 1951 dann ja schon zu dieser ganzen Geschichte gestoßen. Nur, ich war die erste dieser Gruppe, die in London Analyse gemacht hatte. Ich bin dann begeistert zurückgekommen, habe gesagt: Ihr versteht ja von nichts etwas! Dort gibt es wirklich *die* Psychoanalyse. Dort ist wirklich das ganz Neue und *die* Wahrheit! Später sind dann auch andere nach London gegangen.

Schwarzer: Und welche konkreten Aufgaben hast du in Heidelberg übernommen in diesen 50er Jahren?

Mitscherlich: Ich habe dann relativ schnell auch Ausbildung von Psychoanalytikern übernommen, Seminare, Lehranalysen, Kontrollanalysen.

Schwarzer: Du warst auch lange die Leiterin des Psychoanalytischen Ausbildungsausschusses in der Bundesrepublik.

Mitscherlich: Ja, lange, über viele Jahre.

Schwarzer: Das ist ein Ausschuß, der letztendlich darüber befindet, wer wird Analytiker und wer nicht. Du hast darüber ja auch geschrieben, immer wieder, hast ja auch kritisiert, daß die Ausbildung heute sehr formalisiert ist und hierarchisiert.

Mitscherlich: Viele haben mir auch den Vorwurf gemacht, daß ich ja schließlich zu Anfang bei der ganzen Initiation dieser Ausbildungsrichtlinien mit dabei war, und die haben vollkommen recht. Ich kam von England und habe auch die ganze Ausbildung – die ja nicht anders war als sie früher am Berliner Institut praktiziert wurde, am Wiener Institut war sie übrigens sehr viel freier – voll übernommen.

Schwarzer: Das heißt?

Mitscherlich: Das heißt, in Deutschland war sie immer noch ein bißchen bürokratischer, typisch deutsch. Da hat man dann auch richtige Examen eingeführt. Zwar waren in London die Zulassungsbedingungen mindestens so streng wie in Deutschland, in England mußte man allerdings kein Mediziner sein, um Analytiker werden zu können. Das war nur in Amerika so. Dagegen hatte Freud schon protestiert. Der hat sich sehr für die Laienanalyse eingesetzt.

Schwarzer: Auch berühmte Analytikerinnen wie Melanie Klein und die Freud-Tochter Anna waren Laienanalytiker, also nicht Mediziner.

Mitscherlich: Ja. Auf jeden Fall müssen wir heute versuchen, diese hierarchische Struktur und die autoritäre Einstellung mancher Psychoanalytiker, kurzum die ganze Art der Ausbildung mehr auf die ursprünglichen Wiener Richtlinien zurückzuführen, das heißt, mehr wirkliche Kollegialität zu praktizieren. Ich halte es für sehr wichtig, daß eine Art der Ausbildung gefunden wird, wo klargestellt ist, daß es sich hier um zwei Erwachsene handelt. Also der Ausbildungskandidat, wenn man diesen Namen brauchen soll, ist ja ein Mann, der so erwachsen ist wie du und ich...

Schwarzer: Oder eine Frau, wie du und ich...

Mitscherlich: Stimmt, mehr Frauen als Männer... Es ist völlig klar, daß die Methode, in der man wirklich seinen freien Assoziationen freien Lauf läßt, immer auch zu einer Regression führt. Das heißt, beim Analysierten immer zu Erinnerungen und Erlebnissen aus der Kindheit führt und auch zu Wiederholungen von Verhaltensweisen etc. Dennoch muß in diese Ausbildung eingebaut werden, daß, sobald man aus dieser Situation, die auch in der Lehr-Analyse unweigerlich manchmal entsteht und dann analysiert wird, heraus ist, die übrige Ausbildung auf einer Stufe von Erwachsenen unter Erwachsenen stattfindet.

Schwarzer: Ein hierarchisches Verhältnis zwischen Lehrerin und Lehranalysandin wird sich dann ja meist auch auf das Verhältnis Analytikerin/Patientin verlängern.

Mitscherlich: Genau. Das ist die Gefahr. Aber der Analytiker darf auf gar keinen Fall diese Situation mißbrauchen! Es geht um die Möglichkeit, um die einigermaßen angstfreie Vorbedingung, daß der Patient oder der Analysand regredieren darf. Das muß er, sonst kann er ja bestimmte Dinge nicht wieder neu beleben und neu erleben, ohne Machtmißbrauch zu fürchten.

Schwarzer: Wie ist dir das denn selbst in deinem Leben gegangen? Du machst jetzt seit über 30 Jahren Analysen. Die Menschen, die zu dir kommen, sind oft verzweifelt, und du bist ihnen aufgrund deines Wissens um seelische Abläufe und Mechanismen einfach überlegen. Hast du der Gefahr des Machtmißbrauchs immer widerstehen können?

Mitscherlich: Als Analytiker prüft man nicht nur seine Patienten. Sondern man wird auch dauernd von ihnen geprüft, ob man wirklich auf sie eingeht. Man versucht ja zu verstehen und sich einzusetzen. Da hört man eigentlich ganz von selber auf, sich in einer Machtposition zu fühlen. Daß man vom Patienten so erlebt wird, ist klar. Darum muß man auch versuchen, dem Patienten und Analysanden durch Deutungen oder Klärungen bewußt zu machen, zu was er einen da macht – ohne darüber hinwegzutäuschen, daß man natürlich hier als Helfender angst- und aggressionsfreier ist als derjenige, der Hilfe braucht. Das ist klar, dadurch gibt es schon ein Gefälle, aber das läßt sich nicht ändern. Nur, daß der Helfende sich immer wieder selber analysieren muß, um demjenigen, der Hilfe braucht, auch das zu geben, wonach er verlangt, das ist auch klar. Dieses Gefordertsein läßt so ein Triumphgefühl, wie Ich-bin-der-Mächtige und Er-ist-der-Ohnmächtige, eigentlich überhaupt nicht zu.

Schwarzer: Aber es wird sicherlich auch Analytiker geben, die sich nicht darauf einlassen. Man ist ja nur gefordert, wenn man sich dem stellt, oder?

Mitscherlich: Ich denke schon, daß der Analytiker auch Angst vor seinem Patienten hat. Er hat Angst, ihn nicht entsprechend zu verstehen. Und der Patient darf alles sagen, darf seine Kritik hemmungslos äußern, und das trifft oft einen wirklich empfindlichen Punkt beim Analytiker. Sofern es reine Projektionen sind, die völlig an der Wirklichkeit vorbeigehen, kann der Analytiker sehr gut damit umgehen. Aber wenn sie sehr nahe an die wirklich schwachen Punkte gehen, und jeder von uns hat doch wirklich schwache Punkte, dann kann es auch sehr schmerzlich werden.

Schwarzer: Aber das ist es doch nicht nur. Es besteht doch auch die Gefahr des Machtmißbrauchs.

Mitscherlich: Stimmt.

Schwarzer: Wieviel Patienten/Patientinnen hast du im Schnitt?

Mitscherlich: Nicht mehr als durchschnittlich 5 – 6 Patienten am Tag.

Schwarzer: Wie verkraftest du das? Da kommt man doch abends nach Hause und ist bis obenhin voll mit diesen Sachen.

Mitscherlich: Es gibt sehr, sehr kritische Momente, wo man auch große Sorgen hat um die Patienten, und da ist man wirklich bis obenhin voll, wie du sagst. Aber es gibt natürlich auch viele Patienten, wo es alles sehr langsam seinen Lauf nimmt, und wo du eigentlich nicht mit existentiellen Problemen täglich konfrontiert wirst.

Schwarzer: Also wo es ein Stück dann auch Routine ist, wie in jedem Beruf. – Kommen wir auf die Zusammenarbeit mit Alexander. Es liegt auf der Hand, daß das eine Bereicherung war. Aber es war vermutlich auch eine Behinderung. Ihr habt zusammen gearbeitet, ihr seid so weit gegangen, zusammen zu schreiben, »Die Unfähigkeit zu trauern« zum Beispiel – aber dieses Buch wurde später fast ausschließlich ihm zugeschrieben. Das ist sicherlich auch ein schwieriges Kapitel für dich.

Mitscherlich: Das war es.

Schwarzer: Was war dein Part bei dieser Zusammenarbeit? Was waren deine Stärken und deine Schwächen?

Mitscherlich: Ich habe viel gelesen und ihm dann das, was ich gelesen habe, verkürzt zugeführt. Er hatte eine gewisse Art, sehr frei assoziativ zu arbeiten, es war dann meine Sache, den roten Faden hineinzubringen. Ich habe Literatur beigebracht, Ideen, eigene Erfahrungen. Er war ein sehr anregender Mensch. Aber er kam natürlich gar nicht auf die Idee, für mich was zu lesen oder zu machen. Und er war auch nur ungern bereit, wenn ich was geschrieben hatte, das durchzulesen. Ich hatte immer das Gefühl, er habe ein größeres Vokabular zur Verfügung als ich. Also habe ich gesagt, lies das doch mal durch und sag doch mal, wo kann ich da noch was verbessern, den Stil verbessern etc. Ideen hatten wir immer unterschiedliche. Da hatte ich immer sehr meine eigenen und er natürlich auch.

Schwarzer: Hattet ihr auch Differenzen in bezug auf die Psychoanalyse?

Mitscherlich: Ja, ja doch, wir haben oft gestritten miteinander. Ich war mehr individual-psychoanalytisch eingestellt als er, ich habe auch mehr psychoanalytische Arbeiten dieser Art gelesen. Er war mehr auf Sozialpsychologie und entsprechende Literatur eingestellt. Ich war schon in Heidelberg sehr mit Ausbildung und individualpsychologischen psychoanalytischen Dingen befaßt. Ich habe mehr Leute ausgebildet, ich habe mehr Lehranalysen gemacht. Ich habe auch mehr Patienten gesehen als er. Er hat die ganzen Aufgaben, die mit einer Klinikleitung verbunden waren, wahrgenommen, später in Frankfurt beim Freud-Institut war das genauso. Ich hatte lange Zeit die Ausbildung unter mir, in Heidelberg und auch in Frankfurt, aber was Klinikleitung anbetraf, habe ich mich wenig eingemischt.

Schwarzer: »Die Unfähigkeit zu trauern« war euer einziges gemeinsames Buch. Wie habt ihr da gearbeitet? Habt ihr beide an denselben Aufsätzen geschrieben oder ist es eine Sammlung von Aufsätzen, wobei der eine mal von dir, der andere dann von Alexander war?

Mitscherlich: Einige Aufsätze waren von mir, einige von ihm. Der Hauptaufsatz, »Die Unfähigkeit zu trauern«, der das Buch ausmacht, war wirklich von uns beiden. Das heißt, ich habe zum Teil die Fälle geliefert, die psychoanalytischen Überlegungen dazu, die Literatur der Psychoanalyse. Und dann haben wir beide darüber geschrieben, und dann hat er heftig daran herumgemacht, was ich gemacht hatte, und ich habe heftig daran herumkritisiert, was er gemacht hatte. Widerstand habe ich natürlich von Anfang an geleistet, er aber auch. Es gab immer viele Auseinandersetzungen, weil ich, was Ideen anbetraf, auch immer zulieferte. Und dann kriegte ich die Wut. Aber auf der anderen Seite habe ich mir immer gesagt: Mensch, dann formuliere es doch selber, Margarete. Ich meine, er konnte ja nun wirklich nichts dafür, eigentlich, muß ich ehrlich sagen. Denn er hat mir ja alle Chancen gegeben, das selbst zu formulieren. Aber etwas in mir hatte immer das Gefühl, daß er besser formuliert. Und dann habe ich gedacht, warum ärgerst du dich denn so? Dann mach's doch selber, verdammtnochmal!

Schwarzer: Mit »Müssen wir hassen?« bist du dann 1972 erstmals als Theoretikerin ins Bewußtsein der Öffentlichkeit getreten. Du hast mal gesagt, ich durfte klinisch gut sein und andere kreativ machen, aber in dem Moment, wo ich das selber war, da zog ich auch Aggressionen auf mich...

Mitscherlich: Sehr starke natürlich.

Schwarzer: »Müssen wir hassen?« ist ja schon vom Feminismus geprägt. Was war da der Auslöser?

Mitscherlich: Ich dachte, zum Teufel, die Frauen, die können tun, was sie wollen, die können arbeiten und die können Ideen hervorbringen etc., und dennoch kriegen sie nie die entsprechende Anerkennung. Aber es lag eigentlich an mir, ich hätte mich nur durchsetzen müssen. Es war nur so selbstverständlich, daß er die Hauptperson war. Es war so selbstverständlich...

Schwarzer: Er war ja auch in seiner Art sehr selbstbewußt, eine richtige Diva.

Mitscherlich: Ja, »du bist unsere Diva« – so haben wir ihn oft genannt, mein Sohn Matthias und ich.

Schwarzer: Dann begann dein Widerstand ja nicht zufällig Anfang der 70er Jahre mit Beginn des neuen Feminismus. Du warst zu der Zeit ein Jahr in Amerika, bist da sicherlich auch mit der amerikanischen Frauenbewegung konfrontiert worden...

Mitscherlich: Natürlich! Da war ich auch wieder an einem Institut, wo eigentlich nur Männer als die Hauptpersonen angesehen wurden, und die Frauen, wenn sie Ideen hatten, nur selten. Da war ich dann mit anderen amerikanischen Frauen, die diese Wut auch ganz anders äußern und formulieren und durchsetzen konnten, zusammen.

Schwarzer: 1977 bekanntest du dann in der ersten Emma: »Ich bin Feministin« – ein sehr seltener Satz aus dem Munde einer Psychoanalytikerin, den dir viele deiner Kollegen sehr übel genommen haben.

Mitscherlich: Das war mir irgendwo schon lange klar! Und

es war natürlich für mich auch eine Gelegenheit, das gebe ich zu, das endlich mal auf den Tisch zu knallen. Das habe ich dem Alexander, dem das schon zu viel wurde, immer gesagt: Mensch, du hast mich doch auch immer wieder aufmerksam gemacht auf die Ungerechtigkeiten der gesellschaftlichen Situation! Du hast zwar nicht unbedingt auf die Ungerechtigkeit der Situation der Frauen aufmerksam gemacht, aber sonst. Nachher hat er sich oft geärgert. Und in den letzten Jahren ging's ihm ja auch nicht gut. Und da war es für ihn wirklich außerordentlich schwer, wenn ich dann wegfuhr, um einen Vortrag zu halten und ihn allein ließ. Das hat ihn wütend gemacht. Und da habe ich gesagt: Alexander, was willst du denn? Du hast mir beigebacht, die gesellschaftlichen Verhältnisse zu sehen. Ich wäre brav im Individualpsychologischen geblieben.

Schwarzer: Und was hat da der neue Feminismus dir als Anregung und Anstoß gegeben?

Mitscherlich: Die Studentenrevolution oder -bewegung war für mich schon eine sehr interessante Bewegung. Nur die Art und Weise, wie sie dann drohend und narzistisch und patriarchalisch mit diesen Erkenntnissen umgingen, das hat mich furchtbar wütend gemacht. Und als dann die Frauen diesen eitlen Männern auch innerhalb der sonst so fortschrittlichen Studentenbewegung eins vor die Brust gaben und die mit Tomaten bewarfen und sagten: Was macht ihr eigentlich, einerseits stellt ihr an die Gesellschaft Anforderungen, nicht hierarchisch, patriarchalisch etc. zu sein, und ihr selbst seid es uns gegenüber – das hat mir natürlich enormen Mut gegeben.

Schwarzer: Zum Aha-Effekt der Psychoanalyse gesellte sich der Aha-Effekt des Feminismus.

Mitscherlich: Das war wirklich befreiend! Da konnte ich auch endlich, endlich all das, was ich untergründig schon lange gedacht und gefühlt habe, zu Ende denken und – schreiben.

Schwarzer: Die richtige Hatz gegen dich als feministische Psychoanalytikerin ging ja erst nach dem Tod von Alexander Mitscherlich, ging erst 1982 los.

Mitscherlich: Ja, das war schon schlimm nach seinem Tode, wie da gegen mich angegangen wurde.

Schwarzer: Gegen die unabhängig denkende Frau und die kritisch denkende Kollegin.

Mitscherlich: Ja, die kritisch denkende Kollegin, die sich jetzt plötzlich behauptete, anstatt nun endlich den Mund zu halten, nachdem der Mann nicht mehr da ist, dem gegenüber natürlich auch viele untergründige Ressentiments bestanden. Viele dieser untergründigen Ressentiments wurden auf mich verschoben, nachdem ich mich nicht in den erhofften Rückzug begab als trauernde Witwe.

Schwarzer: Du hast einerseits doch ein sehr, wenn ich so sagen darf, sympathisches Mißtrauen gegen Macht, aber auch ein bißchen, scheint mir, das weibliche Zögern. Du mußtest doch nach seinem Tod ganz neu sagen: Hier stehe *ich* jetzt. Ich bin im Zweifelsfalle nicht nur die Frau von Alexander Mitscherlich, die eine dicke Lippe riskiert, sondern ich bin ich: Margarete Mitscherlich-Nielsen, die zum Mikrophon greift, Bücher schreibt, Kontroversen austrägt…

Mitscherlich: Das habe ich auch schon vorher und in den letzten Jahren der Krankheit von Alexander getan, nur ich war trotzdem in der Öffentlichkeit immer noch die Frau von Alexander Mitscherlich. Darum war für mich auch die ganze Frauenbewegung eine enorme Befreiung. Ich lernte wirklich die Verantwortung für mich selbst völlig zu übernehmen. Ich hätte es längst früher tun können, aber es war auch sehr angenehm, sich in den Schutz eines berühmten Mannes zu begeben.

Schwarzer: Du wirst ja auch gerade anläßlich der »Friedfertigen Frau«, die jetzt erschienen ist, viel auf dein Verständnis von Weiblichkeit und von Männlichkeit angesprochen werden. Man kann immer schwer Ratschläge geben, aber was hältst du heute für das Wesentliche für Frauen? In welche Richtung sollten Frauen arbeiten?

Mitscherlich: Tja. Darauf zu antworten, ist ja gar nicht so ganz einfach. Also, ich denke schon, daß Frauen versuchen sollten, sich von bestehenden Wertvorstellungen unabhängig zu machen. Die kritisch zu durchleuchten! Denn alle Wertvorstellungen heute sind fast patriarchalischer Natur. Und die Frauen akzeptieren die und identifizieren sich damit. Vieles, was als wertvoll, als »typisch weiblicher Wert« angesehen wird, ist von Männern gemacht und hat eigentlich mit Frauen und deren eigenem Selbstverständnis, wenn sie wirklich aufrichtig mit sich umgehen, sehr wenig zu tun. Also, ich glaube, da ist der Anfang, daß man sich selbständig macht vom Denken der Männer.

Schwarzer: Daß man drauf pfeift, ob man anerkannt wird als Frau…

Mitscherlich: Ja. Es ist natürlich sehr schwer. Das Pfeifen auf alles ist häufig eine Abwehrstellung. Dann pfeifst du auf alles, hast es aber nicht durchdacht. Und dann kommt das, was man sehr häufig sagt, daß dann Frauen sich plötzlich wie Männer verhalten. Und genau die gleichen Dummheiten und Einschränkungen und Grausamkeiten und was weiß ich begehen wie Männer. Sie müssen sich wirklich überlegen, was willst du als Frau tun, mit welchen Wertvorstellungen kannst du dich einverstanden erklären, mit welchen nicht, aber sie müssen eigenständig sein. Dann kannst du auf alles pfeifen. Das heißt auch lange nicht, daß man das Wissen, das Männer haben, nun nicht haben sollte, um Gottes willen, so primitiv ist das nicht gedacht. Natürlich wird man versuchen, sich das Wissen anzueignen, was es gibt und was einen interessiert und was man verkraften kann. Es sich so weit wie möglich zu eigen zu machen, und wahrzunehmen, wie geht es eigentlich zu in dieser Welt. Aber kritisch, wie du sagst, mit Hilfe von Nachdenken. Und auch mit Hilfe von eigenen Erfahrungen, man ist ja auch kritisch aufgrund der eigenen Erfahrungen, die man gemacht hat. Und nicht nur im Sinne des Nachdenkens.

Schwarzer: Was würdest du von dir selbst sagen? Hat die Psychoanalyse dich selbst gestärkt? Und hat man auch als Psychoanalytiker Rückfälle?

Mitscherlich: Ich muß schon sagen, daß ich sehr viel profitiert habe. Ich habe immer gewußt, daß ich Grenzen habe. Ich konnte diese Grenzen erweitern mit Hilfe der Psychoanalyse, auch mit Hilfe zahlreicher Patienten, die mir immer Neues beigebracht haben, was mir aus meinem eigenen Erleben nicht bewußt war. Ich weiß zum Beispiel, daß ich zu bestimmten Ängsten oder so keinen Grund habe, oder daß die da und da herstammen. Aber daß ich sie dennoch habe, nehme ich eigentlich als etwas Selbstverständliches hin. Ich habe lange Zeit so große Angst vor Enge gehabt, kann sie heute auch noch haben, wenn ich in Aufzügen stecken bleibe, kann sie mich durchaus überkommen. Ich bin dem nachgegangen, auf ihre psychologischen Gründe, auf meine individuellen Erinnerungen, Kindheitssituationen, und habe es lange einigermaßen gewußt, woher sie kamen – und es hat sich nichts geändert. Und dann, eines Tages, waren viele Ängste mehr oder weniger verschwunden.

Schwarzer: Es braucht seine Zeit...

Mitscherlich: ...und manchmal verschwindet es nie.

Schwarzer: Und du würdest sagen, sich damit abzufinden, ist eigentlich auch schon ein Fortschritt?

Mitscherlich: Also ich persönlich glaube, daß man bestimmte Einsichten hat, daß man aber auch weiß, daß deswegen bestimmte Symptome oder Eigenarten so schnell nicht verschwinden. Früher habe ich sehr viel mehr gelitten unter meinen Fehlern und Symptomen. Heute sind manche Symptome verschwunden, Fehler sicher nicht, aber ich bin sehr viel toleranter mit mir...

Schwarzer: Gibt es Psychoanalytikerinnen heute in der Bundesrepublik, jüngere, die sagen würden, die Margarete Mitscherlich ist mir eine Ermutigung und ein leuchtendes Beispiel in vielem? Gibt es welche, die sich offen auf dich berufen?

Mitscherlich: Sehr wenige, würde ich denken. Es ist natürlich auch schwer als Psychoanalytikerin, wenn du Leute in Ausbildung hast, du gehst ja auf die ein, und du wirst dich ja nicht ihnen aufzwingen oder prägend auf sie wirken wollen, sondern willst versuchen, sie zu verstehen, sie dazu zu kriegen, ihren eigenen Weg zu gehen. Also so eine Mutter oder so etwas für sie darstellen zu wollen, die man dann idealisiert, das wäre für sie ja ganz ungünstig.

Schwarzer: Du hast sehr viele ausgebildet von den Psychoanalytikern, die heute praktizieren?

Mitscherlich: Ich habe viele ausgebildet und finde es auch vollkommen richtig, daß die ihre eigenen Wege gehen...

Schwarzer: Du hast deinen Abituraufsatz über Kleist geschrieben. Und was dich besonders bewegt hat bei Kleist, war die Leidenschaft. Leidenschaft für die Sache und für die Arbeit.

Mitscherlich: ...aber auch für den Menschen...

Schwarzer: Du hast ja dir dein Leben über eben auch Leidenschaft für die Arbeit zugestanden. Aber es gibt Momente, Stellen in deinen Texten, wo ich das Gefühl habe: Du hast dir nicht genug Zeit genommen, du hast dir eben keine Leidenschaft zugestanden, du hast deine Arbeit in dem Moment selbst nicht ernst genug genommen. Steht dir da manchmal deine Weiblichkeit im Weg?

Mitscherlich: Das glaube ich eigentlich nicht. Ich glaube, es ist eher meine gewisse Unordnung. Ich bin immer wieder in einer Situation, wo ich bis oben voll bin und vor allem dann zum Schreiben und Denken nicht genug Zeit habe. Ich meine, ich möchte nicht meine Patienten aufgeben, weil ich sehr viel lerne durch diese tägliche Auseinandersetzung mit dem unmittelbaren Erleben und auch durch Konfrontation mit anderem Denken und mit Kritik. Nur, irgendwie lebe ich ein bißchen zu sehr mit heraushängender Zunge. Also die Organisierung meiner Zeit und meiner Kraft, daran hapert's.

Schwarzer: Aber sowas ist doch auf Dauer kein Zufall.

Mitscherlich: Ja. Aber dann kommen immer wieder soundsoviele Menschen...

Schwarzer: Dann verwahrst du dein Enkelkind, anstatt an deinem Buch weiterzuschreiben...

Mitscherlich: Völlig richtig. Oder es kommen Patienten, die früher bei mir waren oder jetzt bei mir sind...

Schwarzer: ...und du mußt dich kümmern. Dir arbeitet natürlich auch niemand zu. Du bist eine Frau, und einer Frau arbeitet niemand zu. Niemand sagt: Die große Margarete Mitscherlich-Nielsen muß jetzt endlich zum Denken kommen, sondern...

Mitscherlich: ...nein, sie müßte eigentlich überhaupt nicht, sondern sie müßte für andere da sein. Und ich bin ja auch gern für andere da, das gebe ich ja zu.

Schwarzer: Es gibt aber so viele Menschen auf der Welt und die wirst du nicht alle zufriedenstellen können.

Mitscherlich: Aber das ist die Schwierigkeit: Nein zu sagen. Und das ist klar, das habe ich auch bei meiner Mutter erlebt, daß die menschlichen Beziehungen immer an erster Stelle stehen.

Marion Gräfin Dönhoff
Journalistin

»Man braucht ja nur Karl May zu lesen, um zu wissen, was der Häuptling tut.« So sprach sie als Kind zu sich selbst und handelte fortan danach. Ihre 1988 erschienene Autobiographie »Kindheit in Ostpreußen« zeigt, daß die preußische Adlige ihr Leben lang Privilegierte und Outcast zugleich war. Heute ist die einst »rote Gräfin« (Heinrich Böll) nicht nur Herausgeberin der »Zeit«, sondern schon zu Lebzeiten ein halbes Denkmal: eine »historische Figur« (Theodor von Eschenburg), »mein Vorbild« (Rudolf Augstein) und »die Hoffnung des Aufbruchs der Frauen« (Hildegard Hamm-Brücher). Die Gräfin selbst schert sich einen Teufel drum, sie bringt es fertig, für Henry Kissinger und Rosa Luxemburg gleichzeitig zu schwärmen. Das Porträt erschien im November 1987.

Es muß 1973 gewesen sein. Meine Kollegin und ich saßen uns in einem engen Redaktionsbüro gegenüber und sprachen über uns: über uns Journalistinnen. Sie, 20 Jahre älter als ich, Hauptabteilungsleiterin einer öffentlichen Funkanstalt, frauenbewegt weniger aus Überzeugung als aus der bitteren Erfahrung der nicht enden wollenden Erniedrigung eines weiblichen Journalisten. Ich, freie Korrespondentin in Paris, beginnende Feministin und das Gegenteil von etabliert. Aber ganz schnell kamen wir beide auf einen gemeinsamen Namen in unserer Geschichte: Gräfin Dönhoff. Was wären wir ohne sie? Würden wir überhaupt existieren? Hätten wir in diesem Nachkriegsdeutschland der 50er, 60er Jahre diesen unerhörten Gedanken, Journalistin werden zu wollen, eigentlich wagen können ohne diesen einen Namen, diese eine Frau in den ersten Rängen des Journalismus? Wir hätten nicht. Darin waren wir uns beide einig. Was auch immer uns politisch trennen mochte von Marion Dönhoff: ihren Platz in unserer Geschichte hat sie. Unwiderruflich.

Und was würde die Gräfin dazu sagen, fragten wir uns damals. Sie wäre erstaunt. Befremdet. Ja, vielleicht sogar peinlich berührt. Auch darin waren wir uns einig: Unsere Vorreiterin hat sich vielleicht selbst kaum je eingestanden, »nur« eine Frau zu sein. Und: Genau diese Chuzpe ist vermutlich ihre Stärke.

14 Jahre später sitzt sie vor mir. Und ich stelle fest: Genauso ist es. Von ihrer »Mädchenhaftigkeit« hatte ich schon öfter gehört (immer von Frauen), das Soldatische an ihr jedoch wird schamhaft verschwiegen. Mit einer Mischung von Strenge und Neugierde richtet sie diesen für alle guten Journalisten so charakteristischen, genauen Blick auf mich und die Emma-Räume. Innerlich schlage ich die Hacken zusammen. »Nett haben Sie es hier.« – »Danke, Gräfin. Wir haben auch extra für Sie geputzt.«

Eigentlich hätte ich sie lieber in der Redaktion der »Zeit« getroffen. Aber das paßte ihr nicht. Vielleicht hatte sie den Verdacht, daß ich mich ebenso umschauen würde wie sie. So sitzen wir jetzt hier, und das ist ja auch nicht schlecht: Das lebende Denkmal des seriösen Journalismus in der noch immer als skandalös geltenden Emma-Redaktion.

Ich: Emma-Macherin seit zehn Jahren, »Zeit«-Leserin seit einem Vierteljahrhundert. Mit 16 heißen Herzens, mit 26 kühlen Verstandes, später oft frustriert von soviel Papier und sowenig kritischer Information, aber immer mal wieder erfreut über einzelne Artikel und diese aufrechten, uneitlen, meinungsfreudigen Leitartikel der »Gräfin« (wie sie in der »Zeit« genannt wird). Dönhoff-O-Ton zur Volkszählung:

»Es drängt sich einem dabei die Frage auf, was eigentlich dem einzelnen, sofern er nicht nur Staatsbürger, sondern auch Individuum ist, als Lebensraum noch übrigbleibt (...) Der moderne Staat als Machtstaat stellt eine ständige Bedrohung des Menschen dar, und darum ist es die Pflicht des heutigen Bürgers, in vieler Hinsicht als Frondeur zu leben und immer und überall dort Opposition zu machen, wo der Staat das Recht verletzt oder sein Wort nicht hält – auch, wenn es sich nur um Volkszählungen handelt.«

Zugegeben, diese Aufforderung zum Widerstand schrieb sie nicht etwa 1987, sondern 1950. Sieh da, da gab es also schon mal eine Volkszählung. So einen Dönhoff-Kommentar gab es 1987 allerdings nicht. Dennoch: Die zupackende Art hat sie nie ganz verloren. Ihr Kommentar zur Partei-Spenden-Affäre: »Ehre muß man sich was kosten lassen.« Und zur RAF-Hysterie: »Es ist zum Heulen.«

Damals, 1971, erhielt sie für ihr couragierte Ostpolitik (gegen das Geschrei vom »Verrat« und für die Versöhnung mit Polen) den Friedenspreis des Deutschen Buchhandels. Prompt nahm sie die feierliche Gelegenheit wahr, daran zu erinnern, daß sich der Staat zwar manchmal vor Bürger schützen müsse, daß es jedoch vor allem gelte, »die Bürger vor dem Staat zu schützen«. – Eine Erkenntnis, für die die Nazi-Geschädigte einen hohen Preis hatte zahlen müssen:

»Es war drei Uhr morgens. Den genauen Tag weiß ich nicht

mehr, denn jene Tage waren ein einziges großes Chaos, das sich jeder kalendarischen Ordnung entzog.«

Mit diesen Worten beginnen die Erinnerungen von Marion Gräfin Dönhoff, zum Bestseller geworden in dem Buch »Namen, die keiner mehr nennt«. Und es beginnt ein neuer Lebensabschnitt für die damals 36jährige. Von fanatischen Durchhalte-Nazis vor Ort an der Organisation eines Trecks für alle Bewohner von Gut Friedrichstein gehindert, fand sie sich im Chaos der Flucht vor den Russen plötzlich allein:

»Seit Tagen war ich in der großen Kolonne der Flüchtlinge, die sich von Ost nach West wälzten, mitgeritten. Hier, in der Stadt Marienburg, nun, war der Strom offenbar umgeleitet worden, jedenfalls befand ich mich plötzlich vollkommen allein vor der großen Brücke. Diese Verlassenheit war fast noch erschreckender als der gespenstische Zug von Schlitten, Pferdewagen, Treckern, Fußgängern und Menschen mit Handwagen, der die ganze Breite der endlosen Chausseen Ostpreußens einnahm und der langsam, aber unaufhaltsam dahinquoll wie Lava ins Tal. Vor mir lag die lange Eisenbahnbrücke über die Nogat. Altmodische hohe Eisenverstrebungen, von einer einzigen im Winde schwankenden Hängelampe schwach erleuchtet und zu grotesken Schatten verzerrt. Einen Moment lang parierte ich mein Pferd, und ehe dessen Schritt auf dem klappernden Bretterbelag alle anderen Geräusche übertönte, hörte ich schlurfende Schritte und ein merkwürdig rhythmisches, kurzes Klopfen. Zunächst konnte ich nicht recht ausmachen, um was es sich handelt, aber sehr bald sah ich drei Gestalten in Uniform vor mir, die sich langsam und müde über die Brücke schleppten: Einer ging an Krücken, einer am Stock, der dritte hatte einen großen Verband um den Kopf, und der linke Ärmel seines Mantels hing schlaff herunter (…) Für mich war dies das Ende Ostpreußens: drei todkranke Soldaten, die sich über die Nogat-Brücke nach Westpreußen hineinschleppten. Und eine Reiterin, deren Vorfahren vor 600 Jahren von Ost nach West in die große Wildnis jenseits dieses Flusses gezogen waren und die nun wieder nach Westen zurückritt – 600 Jahre Geschichte ausgelöscht.«

Sie ritt sieben Wochen lang, bis sie bei den Verwandten in Westfalen ankam. Schloß Friedrichstein ging in dieser Zeit in Flammen auf. Seine – und ihre – Geschichte konnte das Feuer nicht auslöschen. Auf ein Pferd stieg sie danach nie mehr. Aus innerer Disziplin: Die schützt vor Nostalgie und Selbstmitleid.

Über die Preußin Dönhoff ist viel gesagt und geschrieben worden. Die Männer ihrer Familie waren Soldaten und Diplomaten und dienten den Königen, den preußischen oder den polnischen, je nachdem, wer gerade das Sagen hatte im Osten. Die Frauen leisteten, bestenfalls, den Königinnen Gesellschaft. Ihre Eltern hat die kleine Marion nur wenig erlebt. »Das war früher nicht so.« Der Vater war schon über 60, als sie auf die Welt kam, und die Mutter, die »Palastdame« der Kaiserin war, hatte viele Pflichten. »Erzogen« wurde Marion von dafür angestellten Erziehern und den dafür gar nicht vorgesehenen Leuten des Gutsbetriebes. Gespielt hat sie mit den Cousinen und Cousins derer von Lehndorff ebenso wie mit den Jungen und Mädchen aus dem Dorf. Das heißt: wohl eher mit den Jungen. Mädchen fand Marion »langweilig«.

Weltoffenheit, Bildung und soziales Engagement waren selbstverständlich auf Schloß Friedrichstein. Täglich lag auf dem Tisch in der Diele die internationale Presse, von »Le Temps« bis »Times«. Und war jemand krank im Dorf, hatten die Schloßkinder Essen und Medizin hinzutragen. Marion Dönhoff: »Es gab also einerseits die Hierarchie, und andererseits die totale Gleichheit.«

Vor allem: Es gab die Freiheit! Die Freiheit, durch die Felder zu stromern, durch die Wälder zu reiten, sich früh an die angenehmen Seiten eines Männerlebens zu gewöhnen. Die 20jährige beschließt, Volkswirtschaft zu studieren. Nicht etwa in Berlin, was nahe gelegen hätte, nein, in dem als »links« verschrienen Frankfurt. Und dann kamen die Nazis:

»Wir haben in der ersten Woche nach dem 30. Januar 1933

in Frankfurt 90 Dozenten und Professoren verloren, weil die Universität sehr jüdisch und sehr links war. In dieser sich polarisierenden Zeit war für mich ganz klar: Man konnte nur auf der linken Seite stehen, denn dort waren die einzigen, die gegen die Nazis vorgingen.«

1933 sympathisierte die »rote Gräfin« mit den Kommunisten. Sie flüchtete vor den Nazis nach Basel und wollte dort über Marxismus promovieren. Ihr Professor fand das nun doch ein wenig übertrieben und riet der Gräfin, doch lieber über den Dönhoffschen Besitz ihren Doktor zu machen, genauer: über die Geschichte der Entstehung dieses Besitzes. Marion Dönhoff ging zurück nach Ostpreußen und durchstöberte die Dachböden. In den Familienarchiven lernte sie viel über das Verhältnis von Besitz und Macht. Erkenntnisse, die die zum Idealismus neigende Gräfin später leider nicht immer präsent haben sollte. Und sie lernte einiges über die Frauen ihrer Familie, die sich, Adel hin, Adel her, wie das liebe Vieh verschachern und zwangsverheiraten lassen mußten.

Marion ist die Jüngste von sieben Geschwistern. Die Nächstjüngeren sind Brüder, und die sind alle im Krieg. 1939 übernahm sie die Leitung der Dönhoffschen Güter. Für sieben Jahre. Sie war dem Kreis der Widerständler des 20. Juli verbunden. Sie war auf das schreckliche Ende gefaßt.

Ihr dramatischer Ritt nach Westen ist längst Legende. Und er ist nicht nur ein tristes Stück deutscher Geschichte, sondern auch ein dreistes Stück weiblichen Husarentums. Wäre ein Mann Held der Story, wäre die spätestens von Wim Wenders als deutsch-deutsches Wildwest-Epos auf Breitwand und in Farbe verewigt worden.

Bei den Verwandten im Westen ist Marion Gräfin Dönhoff nun einer von zwölf Millionen Flüchtlingen, aber nicht irgendeiner. Einmal ausgeruht meldet sich der Häuptling wieder zur Stelle.

Noch im Jahre 1945 schickte die Dönhoff zwei Memoranden an »die Alliierten«. Den Besatzern legt sie darin dar, »was

gewesen war und was jetzt kommen müßte«. »Die Alliierten«
reagieren nicht, aber dafür melden sich aus Hamburg die
Gründer der »Zeit«. Die hatten die staatsaufbauenden Refle-
xionen der Gräfin gelesen und fanden, sie sei die Richtige.
Marion Dönhoff findet das auch. Sie steigt ein. In der Nr. 5 der
»Zeit« vom 21. März 1946 – vier Wochen nach deren Gründung – steht ihr erster Artikel »Totengedenken 1946«.

»Sie war immer das eigentliche Antriebsmoment der Zeit –
und ist bis heute ihre Seelenachse geblieben«, schreibt 38 Jahre
später ihr Zögling, der jetzige Chefredakteur Theo Sommer.
Und er schwärmt schaudernd weiter: »Bei Marion Dönhoff
konnten junge Journalisten Rückgrat lernen. Wir haben auch
gestöhnt unter ihrer Redaktionsleitung, gewiß. Ihre Anpfiffe
sind preußisch schneidend. Vor 19 Jahren schickte sie mir einmal ein Telegramm nach Harvard, wo ich in Henry Kissingers
Sommerseminar saß: »Sie sind zum Auslandskorrespondenten
ganz und gar untauglich!« – Der erste Eindruck ist nicht selten
der schlechteste. In diesem Fall hat die Gräfin ihn revidiert (obwohl gerade die von ihr so rigoros geforderte Sachorientiert-
heit und Uneitelkeit der Formulierung ihrem Nachfolger recht
fremd ist).

Acht Jahre nach ihrem Eintritt verläßt Marion Dönhoff die
»Zeit«. Aus Protest dagegen, daß ein »alter Rechter«, ein gewisser Carl Schmitt, darin schreiben durfte. Sie räumt umge-
hend ihren Schreibtisch, geht nach London zum »Observer«
und kommt erst 1955 wieder, nachdem die »Zeit« in den aus-
schließlichen Besitz von Bucerius übergegangen ist. Von da an
steigert sie als zunächst informelle und dann formelle Chefredakteurin rasant die Auflage und macht aus der Hamburger
Wochenzeitschrift auch redaktionell das, was sie in ihren besten Zeiten war.

Marion Dönhoff hat trotz dieses Vorfalls nie versucht, Mit-
besitzerin des Blattes zu werden, obwohl sie doch noch von
ihrer Doktorarbeit her wissen müßte, was Mitbesitz mit Mit-
bestimmung zu tun hat. Sie hat immer auf Moral und Idealis-

mus gesetzt: ihre Stärke und ihre Schwäche zugleich. Sie ist, auch im Rückblick, der Überzeugung, daß die Frage der politischen Moral wichtiger sei als die der Besitzverhältnisse.

Ihre Helden, denen sie in dem Buch »Menschen, die wissen, worum es geht« ein Denkmal setzt, beschreibt sie so:

»Sie sind ganz echt – sie lassen sich nicht vom Zeitgeist oder von Werbeagenturen stilisieren. Sie machen keine Konzessionen an Publikum, Mode, Karriere. Sie sind ohne Furcht. Sie folgen ihren eigenen Maßstäben und ihrer Intuition. Intuition hat mit Gefühl zu tun, aber auch in der Politik ist Gefühl wichtig – nicht im Sinne von Emotionen, sondern im Sinne von Gewißheit.«

Eine Charakterisierung, die nahtlos auf sie paßt, nur einen kleinen Unterschied gibt es da: Sie ist eine Frau. Ihre 17 Helden sind Männer, ausnahmslos.

Zum 2. Dezember 1984, ihrem 75. Geburtstag, präsentiert die »Zeit« ganz in diesem Sinne einen Gratulationsreigen von erlesenster männlicher Wichtigkeit: Von Böll bis Kissinger, von Weizsäcker bis Augstein – alle machen sie ihren Diener. Böll erweist »la comtesse rouge« seine Referenzen; Weizsäcker erklärt sie zur »leuchtenden Ausnahme« inmitten mittelmäßiger Deutscher; Kissinger verkündet, sie werde dereinst vor dem jüdischen Gott »eine der zehn Gerechten« sein; und Augstein läßt sich zu der Bitte hinreißen: »Lassen sie sich weiterhin von mir umarmen, Marion.«

Marions Liebling Helmut Schmidt (Dönhoff: »Neben Kissinger einer der beiden großen Staatsmänner der heutigen Geschichte«) beweist auch bei dieser Gelegenheit, daß es gar nicht so einfach ist, der Wertschätzung einer Dönhoff auch gerecht zu werden. Er, der Politiker, der von Bucerius zum journalistischen Mitherausgeber der »Zeit« gemacht wurde (und der früher schon durch die Gegenwart des weiblichen Staatschefs Thatcher sichtbar zu verstimmen war), beginnt seine 40-Zeilen-Würdigung mit dem neckischen Satz: »Nach landläufiger Definition soll man über das Lebensalter einer Dame nicht reden; wenn aber die Dame eine wichtige Figur des öffentlichen Lebens ist, so mag das anders sein.« Und da große Staatsmänner bekanntlich vor großen Tönen keine Angst haben, fährt der Ex-Kanzler und Jung-Journalist fort mit der Mehrzweckformulierung: »Deutschland wäre ärmer ohne Ihre Leistung.«

Nun – der deutsche Journalismus wäre es gewiß. Journalistinnen ebenso. Oder?

Alice Schwarzer: Ob es Ihnen paßt oder nicht, Gräfin: Sie scheinen Vorbild mehrerer Journalisten-Generationen zu sein. – Für Männer wie Frauen.

Marion Gräfin Dönhoff: Nun, ich bin gottseidank in einer Familie aufgewachsen, in der ich dazu erzogen wurde, nie groß an mich zu denken. Wir waren sieben Kinder, ich war die Jüngste. Ich bin immer von allen geprügelt worden. Und darum steigt mir sowas nicht zu Kopf…

Schwarzer: Das habe ich auch nicht erwartet. Aber wie erklären Sie sich Ihre Vorbild-Funktion?

Dönhoff: Gar nicht. Aber wenn ich zum Beispiel darüber nachdenke, wen ich als Vorbild empfinde, muß ich sagen: Bundespräsident Weizsäcker. Ich kenne ihn seit 40 Jahren, und ich habe immer gehofft, daß der in meinem Land mal eine prägende Figur wird.

Schwarzer: Ich hätte lieber Sie als Bundespräsidentin…

Dönhoff (lacht): Das ist mir ja auch mal angetragen worden, aber nur pro forma, von der SPD. Die brauchten einen Gegenkandidaten für Carstens. Ich hätte das damals nur unter der Garantie akzeptiert, daß ich ganz bestimmt nicht gewählt werde. Denn ich habe die Qualitäten, die man dazu haben muß, überhaupt nicht. Ich bin ein ganz schlechter Redner. Ich muß einen Bleistift haben und nachdenken, dann kommt vielleicht etwas raus, aber so…

Schwarzer: Nun sind Sie ja besonders ein Vorbild für Frauen. Die einzige Frau, die jemals in der »Zeit« eine Laudatio auf Sie schreiben durfte – das war zu Ihrem 75. Geburtstag Hildegard Hamm-Brücher, unter 23 Männern – schwärmte: »Sie verkörpern für mich die Hoffnung des Aufbruchs der Frauen ins öffentliche Leben.«

Dönhoff: Ja? Also mich hat diese Reaktion von Frauen unheimlich überrascht. Ich selbst bin überhaupt nie auf den Gedanken gekommen, daß ich für Frauen ermutigend sein könnte. Allerdings schreiben mir in der letzten Zeit zunehmend gerade junge Leute.

Schwarzer: Antworten Sie denen?

Dönhoff: Selbstverständlich! Wenn ich eben kann, nehme ich mir auch die Zeit, mit ihnen zu sprechen.

Schwarzer: Und was raten Sie einer jungen Frau in einem solchen Gespräch?

Dönhoff: Zunächst einmal mache ich keinen Unterschied zwischen Mädchen und Jungen. Ich meine, das wichtigste ist, zu wissen: Was interessiert sie wirklich? Wofür könnten sie sich einsetzen? Wenn man sich wirklich für etwas interessiert, muß man es auch tun! Sich nur nicht sagen lassen: Ach, das ist ja eine brotlose Sache... Denn nur da, wo man sich wirklich engagiert, leistet man auch etwas. Schwierig ist, daß viele sich diese Frage überhaupt nicht stellen. Daß sie zwar furchtbar viel über sie nachdenken, über die Selbsterfüllung oder wie das heißt... Daß sie aber eben nicht darüber nachgedacht haben, womit sie sich ihr Leben lang beschäftigen wollen, und wo ihr Einsatz etwas bewirken könnte. – Für mich war das Sachbezogene immer viel interessanter. Ich habe mich nie gefragt, was mit *mir* ist.

Schwarzer: Sie selbst hatten Glück. Erstens hatten sie qua Klassenherkunft wirklich die Wahl. Zweitens sind Sie qua Zeitläufe in die engagierte Arbeit hineingeschubst worden.

Dönhoff: Ja, stimmt, es war ein glücklicher Zufall, daß ich damals, 1946, per Telegramm gebeten wurde, bei dieser noch zu gründenden Zeitschrift mitzumachen.

Schwarzer: Allerdings: so zufällig auch wieder nicht. Den

Zeit-Gründern waren Sie ja überhaupt erst aufgefallen durch Ihr »Memorandum«, das Sie, ganz auf eigene Faust, den Alliierten geschickt hatten. Darin erklärten Sie den Alliierten, »was da gewesen war und was jetzt kommen müßte«, was alles besser zu machen sei in diesem wieder aufzubauenden Deutschland...

Dönhoff: Sie sollten in diesem Interview nicht nur die Fragen stellen, sondern auch gleich die Antworten geben. Sie haben ja wirklich alles gelesen, was ich an Unsinn in meinem Leben zusammengeschrieben habe...

Schwarzer: Ich unterstelle, daß Sie das auch tun, wenn Sie jemanden interviewen.

Dönhoff: Wahrscheinlich. Ja. Aber *alles* würde ich nicht lesen.

Schwarzer: Was ich mit meinem Einwurf sagen wollte: Diese Selbstverständlichkeit, daß man nicht nur eine Stimme hat, sondern auch etwas zu sagen; diese Selbstverständlichkeit, sich in die Weltläufe einzumischen, ist ja an sich schon etwas Ungewöhnliches und erst recht bemerkenswert für eine Frau.

Dönhoff: Ich habe in der Tat nie Schwierigkeiten gehabt als Frau.

Schwarzer: Hatten Sie denn Grenzen?

Dönhoff: Nein, nie.

Schwarzer: Für die Männer gehören Sie offensichtlich zur Kategorie Kumpel. Mit einer wie Ihnen können die Pferde stehlen. Und reden. Und selbst für eine Frau wie Sie ist es in einer Männergesellschaft eine Ehre, dazuzugehören zu diesem Klub. Und geehrt sind sie ja auch. In ihrem Buch »Menschen, die wissen, worum es geht« haben Sie 17 Männer porträtiert – von Illich über Graf Bernstorff bis Kissinger – aber keine einzige Frau.

Dönhoff: Ja, dafür bin ich auch sehr angegriffen worden. Und ich habe mir dann auch gesagt: Das war ja wirklich blöde. Wenigstens eine Frau hätte ich doch reinnehmen können. Die Helen Suzman zum Beispiel. Die war in Südafrika sieben Jahre lang die einzige Frau in der Oppositionspartei und ungeheuer scharf und witzig.

Schwarzer: Tröstlich, daß Ihnen wenigstens eine einfällt... Der »Zeit« ist in dem Gratulationschor zu Ihrem 75. nach 23 Männern immerhin auch eine eingefallen. Aber eines scheint klar: Die Sorte Mensch, die der Gräfin imponiert, ist männlich. Was ist an den Männern so beeindruckend.

Dönhoff: Ich bin ja in einer Zeit aufgewachsen, in der es nur Männer gab.

Schwarzer: Sie sind ja das, was man im Französischen einen garçon manqué, einen verhinderten Jungen nennt: Rauf aufs Pferd und losgeprescht! Oder, Version 1987: Rein in den Porsche und Gas gegeben!

Dönhoff: Ja, ich war immer in einem Jungenkreis, und denen wollte ich es gleichtun. Die Jungen waren die, die den Ton angaben. Die Dinge, die mich interessierten, die interessierten Mädchen nicht. Räuber und Gendarm spielen. Und dann, wie ich älter war, Politik und Philosophie. – Ich habe eben 20 Jahre früher als ihr mit diesen Dingen angefangen, und da hatte ich niemanden, mit dem ich groß reden konnte.

Schwarzer: In Ihren Memoiren, »Namen, die keiner mehr nennt«, erzählen Sie unter anderem, daß Sie, das Kind von Schloß Friedrichstein, allein zur Verantwortung gezogen wurden, wenn Sie zusammen mit Kindern aus dem Dorf etwas ausgefressen hatten. Woraus nicht nur soziale Verantwortung, sondern auch soziale Verachtung spricht.

Dönhoff: Gewiß. Das war ein gewisser Hochmut. Nicht etwa, daß wir dazu aufgefordert worden wären. So verhielten wir uns ganz von selbst. Man brauchte ja nur Karl May zu lesen, um zu sehen, was der Häuptling tut.

Schwarzer (lacht): Gräfin, Sie haben eine wirklich ungebrochene Identifikation mit dem starken Geschlecht. – Was wäre eigentlich geworden, wenn Ihre Brüder nicht in den Krieg gemußt hätten, und Sie nicht zum Ersatz-Sohn befördert worden wären, der das Gut zu leiten hatte?

Dönhoff: Dieses Was-wäre-wenn ist immer schwierig. Was wäre, wenn Friedrich der Große die Zarin Elisabeth geheiratet hätte? Also, ich hätte vermutlich eine akademische Laufbahn eingeschlagen.

Schwarzer: Und was wäre geworden, wenn die kleine Marion in der Hütte statt im Schloß zur Welt gekommen wäre?

Dönhoff: Das wäre vielleicht in der damaligen Zeit für mich behindernd gewesen. Aber heute spielt das doch gar keine Rolle mehr.

Schwarzer: Glauben Sie das wirklich?

Dönhoff: Neulich hatte ich eine Unterredung mit dem Chef der Landesbank in Hamburg. Und da stellte sich raus, sein Vater war Hausmeister, also Waldarbeiter auf einem adeligen Besitz gewesen. Also, ich wäre nie darauf gekommen. Ich hätte gedacht, der Vater war ein Professor oder ein hoher Jurist oder irgendsowas.

Schwarzer: Ich könnte Ihnen Millionen arbeitsloser Gegenbeispiele nennen... Die Selbstverständlichkeit, mit der Sie nach den Sternen gegriffen haben, hat doch auch mit Ihrer privilegierten Klassenherkunft und damit auch mit Ihren privilegierten Möglichkeiten und Verbindungen zu tun.

Dönhoff: Ich habe nie nach den Sternen gegriffen. Ich bin immer dahin geschubst worden. Alle Bücher zum Beispiel, die ich geschrieben habe, sind mir von irgendwelchen Verlegern nahegelegt worden. Beim ersten Mal habe ich gesagt: Hören Sie mal, ich kann doch gar kein Buch schreiben. Erstens weiß ich überhaupt nicht, wie man das macht. Und zweitens habe ich doch auch soviel zu tun.

Schwarzer: Viel zu tun haben Sie seit 40 Jahren bei der »Zeit«. Und da gab es von Anfang an zwar auch relativ viele Journalistinnen. Zu Ihren Kronprinzen aber haben Sie eine Riege junger, zumindest einst junger, Männer rangezogen, die Jungs aus dem Räuber-und-Gendarm-Spiel...

Dönhoff (lacht): Ja, ja, da ist was dran. Das sind »die Buben der Gräfin«, wie Bucerius immer sagte...

Schwarzer: Reden wir von der Welt der Buben. Reden wir von der »Zeit«. Welchen Stellenwert hat die heute für Sie?

Dönhoff: Ich frage mich natürlich manchmal: Haben wir eigentlich irgend etwas bewirkt mit der »Zeit«? Und ich denke, so wie Sie Ihre Sache in die Hand genommen und gesagt haben: Wir lassen uns nicht länger bevormunden!, so haben wir vielleicht auch ein bißchen hier und da bewirkt. In einer Frage, in der Ostpolitik, ganz bestimmt. Sicher, die Entspannung wäre so oder so irgendwann gekommen. Aber es hat eine Rolle gespielt, daß gerade ich, der ich von da kam (und von der die Leute – die mit Vorurteilen – dachten: Also die muß doch für die Rückeroberung oder die Wiedervereinigung kämpfen!), daß also gerade ich sagte: Wir müssen uns damit abfinden, das ist kein Verrat. Und in Bildungsfragen haben wir, glaube ich, auch eine ganze Menge erreicht. Schon ganz früh, in den 50er und 60er Jahren. Und vielleicht haben wir auch etwas zur allgemeinen Toleranz beitragen können. Also, daß so etwas wie: Ausländer raus! nicht geht. – Aber ich überschätze nicht die Wirkung der Presse.

Schwarzer: Was halten Sie eigentlich von der bundesdeutschen Presse?

Dönhoff: Es gibt zwei verschiedene Sorten von Presse. Die emotionalisierende Presse und die Meinungspresse. Die Emotionspresse kann sicherlich, zumindest kurzfristig, etwas schüren. Die Meinungspresse, zu der ich die »Zeit« rechnen würde, muß im Gegensatz dazu antithetisch wirken. Wenn eine sehr polarisierte Stimmung da ist, muß sie eher ausgleichen. Wenn die Leute einschlafen, muß sie Feuer machen. Und wenn sie zu emotional sind, die pragmatischen Dinge in den Vordergrund rücken.

Schwarzer: Tut die »Zeit« das heute in demselben Maße wie vor 20 Jahren, zu der Zeit, als Sie noch aktive Chefredakteurin waren? Oder haben die Zeiten die »Zeit« rechts liegen gelassen? Ist sie heute weniger lebendig und mutig als einst?

Dönhoff: Es fällt mir schwer, das zu beurteilen. Wenn man

das so von Woche zu Woche sicht... Aber ich glaube schon, daß die Haltungen, die ich eben genannt habe, noch gültig sind bei der »Zeit«.

Schwarzer: Hat es Sie eigentlich jemals gereizt, in die aktive Politik zu gehen?

Dönhoff: Nein. Ich kann doch als Journalistin viel mehr bewirken als als Abgeordnete! Man hat mir zweimal angeboten, ins Auswärtige Amt zu gehen, und ich wäre vermutlich sehr schnell Botschafter geworden – aber ich hätte doch gar keinen Einfluß gehabt. Hingegen mit der »Zeit« hat man doch vielleicht einen gewissen Einfluß... Nein, ich habe die Entscheidung für den Journalismus nie eine Sekunde bereut und würde mit niemandem tauschen!

Schwarzer: Was ist für Sie guter Journalismus?

Dönhoff: Ganz wichtig scheint mir, Argumente zur Meinungsbildung zu geben, darzustellen, wohin dies führt und wohin das führt. Sehr wichtig ist es auch, die Herrschaftsstruktur sichtbar zu machen, damit eine Kontrolle möglich ist, und zwar eine substantielle, die mit Fakten gespeist wird und nicht einfach nur sagt: Die ganze Richtung paßt mir nicht. Und dann finde ich es sehr wichtig, daß man den Freiraum des Bürgers so groß hält wie nur möglich. Ich verstehe, daß der Staat ein gewisses Schutzbedürfnis hat, aber die Bürger müssen sich auch vor dem Staat schützen. Allerdings: Die Freiheit, die zur totalen Anarchie führt, ist für mich auch nicht akzeptabel. Es muß schon noch bestimmte Wertbegriffe geben.

Schwarzer: Wie schreiben Sie eigentlich?

Dönhoff: Oh, ich mache große Vorbereitungen. Ich lese furchtbar viel, ich geh' spazieren und denk' nach. Ich bin sehr verzweifelt, wenn die mir am Montag sagen: Der Leitartikel muß am Dienstagabend fertig sein. Ich möcht's gern Sonnabend wissen, damit ich noch ein bißchen darüber nachdenken kann.

Schwarzer: Und dann setzen Sie sich an die Maschine...

Dönhoff: Nein, ich schreibe alles mit der Hand. Und dann

diktiere ich es. Mir würde jeder Gedanke vergehen, wenn ich so einen Klapperapparat vor mir hätte.

Schwarzer: Gibt es Menschen, die Ihre Artikel vorher lesen?

Dönhoff: Jeder Artikel bei uns in der »Zeit« wird vorher gelesen.

Schwarzer: Nein, ich meine auch außerhalb der Redaktion, Menschen Ihres privaten Vertrauens.

Dönhoff: Nein, das geht meistens zeitlich nicht. Man kommt Dienstag mit dem Ding an. Dann diktiert man's. Dann geb ich's Sommer, wenn der da ist. Und dann sagen die: Vielleicht sollte man das und das noch ändern. Und dann überarbeite ich das nochmal.

Schwarzer: Sagen die das wirklich? Wenn man die Laudatio von Sommer über Sie liest, hat man eher das Gefühl, daß Sie auch innerhalb der »Zeit« schon ein halbes Denkmal sind, das totale Über-Ich Ihrer Kollegen. Ich erinnere mich, daß er geschrieben hat, selbst wenn sie nicht da sei, schaue die Gräfin einem immer über die Schulter.

Dönhoff: Das ist Sommersche Übertreibung... Ein bißchen mag es vielleicht so sein. Wenn einer was ganz schlecht begründet, dann würden die vielleicht sagen: Nein, wenn sie da wäre, ginge das nicht. Aber im allgemeinen glaube ich nicht, daß mein Schatten über allen liegt.

Schwarzer: Und wie sieht Ihre tägliche Arbeit aus?

Dönhoff: Da ich in der Redaktion zuviel zu tun habe, habe ich mir angewöhnt, die Zeitungen zu Hause zu lesen. Morgens. Ich fange komischerweise mit der »Welt« an, die kriege ich nach Hause, die lese ich morgens im Bett. Ich weiß genau, was die weglassen; ich weiß genau, was die furchtbar überbetonen; aber man kriegt einen Überblick über das, was los ist. Für die FAZ braucht man länger. Über die ärger' ich mich auch sehr viel. Gern lese ich die »Frankfurter Rundschau«, weil ich da Sachen finde, die ich nirgendwo anders finde. Fast täglich. Und immer die »Herald Tribune«, ohne die kann ich gar nicht leben. Dazwischen, nicht regelmäßig, den »Spiegel«, den blättre ich durch. Manchmal vergeß ich's auch, da mich die Außenpolitik am meisten interessiert, und der da nicht besonders gut ist. Und natürlich den »Guardian«, den lese ich gern, weil er eine liberale Zeitung ist.

Schwarzer: Neulich haben Sie zwar für Genscher eine öffentliche Petition unterzeichnet, aber parteipolitische Schwächen haben Sie, glaube ich, eher für die SPD und, ab und an, die Grünen.

Dönhoff: Ja, ich finde, ohne die Grünen hätten die etablierten Parteien sich diesen ganzen Problemen mit der Natur und der Ökologie nie gestellt. Aber ich finde auch, daß die Grünen als Bewegung effektiver waren. Das wären sie besser geblieben. Im Parlament wirken sie oft unglaubwürdig.

Schwarzer: Wenn Sie am nächsten Sonntag wählen müßten...?

Dönhoff: Ich wähle nicht weltanschaulich. Dazu bin ich zu politisch. Zum Beispiel habe ich in Hamburg oft CDU gewählt, was ich sonst nie tun würde. Einfach, um die Opposition zu stärken. Die SPD sitzt jetzt seit 40 Jahren da, das ist ein ziemlicher Filz. Die müssen Zunder kriegen. In Bonn habe ich natürlich immer die SPD gewählt, damit die anderen Zunder kriegen. Und wie die Sozialdemokraten regierten, habe ich sie bestätigt, weil ich fand, das war eine vernünftige Politik. Ihre Ostpolitik fand ich gut, und ihre Sozialpolitik auch.

Schwarzer: Noch eine Was-wäre-wenn-Frage. Was wäre, wenn Sie 1970 zwanzig gewesen wären?

Dönhoff: Dann wäre ich wohl bei dieser Apo gewesen.

Schwarzer: Und die Frauenbewegung?

Dönhoff: Wie?

Schwarzer: Und die Frauenbewegung?

Dönhoff: Das kann ich mir gar nicht vorstellen, daß ich, wie Sie, in einer Gruppe von nur Frauen gekämpft hätte. Das kann man sich wohl nicht vorstellen, wenn man das nicht erlebt hat. – Wie war eigentlich Ihr Fest neulich?

Schwarzer: Schön aber anstrengend. Es waren 6000 Frauen da.

Dönhoff: Wirklich? Und was haben Sie mit denen gemacht...?

Schwarzer: Gefeiert.

Dönhoff: Also das meiste, was ich an Frauen so erlebt habe, sind meine Treffen der Flüchtlingsstarthilfe. Die habe ich vor 40 Jahre mit gegründet, und die tut seither viel Nützliches. Zweimal im Jahr ist da Hauptversammlung. Das sind, wie man sagt, Damen der Gesellschaft. Wenn ich in diese Versammlung gehe, tun mir immer ein bißchen die Ohren weh: all diese hohen Stimmen und alle auf einmal...

Schwarzer: Da müssen Sie aber auch exotisch wirken, Gräfin. Nervt Sie bei Frauen vielleicht auch die Neigung zum Selbstmitleid?

Dönhoff: Das ist ja weit verbreitet heutzutage und nicht nur bei Frauen. Außerdem: Auch bei den Frauen ändert sich ja vielleicht etwas. Wie bei den Rassen und anderen Gruppen. Den Juden zum Beispiel. Als ich Kind war, hätte kein Mensch es für möglich gehalten, daß die Juden fabelhafte Soldaten oder glänzende Bauern sein könnten. Ein Jude machte Zinsen in der Stadt, jedenfalls Kommerz. Die Vorurteile von Klassen oder Gruppen prägen ja die Betroffenen. So auch die Frauen.

Schwarzer: Aber Weiblichkeit ist ja nicht nur eine Frage der Vorurteile und inneren Prägung, sondern auch eine des ganz realen äußeren Zwanges. Sie selbst haben beschrieben, wie die Frauen Ihrer Familie noch wenige Generationen zuvor auf das demütigendste zwangsverheiratet, genauer gesagt: verschachert wurden.

Dönhoff: Aber es gab auch so etwas wie die Korrespondenz meines Großvaters mit seiner Schwester. Sie lebte in Potsdam, und er war Diplomat in der Welt. Eine wirklich politische Korrespondenz über 30 Jahre.

Schwarzer: Gottseidank. Sonst hätten Sie zum Beispiel ja auch an nichts anknüpfen können. Allerdings durchzieht Ihr

Leben gleichzeitig in der Tat der Wille zum Gleichsein mit den Männern. Wenn ich so an die wochenlangen Ritte denke, die Sie zusammen mit Ihrer Freundin Sissi Lehndorff durch die masurischen Wälder gemacht haben. Ganz zu schweigen von Ihrem legendären Ritt in den Westen... Sie haben einmal gesagt: »Glücklichsein ist Einstellungssache.« Simone de Beauvoir hat einmal gesagt: »Ich war entschlossen zum Glück.« Die Maximen gleichen sich.

Dönhoff (lacht): Ich bin wirklich der Meinung, daß alles eine Frage der Einstellung ist. Ich hatte immer das Gefühl: Du wirst das schon machen! Damals, 1945, als ich einer unter zwölf Millionen Flüchtlingen war, die hier ankamen. Und heute genauso. Letztes Jahr in Davos habe ich mir beim Skilaufen zwei Wirbel gebrochen und lag sechs Wochen flach. Der Arzt hatte mehr oder weniger durchblicken lassen, daß ich mit dem Rollstuhl nach Hause fahren müßte. Da habe ich gedacht: Der ist wohl verrückt?! Das kommt gar nicht in Frage! Ich werde wieder gesund, ist doch klar. – Ob das Arroganz ist? Vielleicht eher Selbstvertrauen.

Schwarzer: Diese Art Selbstvertrauen hatte ja auch Simone de Beauvoir. Mal ganz ehrlich: Haben Sie je etwas von ihr gelesen?

Dönhoff: Nur sehr wenig. Sie war mir eigentlich eher fremd.

Schwarzer: Und welche Frau war Ihnen nicht fremd?

Dönhoff: Rosa Luxemburg. Die hat mich immer enorm interessiert! Sie wurde als Flintenweib abgestempelt, dabei hatte sie auch sehr weibliche Züge. – Ich bin übrigens jüngst von der Post gefragt worden, wen ich als Kopf auf einer Briefmarke vorschlage. Da habe ich gesagt: Rosa Luxemburg. Aber daraus ist natürlich nichts geworden...

Schwarzer: Dabei hätte ihr Kopf der deutschen Briefmarke wirklich gut gestanden... Aber nochmal weg von der ganz großen, ganz traditionellen Politik und hin zum Feminismus. Ich finde, Gräfin, Ihr Politikverständnis hat gelitten durch das Ausblenden aller Erkenntnisse, die die Frauenbewegung neu gebracht hat. Der ganze Bereich des sogenannten Privaten, der Gratisarbeit, der Gewalt. – Sie sind doch eigentlich ein neugieriger Mensch. Wie kommt es, daß Sie all das so ganz links liegen ließen?

Dönhoff: Mein Interesse war eigentlich immer die Außenpolitik. Da bin ich familiär belastet, die waren alle Diplomaten und so. Und dadurch, daß die Welt sich immer mehr ausgedehnt hat – noch im vorigen Jahrhundert war es in unserem Blickwinkel nur Europa, niemand fragte nach Amerika oder Asien – wird die Außenpolitik auch immer mehr. Da komme ich kaum noch zu was anderem. So erkläre ich mir das jedenfalls.

Schwarzer: Ist das nicht auch die Berührungsangst einer Frau, die sich selbst und den anderen nicht zugeben will, daß sie auch »nur« eine Frau ist? Die begründete Berührungsangst einer Frau, die sich in einer Männergesellschaft einfach die Freiheit genommen hat, ein Männerleben zu leben?

Dönhoff: Ich weiß nicht. Ich weiß nur, daß die Leute, die mich fragen, wie schwer ich es denn als Frau gehabt hätte, immer ganz furchtbar enttäuscht sind, wenn ich ganz verblüfft bin. Wenn ich dachte: Wovon reden die eigentlich?

Schwarzer: War es nicht ein bißchen komisch für Sie, hier in die Emma-Redaktion zu kommen?

Dönhoff: Nein, eigentlich gar nicht. Im Gegenteil. Ich hatte Ihnen ja damals geschrieben, daß ich eigentlich ein schlechtes Gewissen habe, daß ich die Emma nicht lese. Aber Ihr Engagement und Ihren Einsatz, Ihre Passion und Ihre Courage habe ich immer wirklich fabelhaft gefunden.

Schwarzer: Gräfin, sind Sie eigentlich jemals in Ihrem Leben gefragt worden, warum Sie nicht geheiratet haben? Oder, ob Sie nicht unglücklich darüber sind, daß Sie nicht Mutter sind?

Dönhoff: Nein, das haben mich die Leute noch nie gefragt.

Schwarzer: Wirklich erstaunlich...

Dönhoff: Ja, das ist wirklich anerkennenswert.

Nach dem Gespräch läßt sich »die Gräfin« in eine spontane Diskussion mit den Emma-Frauen verwickeln. Sie staunt über die Bizarrien wie die »neue Mütterlichkeit« und das »Mütter-manifest«. Sie macht messerscharf darauf aufmerksam, wie historisch ungewöhnlich es ist, daß der Rückschlag – als Reaktion auf die neue Emanzipation die neu aufgelegte Weiblich-keitsideologie – so rasch erfolgt.

Um halb eins kam Marion Gräfin Dönhoff vom Flughafen direkt bei uns an. Um vier Uhr begleitete ich sie runter zum Taxi, das sie zu den um die Ecke wohnenden Kopelews bringen wird. Auf der Treppe fällt mir ein, daß ich sie ja noch gar nicht nach ihrem Porsche befragt habe, in dem sie immer mit 90 Sachen über die Elbchaussee brettern soll. Und auch nicht nach den vielen Weltreisen, die sie so gern in Begleitung ihres Lieblingsneffen unternimmt. Da ist sie schon im Taxi und winkt. Ganz fröhlich.

Morgen hat sie in Bonn zu tun. Und übermorgen wird der Häuptling wieder an seinem Schreibtisch in Hamburg sitzen.

Elfriede Jelinek
Schriftstellerin

Dieses Gespräch wurde im Juni 1989 geführt, auf dem
Höhepunkt der heftigen Debatte um den Jelinek-
Roman »Lust« – Pornographie oder Antipornographie?
Ich traf die Schriftstellerin in München, in der
auffallend unbehausten Wohnung ihres Ehemannes.

Wir hatten uns zuvor einige Male
flüchtig gesehen, uns geschrieben,
bei zunehmenden Attacken (auf sie)
zunehmend offener. Bei den früheren Begegnungen hatte sie immer
sehr spröde, fast abweisend auf
mich gewirkt. Diesmal war ihre
Verletzlichkeit und Warmherzigkeit
unübersehbar. Als ich kam, war die
Vielgefragte im Gespräch mit einem
Fernsehteam. Noch während des
Drehens erkundigte sie sich durch
die halboffene Tür besorgt, ob ich
denn auch einen Stuhl und etwas
zu trinken gefunden hätte in der
Küche. Und obwohl sichtbar
erschöpft, nahm sie sich Zeit für das
Gespräch.

Alice Schwarzer: Du bist bekannt für extravagante Inszenierungen deiner eigenen Person. Du kleidest und schminkst dich auffällig und hast einiges darüber gesagt, was Mode und Make-up für dich bedeuten. Ich frage mich, wie weit da auch ein transvestitisches Moment drin ist: Ob du versuchst, deine Intelligenz und deine kreative Potenz – das, was »männlich« ist an dir – hinter diesem ultraweiblichen Auftritt zu verstecken.

Elfriede Jelinek: Es ist wirklich so. Ich bitte um Gnade. Ich habe bei vielen Dingen das Gefühl, daß ich um Vergebung bitten muß.

Schwarzer: Ich verstehe das. Offene weibliche Intelligenz hat ja gemeinhin zur Folge, daß Männer die Frauen nicht mehr begehrenswert finden.

Jelinek: Das weiß jede Heterofrau, daß sie sich klein machen muß. Da müssen die Frauen die Liebesarbeit machen, während die Männer die Liebesgedichte schreiben. Schon bei der Irmgard Keun geht ihr ganzes Leben über das Sich-Kleinmachen als Frau. Bei meinem Mich-zum-Objekt-Machen Männern gegenüber ist es halt die Schminke, die ich mir ins Gesicht schmiere, und die Kleider, die ich mir kaufe. Ich bin, glaube ich, sehr narzißtisch.

Schwarzer: Auch in den Medien inszenierst du dich betont weiblich – jetzt, wo du »Lust« veröffentlicht hast, weiblicher denn je zuvor. Selbst die Haare sind jetzt länger.

Jelinek: Das habe ich mir noch gar nicht überlegt… Stimmt, das ist ja eine Unterwerfungsgeste!

Schwarzer: Du hast zwar dein Buch hingelegt, aber gleichzeitig dich dazu…

Jelinek: Es wäre sicher besser gewesen, ich hätte mich überhaupt nicht dazu geäußert. Denn das weiß man ja, daß Autoren nicht unbedingt diejenigen sind, die dazu berufen sind, ihre Sachen zu erklären. Ich bin eigentlich auch gar nicht so sonderlich intelligent. Ich kenne sehr viel intelligentere Frauen. Ich habe nur eine gewisse Begabung, Dinge zu durchschauen. Das sage ich jetzt nicht aus Koketterie.

Schwarzer: Wie definierst du denn Intelligenz?

Jelinek: Ich kann keinen klaren Gedanken fassen. Also, ich kann nicht anschließen an die Dinge, ich kann nicht über etwas reflektieren. Ich kann zum Beispiel keine Aufsätze *über* etwas schreiben, das ist mir unmöglich. Ich habe nur diesen einen polemischen Zugriff auf die Wirklichkeit, die ich aber mit dieser Sinnlichkeit der Sprache aufarbeiten muß.

Schwarzer: Aber was heißt, du kannst nicht »über« etwas schreiben? In dem Moment, wo die Literatur, Philosophie oder Kunst sich nicht mit dem Leben auseinandersetzt, sondern Selbstzweck wird, ist sie ja eh irrelevant. Und dumm, oder? Manche Frauen versuchen sich neuerdings auch in dem Genre. In Frankreich gibt es da ja eine ganze, hierzulande vielbewunderte Strömung: des mots, des mots. Nichts als Worte.

Jelinek: Findest du...? Was ich meine, das ist sozusagen der Glaspalast des männlichen Denkens. Das abstrakte Denken. Die Philosophie. Die Musik. Dort sind die Frauen wirklich ausgeschlossen.

Schwarzer: Aber sollten wir das so unhinterfragt als die höchste Stufe der Intelligenz anerkennen? In dem Moment, wo sich das Denken und Schöpfen nicht dem Leben stellt, ist es doch sinnentleert. L'art pour l'art.

Jelinek: Ja, aber eine bewundernswerte l'art pour l'art. Eine, die einen schon begeistern kann. Das ist die äußerste Anmaßung, der Geist. So wie ihn die Männer sich sozusagen untereinander zuspielen und unter sich verteilt haben.

Schwarzer: Mir scheint, daß du eine gewisse Mystifizierung des »Männlichen«, also der Eigenschaften und Qualitäten, die Männer sich heute vorbehalten haben, und eine Kultivierung des »Weiblichen«, deiner Schwächen, die sicherlich auch da sind – wie Verletzlichkeit, Empfindsamkeit und Ambivalenz – betreibst.

Jelinek: Ja, aber Alice, ich *bin* sehr weiblich. Leider, Wenn ich eine Domina wäre, da könnte ich noch abräumen, dann hätte ich ja mit Männern überhaupt keine Schwierigkeiten.

Aber dann hätte ich auch nicht schreiben müssen. Ich bin nicht männlich, ich bin ein Trampel. Ich bin unfähig.

Schwarzer: Wir haben aber nicht so viele Schubladen in dieser Gesellschaft. Alles, was nicht in die Schublade »weiblich« fällt, fällt in die Schublade »männlich«.

Jelinek: Ja, gut. So gesehen bin ich männlich – ohne es aber wirklich leben zu können.

Schwarzer: Ohne es zu genießen?

Jelinek: Das ist es! Das ist meine Brechung. Mein Problem ist, daß ich halt sehr verletzlich und in meiner Persönlichkeitsstruktur leider entsetzlich weiblich bin. Ich bin eine Frau mit einer männlichen Anmaßung. Ich bin kein Mann mit einer männlichen Anmaßung. Ich bin eben kein Kerl.

Schwarzer: Auch in der Erotik schreibst du ja Dinge, die man als Frau eigentlich nicht zu wissen hat. Ich finde, du näherst dich der Erotik mit einer weiblichen Empfindsamkeit und Verletztheit, aber mit einem männlichen Wissen. Du hast das Buch nur schreiben können mit deiner weiblichen Betroffenheit – und deinem männlichen Blick. Das ist, glaube ich, der Grund der ungeheuren Irritation, die »Lust« bei Frauen wie Männern auslöst.

Jelinek: Das ist ja die Perfidie oder die Gespaltenheit und Zerrissenheit: daß man den männlichen Blick hat und es als Mann schreibt, weil man es als Frau nicht schreiben kann – ohne aber ein Mann zu sein. Man kann es also nicht genießen.

Schwarzer: Du schreibst, du seist zwar Feministin, aber doch sehr erschrocken über die Reaktion der Männer auf den Feminismus. Und nun hast du mit »Lust« eben keine l'art pour l'art gemacht, sondern eine feministische Kriegserklärung präsentiert.

Jelinek: Mir ist – schon vor diesem Buch, das mich jetzt offenbar endgültig dämonisiert – aufgefallen, daß ich nicht die Früchte eines Ernstgenommenwerdens ernten kann, sondern nur Aggression, gemischt mit Verachtung. Das ist das Entscheidende: die Verachtung, die dem weiblichen Werk entgegenschlägt. Daher kommt sicher meine Aggressivität, aber auch dieser genaue und scharfe Blick für Demütigung in jeder Form. Demütigung ist das, was jede Frau am besten kennt.

Schwarzer: Bist du mit »Lust« zu weit gegangen?

Jelinek: »Lust« ist das, was ich ästhetisch immer erreichen wollte beim Schreiben. Diese Art von Komprimiertheit und Ineinanderfallen von Sprache und Inhalt habe ich eigentlich immer angestrebt. Ich wüßte nicht, wie ich die »Lust« jetzt übertreffen oder weiterführen sollte. Es ist schon ein Endpunkt in meinem Schaffen.

Schwarzer: Fällt man nicht nach jeder großen Arbeit in ein Loch und denkt, jetzt kommt nichts mehr?

Jelinek: Stimmt. Ich habe jedesmal geglaubt, jetzt kann ich nichts mehr schreiben. Schon nach der »Klavierspielerin« habe ich gedacht, da kommt jetzt nichts mehr.

Schwarzer: Du hast vor zwei Jahren, zu Beginn deiner Arbeit an »Lust«, gesagt, du möchtest die »Exklusivität des männlichen Blicks auf den weiblichen Körper« in Frage stellen, willst einen »weiblichen Porno« schreiben. Dann ist dir »Lust« aber nicht zu einem Buch über Erotik geraten, sondern zu einem über Gewalt.

Jelinek: Ja, weil – Sexualität *ist* Gewalt. Aber das wissen nur die Frauen. Das wissen die Männer nicht.

Schwarzer: Auch du weißt das am Ende dieses Buches offensichtlich genauer als am Anfang.

Jelinek: Das mag sein. Sicher lernt man auch, wenn man schreibt. Heterosexualität ist heute eben auf den öden Gebrauch reduziert, den ein Mann von einer Frau macht. Und deswegen sind die überspitzten Formulierungen von Pornographie – wie es die Dworkin macht – auch so wahr. Pornographie ist Ausübung von Gewalt gegen die Frau und die Demütigung und Herabwürdigung der Frau. Es ist eben so, daß, wenn ein Mann gepeitscht wird in einem Hardcore oder in einem Film, ist der Mann als Individuum einer, der sich erniedrigt. Doch wenn die Frau erniedrigt wird – und das ist ja der Punkt, an dem ihr vollkommen zu Recht auch angesetzt habt mit eurer Kampagne – dann wird nicht eine einzelne Frau, sondern dann werden alle Frauen unterdrückt. Ein Mitglied einer unterdrückten Kaste steht sozusagen nicht für sich, sondern steht gleichzeitig für alle. Das ist das Entscheidende.

Schwarzer: Du bezeichnest dein Buch heute als Anti-Pornographie. Was ist der Unterschied zur Pornographie?

Jelinek: Eben nicht der Wunsch, die Genußfähigkeit von einer weiblichen Seite her aufzuräumen. Das haben ja viele Autorinnen zur gleichen Zeit wie ich versucht. Das muß aber mißlingen, einfach weil es ja diese weibliche Sprache für Sexualität nicht gibt. All diese Arbeiten haben dafür den Beweis geliefert. Es funktioniert nicht, denn die Frau ist nicht das Subjekt der Begierde, sondern immer das Objekt. Und deshalb müssen sich die Frauen, im Leben wie in der Literatur, letztlich immer an der männlichen Ästhetik orientieren. Ich aber wollte die Frau nicht nur zeigen als eine, die nicht Subjekt der Begierde ist, sondern als eine, die scheitern muß, wenn sie sich zum Subjekt der Begierde macht. Weil sie durch ihre Initiative sozusagen die Begierde des Mannes auslöscht.

Schwarzer: Das ist ja der Konflikt der Frauen heute: Sie wollen nicht länger Objekt sein und dürfen (noch) nicht Subjekt sein...

Jelinek: ...und sie können es auch nicht! Vor allem für diese These bin ich so angegriffen worden. Von Männern. Wütendste Briefe von Sexologen. Von Sexualforschern. Auch von durchaus linken, sensiblen, politisch bewußten Männern. Die haben mich beschimpft und gesagt: Es stimmt nicht, daß die Begierde der Frau die Begierde des Mannes auslöscht, ich würde niemals mit einer Frau schlafen, die mich nicht begehrt.

Schwarzer: Aber wir aktiven Frauen wissen da natürlich aus Erfahrung, wovon wir reden...

Jelinek: Die Frauen müßten angeblich lernen, auch zu akzeptieren, wenn ein Mann Nein sagt. Aber da die Frau nicht Subjekt ihrer Wünsche ist, ist sie auch nicht Subjekt ihrer Sprache.

Wenn eine Frau Nein sagt, ist es eben nicht Nein. Und weißt du, was das Komische ist? In demselben »profil«, wo diese wütenden Leserbriefe gegen mich waren, die mir den Tod gewünscht haben, war hinten im Redaktionellen der Fall einer jugoslawischen Serviererin, die von drei Dorfhonoratioren, also Gemeinderäten, Kleinunternehmern und so, stundenlang festgehalten und vergewaltigt und gequält worden war. Das ist so ein Fall, wo sie gesagt hat: nein, ich will nicht. Das ist wie nicht gesagt, so wenig ist die Frau Herr der Sprache. Ein Mann, der Nein sagt, hat keine Vergewaltigung dafür zu befürchten, sondern die Frau geht still weiter weg und schämt sich, daß sie es überhaupt versucht hat.

Schwarzer: Bekommst du das auch selbst zu spüren?

Jelinek: Ich habe auch schon sexuelle Aggressionen zu spüren bekommen, wenn ich Nein gesagt habe. Das ist mir oft passiert. Also ich weiß, wovon ich spreche.

Schwarzer: Eigentlich geht dein Leben ja niemanden etwas an. Wer etwas von dir wissen will, kann dein Buch lesen. Nun hast du aber immer wieder gesagt: Sexualität geht eigentlich nur zwischen Gleichen und ist darum heute unmöglich zwischen Männern und Frauen. Und du hast provozierend behauptet: Schade, daß ich nicht lesbisch bin. Ich frage mich nun: Was ist denn so unterschiedlich zwischen Männern und Frauen, daß du die einen lieben kannst und die andren nicht?

Jelinek: Also, das kann ich, glaube ich, sehr gut erklären. Natürlich kann man Masochismus auch nicht ganz leugnen. Ich brauche in der Sexualität das andere, also auch das mir Unbegreifliche, Unbekannte, das, woran ich mich mit Aggression, mit Verachtung oder auch mit erzwungener Unterwerfung im wahrsten Sinne des Wortes reiben kann. Frauen aber gehört meine ganze Zuneigung, es sind für mich Vertraute. Meine Unfähigkeit, mit Frauen zu schlafen, sehe ich – ich möchte jetzt nicht sagen als Perversion – aber als eine Art Entfremdung an, denn eigentlich müßte ich lesbisch sein. Ich kann es aber nicht, weil meine Sexualität in einer Weise zerstört ist, daß ich sozusagen Sexualität jetzt nicht in Verbindung mit Vertrautheit und Zärtlichkeit sehen kann, sondern eher mit Aggressivität verbinde. Andererseits ist es aber so, daß ich unheimlich starke erotische Beziehungen zu Frauen habe. Ich sehe ihnen wahnsinnig gerne zu, wenn sie sich schminken oder anziehen. Ich schaue mir viele Filme nur wegen Frauen an.

Schwarzer: Aber Männer und Frauen sind ja nicht nur Prototypen wie in deinen Texten, sondern sind eben auch Individuen, sehr unterschiedliche Individuen. Und da gibt es – wie du selbst sehr gut weißt – auch sanfte Männer und aggressive Frauen.

Jelinek: Sagen wir, das männliche Prinzip flößt mir so eine Fremdheit und so eine Furcht und so ein Nichtverstehen ein, daß es mich reizt, mich sexuell damit auseinanderzusetzen – und mit meinem Masochismus.

Schwarzer: Ehrlich gesagt nehme ich dir ja deinen Masochismus nicht so ganz ab.

Jelinek: Dann scheine ich es ja gut zu verbergen.

Schwarzer: Ich finde eher, daß du – zum Teil im positiven Sinne! – eine ziemlich männliche Frau bist, sowohl im Anspruch an deine Arbeit, wie auch in der Lebensführung.

Jelinek: Ich mache mich zum Subjekt meiner Handlungen. Wenn das männlich ist? Ich finde das einfach menschlich. Das ist die unterste Stufe, die man von einer Frau verlangen oder erwarten müßte.

Schwarzer: Du führst zum Beispiel ein männliches Leben im Haus. In Wien hast du eine Frau, deine Mutter, die für dich den Haushalt macht.

Jelinek: Ja, ich lebe im Matriarchat. Ich könnte mir denken, daß meine Mutter schuld daran ist, daß ich mich sexuell mit Frauen nicht auseinandersetzen kann. Diese Inzestschranke ist so ehern und noch immer so ungelöst…

Schwarzer: In der »Klavierspielerin« hast du diese Inzestschranke ja kühn überwunden. Aber meinst du nicht, daß dein Homosexualitäts-Tabu im Leben eher soziale Gründe hat und nicht erotische? Ich meine, daß die gelebte Heterosexualität nicht nur eine Frage der Sexualität in der Zweisamkeit ist, sondern auch eine der Reaktionen der Umwelt. Eine heterosexuell lebende Frau wird von der Umwelt eben weniger angegriffen. Und wenn sie dann, wie du, auch noch Feministin ist, ist es ja fast selbstmörderisch, auch noch lesbisch zu leben.

Jelinek: Nein, das glaube ich nicht. Wenn es mir möglich wäre, würde ich mit größter Freude so leben. Ich gebe ja die Hoffnung nicht auf.

Schwarzer: Mir fällt auf, daß noch etwas »männlich« an dir ist: diese Teilung zwischen Emotion und Intellekt. Mit deinem Intellekt analysierst du scharf die Mechanismen und Machtverhältnisse in dieser Gesellschaft. Emotional aber gehst du naiv damit um, bei den Männern ebenso wie bei den Medien.

Jelinek: Ja, ich bin wirklich naiv. Aber das ist wohl überhaupt das Problem von vielen Moralisten.

Schwarzer: Ich bin, ehrlich gesagt, auch sehr naiv... Vermutlich macht das überhaupt erst die Empörung möglich. Kommen wir noch mal auf dein zentrales Thema, die Sexualität, zurück. Daß den Frauen die Sexualität zerstört wurde, hat sicherlich weitreichendere Folgen, als wir ahnen. Sexualität ist vermutlich auch eine zentrale Quelle der Vitalisierung des Menschen.

Jelinek: Wenn ich das wüßte... Ich sehe vor allem die Unmöglichkeit all dessen, was zwischen Männern und Frauen passiert. Es kann ja gar nicht funktionieren. Kennst du eine einzige glückliche Beziehung?

Schwarzer: Ja, doch, ich kenne ein paar wenige...

Jelinek: Ich glaube nicht daran, daß es zwischen Abhängigen oder zwischen Herren und Sklaven glückliche Liebesbeziehungen geben kann. Mir selbst war diese Entsexualisierung schon sehr früh klar. Ich wurde von einer Mutter zur Leistung erzogen, aber das, wofür ich von ihr gelobt wurde und worauf ich so stolz war, hat mich in den Augen der Männer immer monströser gemacht. Denn wenn sie die Wahl haben, die Schönere zu kriegen, dann lassen sie die Klügere lieber stehen.

Schwarzer: Du schreibst und sprichst auch viel von der erotischen Entwertung der Frau im Alter.

Jelinek: Ja, Altern entsexualisiert dann völlig. Während Männer ein zweites oder drittes Leben beginnen können, sich durch künstlerische oder wirtschaftliche intellektuelle Leistungen aufwerten können, auch wenn sie alt und häßlich und blind sind, geht es für Frauen nur noch bergab. Eine Frau wird im Alter vollständig entwertet.

Schwarzer: Macht dir das Angst?

Jelinek: Und wie. Ich werde natürlich mit 80, wenn ich krank, alt und blind bin, keinen jungen Mann finden, der sich um mich kümmern wird, ich werde wohl eine alte Jungfer werden, die mit einem Hund einsam und alt in einem Hexenhäuschen lebt...

Schwarzer: Frauen werden heute wieder verstärkt zum Objekt gemacht. Siehe Carmen-Look und Strapse und so. Angefangen hat das in der Szene, also im deutschen sogenannten Avantgardemilieu. Genau dieses Milieu versucht, dich zu vereinnahmen...

Jelinek: Meinst du jetzt Zeitgeist-Zeitschriften?

Schwarzer: Nicht nur. Auch die Linken, taz und Konsorten. Das Milieu, in dem Frauen vor zehn, 15 Jahren alle im Parka rumliefen, und jetzt ihre Füße alle in Stöckelschuhe quetschen und ihre Hintern in Minis...

Jelinek: Das zeigt ja nur, daß die Frau eben für diese Dinge anfällig ist, weil sie in ihrer gesamten Existenz abhängig ist. Davon abhängig, ihren Wert zu erhöhen durch Dinge, die außerhalb von ihr liegen. Genau wie ich mit meiner Schminke und meiner japanischen Designerkleidung. Das alles hat ein Mann nicht nötig.

Schwarzer: Es bestimmt eben immer der Herrschende, was begehrenswert ist. Das ist das Problem.

Jelinek: Ja. Und das Imperium schlägt jetzt zurück. Die

Männer sind nicht bereit, sich zu verändern, zu verzichten. Sie wollen wieder echte Frauen.

Schwarzer: Wie ist das mit dir? Wenn du zum Beispiel in deinen modischen Auftritten mit dem Sado-Masochismus kokettierst?

Jelinek: Es wird mir im Grunde der Genuß daran genommen, weil ich auch noch ein schlechtes Gewissen haben muß. Manchen Frauen macht das nichts aus, weil sie es immer so gemacht haben. Dazu gehört auch das Männer-gegeneinander-Ausspielen, das Frauen-Abtaxieren. Diesen Frauen sind wir sowieso unterlegen.

Schwarzer: Den Weibchen...

Jelinek: Ja, die Waffen einer Frau. Ich habe das alles nie gelernt. Es würde mich ja trösten, wenn es das Männliche in mir wäre, das mich daran hindert. Ich fürchte nur, es ist nur das trampelige Weibchen in mir. Ich muß allerdings gestehen, daß ich durch Beobachtung diese Tricks jetzt durchschaue, aber zu stolz bin, sie selbst anzuwenden. Ich persönlich verzichte lieber zehnmal auf den Sex, bevor ich ihn wieder einmal genieße und mich dafür kleinmache.

Schwarzer: Wann bist du denn zum erstenmal konfrontiert worden mit dem typischen »Männlichen«?

Jelinek: Schon recht früh eigentlich, weil mir die Sexualität so verboten war von meiner katholischen Mutter. In dem Augenblick, wo man seine Sexualität entdeckt und sich sozusagen auf dem Markt der anbietenden und angebotenen Körper bewirbt und versucht, einen Käufer für sich zu finden, begreift man. Die Frau darf nicht wählen, die Frau muß gewählt werden. Und um gewählt zu werden, muß sie eben bestimmte Voraussetzungen erfüllen. Da war nicht mehr gefragt, wie gut ich Geige oder Klavier oder Orgel spielen konnte oder komponieren oder Ballett tanzen. Da war nur noch gefragt, wie ich aussehe und wie charmant ich bin und wie ich zu haben bin. Ich muß alles vergessen, ein zweites Leben beginnen, sozusagen ein Leben im Untergrund.

Schwarzer: Du bist seit zwölf Jahren verheiratet. Dein Mann Gottfried Hungsberg, ist so alt wie du und Naturwissenschaftler, wie dein Vater. Er lebt in München, 600 km entfernt von Wien. Du lebst zu zwei Drittel in Wien (im Haus deiner Mutter) und zu einem Drittel hier, in München. Ihr seht euch also etwa zehn Tage im Monat. Ist das einer der Gründe, warum es klappt?

Jelinek: Ja. Ich muß sagen, daß der Gottfried mich sehr, sehr schätzt und nie versucht hat, meine Kreativität in Zweifel zu ziehen oder zu unterdrücken. Dann hätte ich ihn auch nie geheiratet. Und er will mich auch nicht besitzen. Wir lassen uns Freiheiten. Und vor allem: Wir reden nicht über alles. Ich halte nichts von der Wahrheit. Ehrlichkeit in der Beziehung lehne ich ab.

Schwarzer: Warum hast du eigentlich geheiratet?

Jelinek: Aus Kuriosität, wirklich. Ich habe gedacht, daß es witzig ist, so eine Beziehung, wie wir sie leben, mit einem Ehevertrag zu leben. Wenn wir einfach nur ein Paar wären, wären wir noch gut befreundet. Das wäre banal. Ich wollte halt bewußt ein anderes Modell der Ehe.

Schwarzer: Auch aus einem Sicherheitsbedürfnis vermutlich.

Jelinek: Kann schon sein.

Schwarzer: Vielleicht auch, um der Muter einen Gefallen zu tun?

Jelinek: Ja, ich glaube, die war froh, daß einer mich noch nimmt, nachdem ich so oft schon entwertet worden bin. Aber das war nicht der Grund.

Schwarzer: Was schätzt du bei Männern? Und was bei Frauen?

Jelinek: Das sind schwierige Fragen. Was ich bei Männern hasse, kann ich genau sagen: das ist dieses Machogehabe. Ich mag im allgemeinen sehr junge Männer, also alles, was unfertig ist, was sich noch nicht in diesem System wohnlich eingerichtet hat, um Karriere zu machen. Bei Frauen macht es mir Probleme, wenn sie ein Kind bekommen – was ja in Ordnung ist – und darüber ihr eigenes Leben und alles andere vergessen, nur noch Mutter sind. Also wenn in der Familie ein Kind zum Popanz wird, zum Fetisch oder zum Lamm Gottes, das die ganzen Sünden der Welt oder der Familie oder alle Hoffnungen jetzt auf sich zieht.

Schwarzer: Haben unmännliche Männer nicht auch Untiefen?

Jelinek: Sicher. Ich muß gestehen, daß mir das auch schon passiert ist, daß sich einem Männer zwar andienen, in fast sklavischer Weise, und daß sie sich auch gerne einer schöpferischen Frau Untertan machen, gerade um sie zu unterstützen in jeder Weise; daß aber irgendwann einmal diese Ansprüche voll zurückschlagen, und sie dann den Gegenwert in einer Art von Dienstleistung zurückerwarten. Der Preis für ihre Servilität oder ihre Unterwerfung wird sehr wohl eingeklagt. Die Männer achten sehr darauf, daß das Konto ausgeglichen wird.

Schwarzer: Frauen schlagen zwar auch gern zurück, aber das äußert sich meist selbstzerstörerisch.

Jelinek: Wenn jemand, der keine Macht hat, zurückschlägt, ist das meist nicht sehr effizient.

Schwarzer: Du hast direkt und indirekt viel mitgeteilt über die Rolle deiner Mutter in deinem Leben, aber wenig über den Vater. Man weiß von deiner »Eislaufmutter«, daß sie dich zum Genie gedrillt hat. Man weiß von deinem Vater, daß er ein »tragisches Wesen« war und im Wahnsinn gestorben ist. Du hast also nicht nur eine starke Mutter, sondern auch einen schwachen Vater gehabt; was heißt: er war auch menschlich, kein Tyrann, der dich erdrückt hat.

Jelinek: Es war absolut unmenschlich! Weil er einfach ein schwerer Psychopath war. Mein Vater war ein außerordentlich begabter Naturwissenschaftler, aber menschlich ein armes Schwein. Er hat das Schicksal gehabt, schwer neurotisch zu sein und dem Wahnsinn zu verfallen.

Schwarzer: Wie alt warst du, als er in die Psychiatrie kam?

Jelinek: Da war ich erwachsen. Ich habe praktisch die ganze Zeit meiner Pubertät neben einem Vater gelebt, der den Verstand verlor, der eine unbeschreiblich schwache und lebensuntüchtige und fernstehende, verschrobene, obskure, unfähige Figur war, also keine väterliche Instanz. Die Mutter war phallisch, war eben Vater und Mutter in einer Person. Eine monströse, totempfahlähnliche Instanz. Meine Mutter ist noch heute, mit 86, furchterregend stark. Allerdings habe ich den Eindruck, daß die Töchter von starken Vätern zwar tüchtig sein können, aber nicht kreativ. Der Vater verkörpert ja diese männliche Ordnungsinstanz, dieses Sich-Einpassen ins Karrieredenken. Töchter von starken Vätern werden darum sicherlich gute Anwältinnen oder Ärztinnen und Lehrerinnen und vielleicht auch Wissenschaftlerinnen, aber die Kreativität bleibt bei allen Menschen, die übermächtige Väter hatten, auf der Strecke. Auch ich habe meine Kreativität nur entwickeln können dank dieser starken Mutter.

Schwarzer: Du hast in der letzten Zeit öfter Ingeborg Bachmann zitiert. Wir müssen heute davon ausgehen, daß sie Inzestopfer war. – Ihre Revolte und Kreativität käme also nicht aus dem Stolz, wie bei dir, sondern eher aus der Erniedrigung.

Jelinek: Also jetzt ganz überspitzt: Die Bachmann ist auch ermordet worden, ist auch zugrunde gegangen. Während ich überleben werde. Ich weiß nicht, was erstrebenswerter ist. Ich werde von Männern sicherlich gebrochen, werde zwar freudloser, aber ich werde überleben. Allerdings nicht glücklich, denn die Glücksmöglichkeiten für Frauen in unserer Gesellschaft sind bescheiden. Ich werde auch letztlich aus meiner Arbeit kein Glück ziehen können.

Schwarzer: Ich möchte nochmal auf deinen Vater kommen. Er war Jude. Wie hat der eigentlich überlebt?

Jelinek: Natürlich in einer Mischehe mit einer Arierin, und dann als Naturwissenschaftler. Ich glaube, er hat an kriegswichtigen Sachen geforscht und war darum unentbehrlich. Ich kann mir durchaus denken, daß das auch psychisch auf ihn einen verheerenden Einfluß gehabt hat.

Schwarzer: Glaubst du das oder weißt du das?

Jelinek: Ich weiß es. Die Deutschen brauchten nach dem Kautschukboykott künstlich erzeugten Kautschuk für Treibriemen. Alle Räder mußten sich drehen für den Sieg. Er hat an einem Klebstoff für die Treibriemen aus diesem Buna gearbeitet. Das hat ihn bestimmt belastet. Im Alter kam dann noch dieser langsame Abbau dazu. Am Anfang hatte das noch ganz witzige Züge, indem er die Worte für die Gegenstände verwechselte und, wie aus Kindermund, so seltsame Dinge sagte, bis eben zum völligen geistigen Abbau. Das habe ich jahrelang miterlebt.

Schwarzer: Hast du dadurch auch eine Verachtung für Männer bekommen?

Jelinek: Eine mit Verachtung gemischte Faszination.

Schwarzer: Auch ein schlechtes Gewissen? Mitleid?

Jelinek: Ja, auch. Ich kann auch sehr mütterlich sein, das traut mir natürlich keiner zu.

Schwarzer: Und die Familie deines Vaters? Hat die überlebt?

Jelinek: Ja, die hat im Versteck überlebt, ein Teil war emigriert. Ich weiß von keinem, der umgekommen ist. Aber sie haben sich das Leben zur Hölle gemacht. Schon meine frühesten Erfahrungen waren tödlich: mörderische Haßgefühle zwischen meiner Mutter und ihrer Schwester, zwischen der Familie meines Vaters und der Familie meiner Mutter. Dann wirklich Mordversuche meiner Großmutter an meiner Mutter. Das ist ja das allerdüsterste Kapitel, daß in diesem Matriarchat auch eine Großmutter war, die wiederum meine Mutter gehaßt hat, die wiederum ihre Schwester gehaßt hat, die gar nichts dafür konnte, weil die Mutter natürlich schuld war.

Schwarzer: Die hockten alle aufeinander?

Jelinek: Nein, nein, die hatten kaum Kontakt. Die hatten allerdings alles zusammen geerbt, die Häuser wurden zwar alle geteilt zwischen ihnen, aber sie mußten sich trotzdem über Anwälte auseinandersetzen. Bis heute. Harmonie in einer Familie, das ist für mich etwas unbeschreiblich Exotisches.

Schwarzer: Ich glaube aber, das ist für die meisten Menschen unbeschreiblich exotisch.

Jelinek: In dem Ausmaß, wie ich es erlebt habe, habe ich es woanders noch nie gesehen. Außer vielleicht bei Unica Zürn, die von ihrer Mutter vergewaltigt worden ist.

Schwarzer: Du kennst keine körperliche Gewalt, oder?

Jelinek: Diese gröhlende, brutale Gewalt habe ich nicht erlebt. Das ist mir ganz fremd. Aber ich habe natürlich den Psychoterror in den feinsten Verästelungen und raffiniertesten Nuancen erlebt. Ich glaube, in Psychoterror bin ich Expertin.

Schwarzer: Auch die Tatsache, daß du »Halbjüdin« bist, Jahrgang 1946, muß dich doch geprägt haben.

Jelinek: Bei mir ist das anders. Da waren keine gläubigen Juden in der Familie. Der jüdische Teil meiner Familie, das waren sehr engagierte Linke. Mein Großvater war ein große Agitator, allerdings auch ein großer Patriarch. Die Frau mußte zu seinen Füßen am Schemel sitzen und durfte nicht einmal auf einer Höhe mit ihm sitzen, und sie mußte essen, was er übrigließ. Aber ich will das auch nicht mythologisieren. Ich bin in dem Sinne kein Opfer. Obwohl natürlich meine Eltern auch schon 42 und 48 waren, als ich auf die Welt gekommen bin, weil sie es vor '45 natürlich nicht wagen konnten. Und diese völlige Zerstörung meines Vaters, die hat natürlich auch etwas damit zu tun.

Schwarzer: Du bist also doppelt betroffen von der Entwertung: als Jüdin und als Frau.

Jelinek: Das stimmt. Diese Erfahrung, verfolgt gewesen zu sein, also diese kollektive Erfahrung, das habe ich schon noch mitbekommen. Dann war aber da das politische Engagement meines Vaters, der zeitlebens in der sozialistischen Partei war, das wiederum richtete sich gegen das meiner Mutter in der katholischen Kirche. Das war wieder die Kluft zwischen meinen Eltern: der jüdische Proletarier und die katholische Großbürgerin. Der Vater war sozusagen der Machtlose.

Schwarzer: Ja, aber man stelle sich vor, sie hätte keine Macht gehabt bei der Tradition, aus der dein Vater kam. So mancher rührende, schwache Mann wäre vermutlich ein Pascha, wenn er nicht eine starke Frau hätte, die ihn daran hindert...

Jelinek: Er war meiner Mutter zeitlebens dankbar, denn sie hat ihm in der Nazizeit ja indirekt das Leben gerettet.

Schwarzer: Du persönlich hast also die Erfahrung umgekehrter Verhältnisse gemacht: eine starke Mutter und einen schwachen Vater. Gleichzeitig bist du eine konsequente Analytikerin des Machtverhältnisses zwischen Männern und Frauen, das du »faschistoid« nennst.

Jelinek: Eben das ist deshalb nur möglich: weil dieses Anders-Sein, die ganz andere Erfahrung, den Blick schärft für die tatsächlichen Verhältnisse. Wenn ich mit einem prügelnden, vergewaltigenden Vater aufgewachsen wäre, wäre ich vermutlich gar nicht imstande gewesen, was anderes zu denken, dann wäre ich zerbrochen gewesen und hätte das nicht einmal reflektieren können. Du kannst sowas ja nur als Fremdling reflektieren.

Schwarzer: Im Ausland ist es üblich, den Sexismus strukturell mit dem Antisemitismus und dem Rassismus zu vergleichen, also auf die identischen Wurzeln, Strukturen und Folgen hinzuweisen. In Deutschland tut man darüber gern schockiert. Siehst du Parallelen zwischen Sexismus und Antisemitismus?

Jelinek: Ja, die Parallelen sind natürlich da, weil beide, Frauen wie Juden, diese scheinbare Naturhaftigkeit zugesprochen bekommen. In dieser falschen, verlogenen Naturhaftigkeit ist wirklich eine starke gemeinsame Wurzel zwischen Antisemitismus und Frauenfeindlichkeit zu sehen.

Schwarzer: Wie siehst du die Zukunft?

Jelinek: Ich sehe überhaupt keine Lösung... Manchmal möchte ich einfach auch eine ganz normale Ehefrau sein, mit einem Witwer oder einem geschiedenen Mann und erwachsenen Kindern oder halberwachsenen Kindern, die in einem vollkommen geordneten oder geregelten Leben leben.

Schwarzer: Der Weg ist dir verstellt. Du weißt zu viel.

Jelinek: Aber die Phantasie habe ich trotzdem manchmal: zu leben wie in diesen Doris-Day-Filmen... Um endlich auszuruhen. Nicht mehr diese Berge, die Betonberge aufreißen zu müssen. Ich möchte schon mal eine Zeitlang nicht arbeiten müssen. Aber gleichzeitig denke ich doch, daß ich mich jetzt als nächste Stufe am Denken reiben sollte, in Literatur und Sexualität. Ich kann es offenbar nicht abstellen. Es macht einen nicht glücklich, zu wissen. Da kann man sich ja an einsamen Abenden nichts abbeißen, wenn man etwas weiß. Man kann wenig Glücksgefühle daraus ziehen. Das kennen wahrscheinlich viele engagierte Frauen, daß da eine gewisse Verbitterung entsteht, daß sie jetzt Dinge und Zustände schon so lange sehen und beschreiben und sich ja nichts ändert.

Schwarzer: Die Zeiten des Aufbruchs waren sicherlich leichter... Da hatten wir noch mehr Illusionen in bezug auf die Männer wie auf die Frauen. Trotzdem: Mich macht es durchaus auch glücklich, zu wissen! Manchmal, nicht immer – wie ist es: Hoffst du nicht auf den Fortschritt?

Jelinek: Ich sehe nicht, daß sich etwas geändert hätte im Verhältnis zwischen Männern und Frauen. Es werden weiterhin – wie die Bachmann sagt – alle Gedanken der Frauen um die Männer kreisen. Die Männer hingegen werden sich nach wie vor kaum mit den Frauen beschäftigen. Es werden immer noch Millionen Bücher gekauft, warum Männer nicht lieben können und warum Frauen zuviel lieben. Von Frauen. Den Männern ist es eigentlich sowieso egal, was die Frauen von ihnen denken. Den Frauen wird es trotz Frauenbewegung niemals egal sein, was die Männer von ihnen halten. Sie werden immer versuchen, zumindest deren Verständnis zu finden, sich mit ihnen zu arrangieren.

Schwarzer: Was verständlich ist, weil sie die Schwächeren sind. Aber wie kann man damit leben?

Jelinek: Ich weiß es wirklich nicht. Hast du da irgendwelche Ideen?

Schwarzer: ...

Jelinek: Einfach Abstand halten zum Universum der Männer? Bewußt stärker auseinanderrücken? Sich weniger all dem ausliefern?

Schwarzer: Das muß wohl jede für sich beantworten...

Jelinek: Es wird sich ändern müssen. Und es wird sich auch ändern, aber nicht mehr zu unseren Lebzeiten. Ich glaube, daß alle Kulturleistungen von den Frauen erfunden worden sind. Irgendwann einmal wird dieses schweigende Reich, das sozusagen unter dem der Männer ist, auf dem die Männer wie auf einem lebenden Fundament stehen, daß das die Frauen eines fernen Tages zu einem neuen Selbstbewußtsein bringt und sie ihrer Macht bewußt werden. Ich meine jetzt nicht, daß man die Frauen auf diese Sphäre der Reproduktion und der Liebesarbeit fixieren soll, aber ich meine, daß man ihnen auch nicht die Macht nehmen soll, die sie daraus auch haben.

Schwarzer: Neigst du, weil die Realität so bedrückend ist, jetzt nicht zur Mystifizierung von Frauen?

Jelinek: Vielleicht. Weil sie mir genauso fremd sind wie Männer.

Schwarzer: Vorhin hast du gesagt, Frauen wären dir vertraut.

Jelinek: Habe ich...? Ich würde nicht sagen, daß ich die Frauen verstehe. Vielleicht verstehe ich sogar die Männer besser. Ich muß auch gestehen, daß ich mich bisher natürlich auch mehr mit Männern beschäftigt habe.

Irmgard Keun
Schriftstellerin

Ohne die Frauenbewegung, die daran erinnerte, daß ins Exil nicht nur männliche Antifaschisten flüchten mußten, sondern auch weibliche, wäre sie wohl in Vergessenheit geblieben: die scharfsichtige, urkomische, frühfeministische Irmgard Keun. Die Wiederauflage ihrer Bücher ab 1979 löste ein vielbeachtetes Comeback aus. »Ich hänge mir selbst schon zum Hals raus«, kommentierte die »Sagan« der frühen 30er Jahre harsch den erneuten Rummel der frühen 80er. Und es paßt zu ihr, daß erst nach ihrem Tod, 1982 in Köln, rauskam: sie hatte sich ein Leben lang fünf Jahre jünger gemacht. Irmgard Keun wurde 1905 (nicht 1910) geboren, schrieb also ihr erstes Buch mit 26 (nicht mit 21). Der Kontakt zwischen uns blieb bis zu ihrem Tod bestehen. Die im Alter trotz neuem Ruhm einsame Irmgard Keun war der Emma-Redaktion eine wohlvertraute Anruferin. Das Porträt erschien im März 1980.

In »Gilgi, eine von uns« ist es schon klar: dies ist ein Mensch, der sich weder im Kleinen noch im Großen, weder im Privaten noch im Öffentlichen, weder in der Liebe noch in der Politik wird fügen wollen. So, wie sie ihre erste Romanheldin ausbrechen läßt aus der Umklammerung dessen, was wir gemeinhin Liebe nennen, so bricht sie selbst einige Jahre später aus aus den stramm geschlossenen Reihen des Faschismus.

Irmgard Keun, heute 70, damals 21. Jung, schön, bekannt, begehrt. auch bei den Faschisten. Die verboten zwar prompt ihre Bücher (»Asphaltliteratur«), aber sie hätten das begabte »nicht-jüdische« Mädchen eigentlich doch gern an ihre Heldenbrust gedrückt... Doch Irmgard bleibt Gilgi treu, zeigt der werbenden Reichsschrifttumskammer nichts als die kalte Schulter. Mehr noch: Auf die Beschlagnahmung ihrer Bücher und das erteilte Schreibverbot reagiert sie mit einer Anzeige gegen die Gestapo, wegen »Geschäftsschädigung«.

Eine Geste, die in ihrem undramatischen Spott und ihrem aufmüpfigem Mut charakteristisch ist für Irmgard Keun. Während die »entarteten Bücher« auf den Scheiterhaufen lodern, und ihre mittendrin, zeigt sie diesen Machthabern ihre ganze Verachtung und diesem Staat seine ganze Rechtlosigkeit mittels Erstattung einer Anzeige der Bürgerin Keun gegen Hitlers Geheime Staatspolizei.

Irmgard Keun, 1910 geboren, 1931 Bestsellerautorin, 1935 Emigrantin, 1949 zitiert von Simone de Beauvoir im »Anderen Geschlecht« und 1951 verfilmt von Fellini mit dem »Kunstseidenen Mädchen« – diese Irmgard Keun erlaubt sich gestern wie heute die Empfindsamkeit für falsche Töne und den Luxus des aufrechten Ganges.

Da muß niemand die »Dachkammerexistenz« der heute wieder in Köln lebenden 70jährigen bejammern. Sie weiß schon, was sie will. Die schrägen Appartementwände stehen ihr allemal besser als ein Bungalow. Und was sie von so vielen unterscheidet, ist nicht nur das Talent. Es ist auch der klare Blick und die Unverführbarkeit – von der Politik wie von der Liebe.

Ob Irmgard Keun Feministin ist? Was für eine Frage. Da mag sie spötteln, sie hätte was gegen alle Ismen (Faschismus, Fanatismus), aber zu sagen braucht sie eigentlich nichts. Ihre Bücher und ihr Leben geben ausreichend Auskunft.

Gilgi, das erste Buch, das die Unpolitischen noch für unpolitisch halten, ist gerade in jüngster Zeit viel mißverstanden worden. Nämlich als keckes Sittentableau eines Kleinbürgermädchens. Dabei ist dieser Aspekt denkbar sekundär. Wesentlich ist: dies ist das mit Leichigkeit, aber ohne jede Leichtfertigkeit gezeichnete Porträt einer Frau, das alles umfaßt, was uns Frauen – im besten Falle – eigen und spezifisch ist: nämlich den respektlosen Unernst, die alltägliche Verantwortung und das Dasein auch für andere.

Gilgi verläßt ihre große Liebe, weil die sie um den Verstand gebracht hat. Eben darum. Vier Menschen machen Selbstmord, weil sie vergeblich auf Gilgis Hilfe warteten in einer Nacht, in der sie sich vom Liebhaber ablenken läßt. Das ist der Moment, in dem Gilgi das Asoziale dieser Liebe, der »Liebe« überhaupt, klar wird. Tausende leiden, während Millionen jubeln. Das ist der Moment, in dem Irmgard 1935 in die Emigration geht.

Der Flucht vorausgegangen war eine letzte, sehr Keunsche Episode. Da saß die inzwischen 25jährige in dem Kölner Lokal »Marienbildchen«. »Ich las gerade den ›Düsseldorfer Mittag‹. Da fand ich eine ganze Seite mit Fotos. Die einen waren betitelt ›Das neue deutsche Gesicht‹. Die anderen ›Das Verbrecher-Gesicht‹. Um mich rum so etwa 15 Gäste. Mit denen machte ich mir einen Spaß, hielt die Schrift zu und ließ sie raten: Was ist das neue deutsche Gesicht? und was das Verbrechergesicht? – Es kam, wie es kommen mußte: fast alle rieten falsch. Ich fing an laut zu lachen, zahlte und ging – mit dem Gruß erhobener Faust. Am nächsten Morgen um sechs holte mich die Gestapo.«

Verhöre, Folter. Mit viel Geld bekommt der Vater sie noch einmal frei. Aber nun ist endgültig klar, daß sie das Land verlassen muß. Sie flüchtet nach Holland und schreibt dort ihre Erfahrungen dieser vier Jahre: »Nach Mitternacht«, ihr erster nun endlich für jeden klar erkenntlich *politischer* Roman und neben Lion Feuchtwangers »Geschwister Oppermann« eines der wichtigsten literarischen Zeugnisse dieser Zeit überhaupt.

Im Rückblick erzählt Irmgard Keun übers Dritte Reich: »Nie habe ich mich vor Männern so geekelt wie damals im Faschismus. Mein Ekel war so groß, daß ich kaum noch einem Mann die Hand geben konnte.« Warum? Weil, so sagt sie, »die sich so widerlich ernst nahmen, weil gerade Männer Männern so ergeben und blind folgten.« Ein Satz, der mich aus ihrem Munde zunächst überrascht, denn: genau hingeschaut hat gerade sie bei Männern *und* Frauen. Sie verschonte niemanden (warum sollte sie auch). Und sie sah oft mehr als die meisten.

Männer spielten in ihren Romanen von Anbeginn an eine zwar manchmal rührende oder auch charmante, immer aber auch blasse bis erbärmliche Rolle. Sicher, sie sind die Erwachsenen, sie sind die Intellektuellen, die scheinbar Starken. Aber in ihrer schillernden Intensität und undramatischen Integrität erweisen die Keunschen Frauen sich letztendlich immer als die Menschlicheren. Offensichtlich also, daß gerade die Renaissance dieser Schriftstellerin etwas mit dem Feminismus zu tun hat. Ob sie will oder nicht, sie ist eine »schreibende Frau«. Nur – halt. Nicht so rasch. Nicht katalogisieren und kassieren. Eine Irmgard Keun schon gar nicht. Nur nicht so verfahren, wie Kollegin Ursula Krechel, die es doch tatsächlich fertigbrachte, die lebendige Keun in einem Aufsatz im »Literatur-Magazin« (über den Gilgi nur mit der schönen Schulter gezuckt hätte) einzufrieren in den toten, modernistisch-subjektivistischen Schnack jungdeutscher Intellektueller, Stil 70er Jahre.

Kostprobe Krechel: »Denn wo das gestreichelte Selbst im Spiel ist, stellt sich auch gleich die Furcht ein, in den Windungen einer fremden, aber nah empfundenen Existenz die ausgeleierte Schraube der eigenen Möglichkeiten und Begrenzungen knirschen zu hören«. Knirsch, knirsch. Ferner kann man der

Keun wohl nicht sein als mit einer solchen Anbiederung von Frau zu Frau. Nein, Frausein ist nicht alles, auch nicht in der Literatur. Es braucht auch die Kraft, es auch noch zu bleiben – und das, ohne sich hier in der »Weiblichkeit« einkerkern oder da von der »Männlichkeit« aufsaugen zu lassen.

Wie hat eine wie Irmgard Keun die letzten 50 Jahre überlebt? Nicht gut, aber immerhin. Und woher hatte eine wie sie überhaupt die Kraft, überleben zu wollen? Ihre Biographie signalisiert: sie bekam genau die Mischung von Privilegiertheit und Benachteiligung mit auf den Weg, in der die Unfügsamen wachsen.

Als sie mit acht Jahren von Berlin nach Köln kam, war sie dort eine Fremde. »Ich konnte schon den Tonfall nicht und fiel sehr auf – ich war so 'ne Art Gastarbeiterkind.« Die Eltern, Vater kleiner Unternehmer, waren zwar einerseits Bürgerliche, andererseits aber doch schon in einem rapiden Prozeß der sozialen Deklassierung. Hinzu kam, daß die Privilegien eines kleinen Mädchens allemal relativ sind. Für Irmgard bedeutete das: täglich stundenlang der Mutter bei der harten Gartenarbeit (Erbsen, Erdbeeren, Unkraut) helfen. »Meine Mutter legte Wert auf diese hausfraulichen Tugenden.« Als der Bruder zur Welt kam, war die erste Reaktion der damals Fünfjährigen so: »Ich ging in den Garten und schüppte da ein Grab – für mich.«

Sie hat es sich anders überlegt. Gab es doch gleichzeitig die Bestätigungen und Impulse. Wohl vor allem vom Vater, der ein gebildeter, toleranter Mann gewesen sein muß, neun Sprachen sprach und mit der Tochter Rabelais und Flaubert im Original las. »An zwei Tagen in der Woche kam ein Engländer zu uns ins Haus, dann wurde nur englisch gesprochen. An weiteren zwei Tagen kam eine Französin, dann wurde von uns allen nur französisch gesprochen.«

Der Stern-Journalist Jürgen Serke, der das Verdienst hat, Irmgard Keun vor einigen Jahren als erster wieder in das Bewußtsein einer breiten Öffentlichkeit gerückt zu haben, kolportiert eine mir für ihr Selbstbewußtsein, ihren Gerechtigkeitssinn und ihren Widerstandsgeist bezeichnend scheinende Episode aus ihrer Kindheit:

»Später spielte sie den Hüter ihres Bruders. Sie ging mit ihm in den Kölner Stadtwald. Er kletterte auf einen Baum. Da kam der Stadtwaldwärter. ›Ich versuchte, meinem Bruder runterzuhelfen‹, sagte Irmgard Keun. ›Ich hätte es auch geschafft. Da schlug der Wärter ihm einfach auf den Kopf, weil das Klettern verboten war.‹ Die neunjährige Irmgard Keun reagierte mit Empörung: ›Das werden Sie büßen.‹ Sie bekam eine Ohrfeige. Das Mädchen: ›Das werden Sie noch mehr büßen.‹ Sie ging mit dem Bruder an der Hand zur Polizeistation und erstattete Anzeige. Die Beamten protokollierten. Dann brachten sie die beiden Kinder nach Hause. Es kam zur Gerichtsverhandlung. Der Stadtwaldwärter wurde verurteilt und entlassen. Der Richter sagt in seiner Urteilsbegründung: ›Dieses Mädchen ist von nicht zu widerlegender Glaubwürdigkeit.‹«

Mit 14 bekam Irmgard vom Vater eine silberne Zigarettenspitze zum Geburtstag, mit 15 hatte sie im Internat ihre erste Liebesbeziehung – zu einer Mitschülerin. Mit 17 ließ sie sich gezielt und so cool entjungfern, wie sie sich mit 41 schwängern ließ: Sie sagte dem Erzeuger niemals auch nur ein Wort über die Existenz der Tochter.

Mit 15 / 16 die ersten Artikel in Zeitungen und Stücke und Erzählungen in Schubladen. In diese Zeit fallen auch die ersten politischen Saalschlachten. Im Elternhaus Keun ist die Ablehnung der faschistischen Barbarei eine Selbstverständlichkeit: »Noch nach dem Krieg hat meine Mutter sich Vorwürfe gemacht, daß sie Hitler nicht umgebracht hat.«

Mit 21 kommt der Ruhm. Er kommt gleich mit dem ersten Buch und für Irmgard nicht unerwartet: »Ich wußte, daß ich ein sehr gutes Buch geschrieben hatte.« Er macht sie allerdings auch nicht übermütig, denn in ihren damaligen Kreisen (»Ringelnatz und so«) ist so etwas so ungewöhnlich nicht. Tucholsky schreibt in der »Weltbühne« über die knapp 21jährige: »Sie hat Humor wie ein dicker Mann, Grazie wie eine Frau, Herz,

Verstand und Gefühl«, sie ist etwas, »was es noch niemals gegeben hat: eine deutsche Humoristin.« Und Hans Fallada notiert klarsichtig: »In diesem Buch stehen wundervoll ehrliche Dinge über die Beziehungen der beiden Geschlechter.« Sie »schreibt wie Film«, sie ist eine Vertreterin der sogenannten »neuen Sachlichkeit«.

Als die Nazis an die Macht kommen, geht alles sehr schnell. »Das war gar keine dramatische Entscheidung. Politisch rutschte man irgendwie in den Protest rein, doppelt schnell, wenn man diese widerlichen Opportunisten um sich rum sah.«

In der holländischen Emigration trifft sie Leute wie Kisch, Kesten, Koestler und – Roth. Mit ihm geht sie eine für sie wichtige, aber überwiegend schmerzliche, weil einengende Beziehung ein. »Da war erst so ein Gefühl: Wer gehört wem? Aber dann war's wie immer. Nach der Zeit der ersten Werbung fängt die Umklammerung an. Und dann wird's unerträglich. – Manchmal wünsche ich mir, er würde noch leben, und ich könnte wenigstens einmal wie ein normaler Mensch mit ihm sprechen – denn damals, damals bestand er ja nur aus Eifersucht.«

Und »für Eifersucht«, sagt sie, »hatte ich noch nie ein Talent.« Liebe engte sie immer auch ein. Liebe blieb für sie das, was sie schon für die 18jährige Gilgi gewesen war: Rausch und Gift.

In dieser Zeit im Exil, Seite an Seite mit Joseph Roth, schreibt sie »Nach Mitternacht«, nach der gewohnten Methode, in Caféhäusern: »Ich lebte mich in die Rollen ein, bis sie sich selbständig machten. So nach 18, 20 Seiten. Und dann schrieb ich eigentlich nur noch hinterher. In der Mitte kam meistens eine Art Bruch, eine Gleichgültigkeit. Aber dann ging's wieder weiter. Ein langes Buch könnte ich nie schreiben, spätestens auf Seite 90 überkommt mich das Gefühl: jetzt ist genug! Entweder du tust sie jetzt allesamt in einen Zug oder du steckst sie aufs Schiff und läßt das untergehen.« – Schnoddriges Understatement, wie immer bei Keun. Aber immerhin: »Nach Mitternacht« endet im Zug…

Zur gleichen Zeit verfaßt sie im Exil Artikel und Aufrufe gegen Hitlerdeutschland, die in der ausländischen Presse erscheinen. Die Nazis erklären sie zum »Hochverräter«. »Wenn die mich geschnappt hätten, wär ich gar nicht mehr erst ins KZ gekommen, sondern auf der Stelle erschossen worden.«

Selbstmord ist alltägliche Erwägung für Irmgard Keun und ihre politischen Freunde. Als die Deutschen in Amsterdam einrücken, bricht Panik aus: auch Irmgard Keun schluckt Zyankali – vergißt aber, auf die Kapsel zu beißen und überlebt.

Einem Zufall auch und ihrer List verdankt sie die Möglichkeit zur Flucht – allerdings nicht ins Ausland, sondern nur noch tiefer in die Höhle des Löwen: zurück nach Deutschland, mit falschen Papieren. Während dort Irmgard Keun in den Jahren 1940 bis 1945 versteckt bei Freunden in Bad Hönningen überlebt, ahnt sie nicht, daß sie der Weltöffentlichkeit, die an ihren Selbstmord glaubt, längst als tot gilt: Koestler schreibt in London einen ergreifenden Nachruf auf sie.

Nach 45 kommt die Enttäuschung darüber, daß »die Menschen sich nicht geändert hatten – wie sollten sie auch«. Und da ist die Sorge um die Eltern. Irmgard Keun, die eigentlich »wieder raus« wollte, bleibt und pflegt die todkranke Mutter (ein Part, den ein männlicher Schriftsteller in ihrer Situation wohl nicht mit dieser Selbstverständlichkeit übernommen hätte).

Nicht nur im Dritten Reich muß die anarchische Wahrheitsliebe der Keun von denen, die Ruhm und Ehre zuteilen, als irritierend empfunden worden sein. Denn sie, die vor der grotesken Unmenschlichkeit des Faschismus die Augen nicht verschloß, sah auch genau hin beim glatten Eifer des Wiederaufbaus. So schrieb die zurückgekehrte Emigrantin 1948 aus dem in Trümmern liegenden Nachkriegs-Köln Adenauers an Hermann Kesten in den USA: »Die anderen wollen vergessen und sich wieder einordnen. Ich will und kann nicht vergessen, solange ich lebe, und ich will mich hier auch nirgends einordnen (...) Ich will auch das Volk nicht erziehen. Wen Bomben, Todesnot und Hunger nicht klüger gemacht haben, dem kann auch ich nichts beibringen (...) Auch gegen die Wirkung des ranzig-öligen, sentimentalen Huren-Pathos der politischen Redner (besonders der Neujahrsbotschaften für ›unsere Jugend‹) bin ich zu verhärtet.«

Und in einem anderen Brief an den politischen Freund aus der Zeit der gemeinsamen Emigration: »Hier sind sie jetzt emsig bemüht, eine deutsche PEN-Club-Gruppe aufzuziehen. Ich hab keine Lust, hier jetzt mit anderen deutschen Halb-Nazi-Schriftstellern in Reihe zu stehen, um im internationalen PEN-Club aufgenommen zu werden. Übrigens hat sich mein verflossener Mann an die Spitze dieser Bewegung gestellt. Und scheiden lassen hat er sich damals wegen meines ›staatsfeindlichen Verhaltens‹, um auf die Reichsschrifttumskammer einen guten Eindruck zu machen. Das hat er nun alles vergessen. Die Leute haben alle so glücklich konstruierte Gedächtnisse. Das aber nur nebenbei.«

Um zu überleben, schrieb Irmgard Keun in dieser Zeit Kabarettexte für den Funk. Im April 1947 schreibt sie Kesten: »Ich war plötzlich so eine Art ›Sonnenstrählchen‹ für die Hörer geworden. Jetzt macht mir die ganze Arbeit keinen Spaß mehr, weil mich der Gedanke quält, zur Aufheiterung von Nazis und Schiebern zu dienen. Ganz abgesehen davon, daß die Sonnenstrählchen-Rolle mir an und für sich schon Gänsehaut macht...«

Schwer, dieser Rolle zu entkommen in einem Land, in dem Leichtigkeit für Oberflächlichkeit, Humor für schlicht und Ironie für suspekt gehalten werden. Nein, den deutschen Tiefgang hat sie nicht. Und lieber gerät ihr ein Wort mal zu klein als zu groß. Hehre Werte sind ihr nicht heilig, eher eklig.

»Anständige Menschen haben eine unerschütterliche ›Liebe zum Volk‹ – bei mir ist diese Liebe jedesmal verblichen, wenn ich mit der Straßenbahn gefahren bin. Wahrscheinlich bedienen sich erfolgreiche Politiker nur noch des Autos, um ihre Liebe zum Volk stark und frisch zu erhalten«, schrieb sie einst. Heute befragt zur Parteienpolitik antwortet sie, die im Kampf gegen den Faschismus ihr Leben riskierte, zunächst mit der sarkastischen Gegenfrage: »Muß ich mich bei eventuellen Sympathieerklärungen auf das Bestehende beschränken?«

Ihr Ideal existiert heute so wenig wie gestern. Auch Alternativen sieht sie kaum: »Was ich bei den nächsten Wahlen tun werde? Da seh ich mir erst mal meine Schuhabsätze an – ob es sich überhaupt lohnt, die für so was noch schiefer zu laufen, als sie schon sind.«

Eine »unter deutschsprachigen Autoren keineswegs selbstverständliche Mischung aus sinnlicher Beschreibungslust, bitterem, groteskem Humor und süffisanter, subtiler Bosheit«, bescheinigt die Schweizer Weltwoche dem Keunschen Werk. Hierzulande aber tun sich auch geneigte RezensentInnen oft noch schwer, das rechte Wort für das Phänomen Keun zu finden. Das verhaßte »Sonnenstrählchen« pappt ihr weiterhin an, jetzt vielleicht sogar mehr denn je, dringt es doch tröstend in die angeblich so dürftige »Dachkammer-Existenz« der heute 70jährigen.

Dennoch ist da die von ihr heftig verleugnete Liebe zu Deutschland. Denn die »Nestbeschmutzer«, das waren in unserer teutonischen Geschichte ja schon so oft gerade die, die ihr Land liebten (siehe Heine).

»Die Dächer, die du siehst, sind nicht für dich gebaut. Das Brot, das du riechst, ist nicht für dich gebacken. Und die Sprache, die du hörst, wird nicht für dich gesprochen.« Letzte, bei der Ankunft im Exil gesagte Worte in »Nach Mitternacht«. Auch sie kann, wie so manche, nicht mit Deutschland leben und nicht ohne.

Als 1950 in der Bundesrepublik ihr letzter Roman, »Ferdinand, der Mann mit dem freundlichen Herzen«, erscheint, gibt es darauf so wenig Resonanz wie auf den in dieser Zeit erstmals in deutscher Sprache verlegten Roman »Nach Mitternacht«. Für eine Irmgard Keun haben die stickig-spießigen 50er Jahre keinen Platz. Und auch in den darauffolgenden Jahren gab es nichts, was sie bestärkt, niemanden, der sich für ihre literarische und politische Rehabilitierung eingesetzt hätte. Während ein Robert Neumann zum Beispiel oder Erich Kästner die jungen Genossen hatten, blieb Irmgard Keun allein.

Allein ist sie auch heute, in ihrer Wohnung über den Dächern Kölns. Kein Foto von damals, kaum Bücher, noch nicht einmal die eigenen, nichts. Und es scheint in Ordnung so für sie, Mitleid verbittet sie sich. Auch zum Alkoholkonsum mag sie keine wohlmeinenden Ratschläge.

Was nicht heißt, daß sie von Ängsten frei wäre. »Bin ich eigentlich sehr häßlich geworden?« fragt sie mich nach drei, vier Stunden. Und, unsicher das noch geplante Buch, den »Erinnerungsroman« umreißend: »Traust du mir das eigentlich noch zu?« ...Und fast im selben Augenblick, kurz vor dem Fall, fängt ihr eigenes selbstironisches Lächeln sie wieder auf. »Neulich habe ich einen IQ-Test gemacht. Aus Mißtrauen. Oder hast du schon mal jemanden gesehen, dessen Verstand im Alter nachgelassen hat und – der das selbst gemerkt hätte?«

Einsam sei sie überhaupt nicht, versichert sie beredt den immer häufiger auftauchenden Interviewern. Schließlich interessiere sie sich für alle Menschen und rede auch gern mit »dem Penner unten auf der Straße«. Einsam? Einsam ist sie vielleicht tatsächlich nicht. Dazu war ihr Leben zu belebt. Aber allein vielleicht schon.

Franziska Becker
Cartoonistin

Je näher einem eine Person ist, um so schwerer ist es, sie zu interviewen, zu porträtieren. Franziska Becker ist mir über die gemeinsame Arbeit schon lange eine sehr liebe und sehr gute Freundin. Sie in aller Form zu befragen (manchmal auch nach Dingen, die ich schon wußte), fiel mir nicht leicht. In den letzten vier Jahren hat sich an Franziskas Lebenssituation einiges geändert. Sie zog nach Köln und ließ sich scheiden. Ihr neuer Lebensgefährte ist papan, der »emanzipierte Mann« vom »stern«. Die von ihr in unserem Gespräch so beklagte berufliche Einsamkeit ist also geringer geworden. Mit ihm zusammen hat sie im Emma-Verlag auch eines ihrer letzten Bücher gemacht: »Hin und her«, die Geschichte ihrer Beziehung. Die dem Gespräch vorausgehende Rede hielt ich zur Eröffnung einer Franziska Becker-Ausstellung in Mannheim. Das Gespräch erschien im Mai 1985.

Ich erinnere mich noch gut an den Tag, an dem ich den ersten Brief von Franziska Becker in der Hand hielt. Es muß im Oktober oder November 1976 gewesen sein, also in den letzten heißen Wochen vor Erscheinen der ersten Emma. Alles war klar, nur eines nicht: Wo kriege ich die von mir für Emma so heißersehnte Karikaturistin her?

Sie habe gehört, schrieb Franziska, daß wir eine Karikaturistin suchen. Erfahrungen habe sie zwar noch nicht – mal abgesehen von privaten Kritzeleien zu Geburtstagen und Festen – aber Spaß machen würde es ihr schon. Das Ganze war schwungvoll mit »Franziska« unterzeichnet und geschmückt mit einem kleinen Selbstporträt in der rechten unteren Ecke des Blattes.

Nun klingt es immer ein wenig albern, wenn man es im Rückblick und nach erfolgtem Erfolg sagt, aber es ist wahr: Dieser Zeichnung war anzusehen, daß die Frau Talent hat.

Unsere rasche Antwort: Versuch's mal. Und Franziska Becker, damals noch Kunststudentin im achten Semester, versuchte. Es kam Frau Knöbel, eine Parodie auf »Brigittes« Vorher/Nachher. Der Strich noch ungeübt, zögernd, kaum Abstraktionen und Zuspitzungen wagend; die Idee: schon scharf hingeguckt und hingehört.

Heute, ein Jahrzehnt später, ist die damals noch unentdeckte Kunststudentin eine der beiden bekanntesten weiblichen Karikaturistinnen in unserem Land und eine der drei (nur drei!) europäischen. Neben Marie Marcks und Claire Bretécher hat sie längst einen gleichberechtigten Platz.

Unter den jüngeren Karikaturisten in der Bundesrepublik ist sie für mich heute der vitalste und politischste. Ich sage bewußt *der*, denn Becker ist zwar bis in den letzten Strich, bis in die letzte Silbe hinein geprägt von ihrem Leben als Frau, aber sie läßt sich nicht im Frausein einschließen. Ihre Weiber sind raumfüllend und ihr Blick richtet sich, weit über die »Frauenecke« hinaus, auf die Welt.

In diesen Jahren ist viel passiert. »Brigitte«, das Symbol fürs pseudo-fortschrittliche Frausein, ist für Becker nur noch »Frigitte«. Ihre Texte, eine Mischung aus Authenzität und Verballhornung, sind wesentlicher Bestandteil ihrer Satire. Ihr Strich wurde innerhalb weniger Jahre künstlerisch mutig und bestimmt, in seiner Eigenheit unverwechselbar.

Ob Frauenwelt oder Männerwelt, ob das große Bonn oder die kleine Zien: Becker ist ihre Chronistin. Zeit-Chronistin. Feixend, wütend, gerührt, entlarvend. Kaum eine Mode, kaum ein Trend entging ihr in diesen Jahren. Am stärksten war sie immer in der Selbstkritik (als Frau und als Angehörige der Nach-68er-Generation): die strickenden Schwangeren, die mondsüchtigen Landfrauen, die neuen Tussis sind, trotzalledem, eben auch ihre Welt.

Wahrlich beneidenswert, was die Satire alles sagen darf. Und es wird ihr nicht nur nicht übel genommen, es wird auch noch über sie gelacht – wenn auch sicherlich manchmal zähneknirschend. Wobei bei Becker die Schärfe zweifellos erträglicher wird durch die Zärtlichkeit, die sie, trotzalledem, immer auch für Menschen hat. Hinzu kommt: Es ist fast unmöglich, sich bei ihr rauszuwinden – zu exakt trifft sie noch die letzten Details. Und genau diese Mischung macht sie schlicht subversiv. Sie hat sich damit breit gemacht in einem Bereich, in dem Frauen vor dem Feminismus so existent waren wie beim Formel-1-Rennen. Satire: die blieb auch im Aufbruch der 68er Jahre Männersache. Bei den inzwischen etablierten Nonsens-Produzenten aus dem Frankfurter Kreis um »Pardon« (einst) und »Titanic« (heute) ebenso wie bei den genialen Anarchos aus dem Kreis der Pariser Satire-Zeitschrift »Hara-Kiri«.

Es stellt sich also die Frage, ob eine Franziska Becker – die, göttinseidank, immer noch Haus-Cartoonistin von Emma ist – ob es diese Zeichnerin ohne Emma überhaupt geben würde. Ich wage zu sagen: Nein. Denn Begabung allein genügt nicht. Es muß auch die Herausforderung da sein, die Kritik, vor allem: die Möglichkeit, zu veröffentlichen – und damit die Voraussetzung überhaupt für die Arbeit. Die Entwicklung der

Karikaturistin Becker zeigt, was, wenn diese Bedingungen erst einmal da sind, wachsen kann.

Wer aber hätte sie veröffentlichen oder gar fördern wollen, diese Becker, das dreiste Weibsbild mit seinen Damen auf großem Fuße und seinen Männlein auf kurzen Beinen? Wer, wenn nicht eine feministische Zeitschrift? Heute, da schmükken sich auch andere gerne mit ihr. Denn heute ist sie stark, so stark, daß ihr sogar der Feminismus verziehen wird. – Ich wage gar nicht darüber nachzudenken, wieviele Talente von Frauen brachliegen, weil für sie kein Platz ist in dieser Männerwelt...

Seit dem ersten Tag bin ich bei Emma die Arbeitspartnerin – und seit langem auch Freundin – von Franziska Becker. Ich kenne auch die tiefen Selbstzweifel, in der die so souveränen Arbeiten oft entstanden sind. Das sind nicht nur die Selbstzweifel aller Kreativen. Das sind auch die Selbstzweifel einer Frau, die Ausnahme ist und bleibt in einer Männerdomäne. Die Selbstzweifel einer Frau, die kaum Vorbilder hat. Die Selbstzweifel einer Frau, die kaum Gesprächspartnerinnen hat. Die Selbstzweifel einer Frau, die sich, auch nachdem sie es geschafft hat, den einmal errungenen Platz täglich neu erkämpfen muß. Innerlich wie äußerlich.

Schöpferische Arbeit ist immer einsam. Schöpferische Arbeit von Frauen noch einsamer. In ihrem Arbeitsbereich umgibt die Cartoonist*in* kein Kreis von Kumpeln, die sich die Tips und Aufträge über den Biertisch schieben. In ihrem Lebensbereich schätzt man bestenfalls das Produkt, der Arbeitsprozeß aber wird ignoriert. Die für die kreative Arbeit notwendige Hartnäckigkeit und Leidenschaft wird kaum gesehen, geschweige denn zugestanden.

Ich ganz persönlich finde übrigens das Unerhörteste an der Humoristin und Satirikerin Becker die Erotik ihrer Power-Frauen! Sie ist die erste, die allererste Satirikerin, die Frauen und Mädchen offensiv sinnlich zeichnet. Sie antwortet auf die prallen Hosen der Herren der Schöpfung nicht minder prall.

Bei ihr bewegen sich schamlos wolllüstige Weiber in ihren Körpern, als seien sie darin zu Hause.

Das sind keine diätenden, gefallsüchtigen Objekte. Das sind sinnlich-selbstbewußt Handelnde, Motto: Mein Sex gehört mir! Pinkeln können sie so gezielt wie die Kerle. BHs tragen sie schon lange nicht mehr. Zarte Knaben greifen sie sich en passant. Und kühnen Amazonen zwinkern sie aufgeräumt zu. Denen ist alles zuzutrauen. Ganz wie ihrer Schöpferin.

Alice Schwarzer: Seit wann zeichnest du eigentlich, Franziska?

Franziska Becker: Ich habe schon immer unheimlich viel gezeichnet. Das beweist eine Mappe, die meine Mutter gesammelt hat, mit Kinderzeichnungen. Ich war schon immer eine leidenschaftliche Zeichnerin. Und das wird auch kolportiert, daß ich immer auf dem Klo saß und gemalt habe, oder einfach auf den Kleiderschrank gepinselt habe als Kleine.

Schwarzer: Was hast du da so gezeichnet?

Becker: Es kamen immer Menschen vor, für Stilleben konnte ich mich nie begeistern. Zum Teil sogar schon mit kleinen Spruchblasen, so mit acht bis neun Jahren.

Schwarzer: Was hast du denn da gelesen?

Becker: So die normalen Kinderbücher, Pipi Langstrumpf, Astrid Lindgren überhaupt. Ich habe generell viel gelesen, und meine Mutter hat uns wahnsinnig viel vorgelesen. Wenn mein Bruder und ich zu Abend gegessen haben, war das immer ein Ritual, daß man ganz langsam kauen mußte, damit meine Mutter möglichst lange vorgelesen hat.

Schwarzer: Sagst du mal was zu deinem Elternhaus?

Becker: Meine Eltern haben direkt nach dem Krieg geheiratet. Meine Mutter hat dann ihr angefangenes Germanistik-Studium geschmissen und hat dann ziemlich bald meinen Bruder bekommen. Vorher hat sie auch Medizin studiert. Da ist sie dann durch die Kriegswirren, wie viele in der Zeit, dann rausgeschmissen worden. Mein Vater ist Arzt. An meine Kindheit habe ich eigentlich fast nur schöne Erinnerungen. Ich bin in einer sehr geborgenen Atmosphäre aufgewachsen, vor allem äußerlich, eigentlich optimal für ein Kind. Wir haben auf einem Krankenhausgelände gewohnt, wo damals noch ein riesiger Park war, das ist jetzt alles zugepflastert worden mit Betonbauten. Und das war ideal, wie im Märchen. Wir hatten ganz viel Bewegungsfreiraum, die Kinder von den Schwestern und von den Ärzten, die da gelebt haben. Wir waren immer so ein Haufen von zwölf Kindern, wobei ich in meiner Altersgruppe das einzige Mädchen war. Ich bin eigentlich mehr mit Jungens aufgewachsen. Wir waren von morgens bis abends draußen. Also wir hatten wahnsinnig viel Freiheiten. Ich habe fast immer Jungsklamotten getragen, was praktisch war. Meistens 'ne Lederhose, die brauchste ja nur ausschütteln abends und am nächsten Tag wieder anziehen, außerdem geht die auch nicht kaputt. Ich habe mich auch nicht als kleines Mädchen gefühlt, so eher als kleiner Mensch.

Schwarzer: Wie hat darauf denn deine Umwelt reagiert?

Becker: Als ich in Lederhosen in die Schule gestiefelt bin, da haben sich dann die anderen drüber mokiert, und dann wollte ich sie nicht mehr anziehen. Ich war zwar äußerlich lange unheimlich jungenhaft, hatte rappelkurze Haare, so'n richtiger Ur-Punk, aber hab doch auch drunter gelitten. Die anderen hatten dann alle Liebschaften und so. Als Frau war ich nicht anerkannt oder als Mädchen. Ich hab auch oft bei meiner Busenfreundin schon eher so die männliche Rolle übernommen, hab sie nachts nach Hause gebracht und solche Sachen.

Schwarzer: Wieso bist du eigentlich nach dem Abitur medizinisch-technische Assistentin geworden?

Becker: Ja, also ich war erst an der Universität und wollte Orientalistik studieren. Das war so eigentlich durch meinen Vater, der hat sich selber Ägyptologie beigebracht. Und dann war aber das Studium völlig anders, als ich mir vorgestellt hatte. Ich habe dann gedacht, eh ich lange rumhänge, mach ich irgendwas, um was in der Tasche zu haben, fertig zu haben. Gut, MTA, wahrscheinlich weil Medizin halt nahelag. Dabei muß ich sagen, das war nicht nur 'ne negative Erfahrung. Also, es ist ja oft so im Leben, daß man merkt, daß grad die Kurven, die man gedreht hat, einen auch weitergebracht haben. Dann habe ich mich in 'ner stillen Stunde hingesetzt und gesagt: Was will ich eigentlich? Malen! Also habe ich meine Mappe gepackt und hab mich bei der Akademie in Karlsruhe beworben. Ich hatte ja auch die ganze Zeit nebenher weitergearbeitet, hab Porträts gemalt, gezeichnet, Linolschnitte gemacht. Ich bin dann auch sofort genommen worden, unter hunderten, erstaunlicherweise.

Schwarzer: Da galtst du als Talent?

Becker: Offensichtlich, obwohl... diese Kriterien sind so Wachs, so subjektiv, da blickste ja nie durch. Ja, gut, Talent hatte ich, das war wirklich nicht zu übersehen. Aber gelernt habe ich an der Kunstakademie vor allem, was es bedeutet, 'ne Frau zu sein...

Schwarzer: Und was bedeutet das?

Becker: Unheimlich allein zu sein. Also, an der Karlsruher Akademie zum Beispiel, da gab's keine einzige Dozentin, das war ein reiner Männerbetrieb, und das drückt sich auch ganz stark in dem Klima da aus. Es ist so, wie sich so der Normalverbraucher/die Normalverbraucherin ein Bohémien-Leben vorstellt, so verhalten sich die Professoren.

Schwarzer: Was heißt das?

Becker: Das heißt, es wird unheimlich viel gesoffen und die große Bohémien-Attitüde rausgehängt. Aber sonst ist da überhaupt kein Klima geistiger, politischer Auseinandersetzung, geschweige denn auch nur ein einziges menschliches Vorbild.

Schwarzer: Wie bist du eigentlich in die Frauenbewegung gekommen?

Becker: Ins Frauenzentrum bin ich 1974 gekommen. Schon vorher hatte ich vage Kontakt mit Frauen, die da aktiv waren, aber ich habe mich nicht hingetraut. Ich habe damals auch sehr symbiotisch mit dem Thomas zusammengelebt, war eigentlich sehr auf diese Zweierbeziehung fixiert und war damals auch eher introvertiert. Und 1974 gab's diese Fußballweltmeisterschaft, da hat das Frauenzentrum was ganz Witziges gemacht. Nämlich ein Kontrastprogramm für Frauen. Sie haben geschrieben: Die Männer hocken eh zu Hause, gebt ihnen die Kinder zu hüten, wir machen Filmprogramm. Und dann bin ich mal hingewackelt und habe mich sofort pudelwohl gefühlt!

Schwarzer: Was hat dir denn da so gefallen?

Becker: Erstens war's ein wunderschönes Frauenzentrum, völlig vergammelt in 'nem schönen Hinterhof, ganz idyllisch. Dann war da ein dauerndes Kommen und Gehen. Es war so eine Atmosphäre – zu erleben, daß es andere Frauen gibt, mit denen du lustig sein kannst, Spaß haben kannst, über Sachen reden kannst. Also, ein ganz klassischer banaler Aha-Effekt. Dann gab's ja damals auch noch Plenen, wo man dann hingewatschelt ist, und danach ist man zum erstenmal in Kneipen gegangen...

Schwarzer: ...in Horden...

Becker: ...in Horden, so richtig wie die Heuschrecken reingefallen, hat rumgebrüllt, also, war nicht mehr das Mäuschen in der Ecke. Zu der Zeit habe ich mich auch zunehmend unwohl an der Akademie gefühlt, es klaffte immer weiter auseinander zu meiner Realität. Ich bin dann immer seltener hingefahren, weil ich es einfach nicht ausgehalten habe. In der Zeit habe ich schon wahnsinnig intensiv gelebt, Nächte durchgequatscht, mit Freundinnen rumgesoffen, also absolute Sturm- und Drangphase in jeder Beziehung. Ja, und dann gab's irgendwann diesen Zettel von dir im Frauenzentrum, so 1976 im späten Frühjahr war das, glaube ich. Und dann habe ich mir so vage überlegt, ob ich mich mal melden soll.

Schwarzer: Was stand denn auf meinem Zettel?

Becker: Auf dem Zettel stand, es wird 'ne neue Frauenzeitschrift gegründet, die ungefähr so und so aussehen soll. Ich habe dann ein wenig gezögert, ich hatte natürlich den Kleinen Unterschied gelesen, für mich warst du schon 'ne Autorität. Damals war ich auch noch schüchtern. Aber Thomas, mein damaliger Mann, und meine Schwiegermutter haben mir schwer zugeredet. Also hab ich euch geschrieben. Dann kam ein Brief von dir. Daß dir das gefällt, ich sollte mich melden. Da war ich absolut high, das weiß ich noch. Innerlich war ich sofort entschlossen, mit der Akademie Schluß zu machen.

Schwarzer: Es kamen deine ersten beiden Seiten, und wir haben dir gesagt, wenn das so weitergeht, wollen wir, daß du die Emma-Cartoonistin wirst, das war gleich klar.

Becker: Dann habe ich durch Emma auch ziemlich schnell noch andere Aufträge bekommen. Mal so kleine Illustrationen, dies und das...

Schwarzer: Wie hast du denn da eigentlich gearbeitet?

Becker: Ich habe unheimlich viel gearbeitet, ich arbeite jetzt noch sehr viel.

Schwarzer: Was ist viel?

Becker: Viel ist mindestens acht Stunden am Tag. Natürlich mache ich mal einen Vormittag blau: im Café sitzen, Zeitungen angucken und Leute beobachten. Aber dafür geht's dann bis spät in die Nacht, ich bin eh so'n Nachtmensch, ich kann nachts viel konzentrierter arbeiten. Damals habt ihr auch noch mehr kritisiert und noch mehr zu verbessern gehabt und so. Da habe ich noch an einzelnen Sachen länger arbeiten müssen als ich's jetzt zum Teil tue.

Schwarzer: Was manchmal für unsere Freundschaft eine Belastung war, daß ich gleichzeitig immer diejenige war, die gesagt hat, paß mal auf...

Becker: ...die mich kritisiert hat!

Schwarzer: Ja, daß ich immer die Hauptkritikerin war – aber auch der Hauptfan!

Becker: Gottseidank. Natürlich ist man unheimlich empfindlich, das kennst du ja auch. Wenn man sich was furchtbar schwer aus den Rippen gequetscht hat, und dann wird man kritisiert und weiß auch noch, es stimmt... Da ist man irgendwie überempfindlich. Aber das war für mich am Anfang eine ganz wichtige Erfahrung. Weil ich wirklich auch damals schüchtern war und mich nicht gerne in die Öffentlichkeit begeben habe, habe ich mich dadurch zum erstenmal auch 'ner öffentlichen Kritik ausgesetzt. Und das ist natürlich schwer. Frauen, glaube ich, klappen noch schneller in sich zusammen, sagen, ach, ich kann's ja doch nicht, ich geb's auf, ich laß es. Also, das habe ich dann gelernt bei euch.

Schwarzer: Wie bist du denn mit der Kritik umgegangen?

Becker: Zum Teil hatte ich Wut, die ist dann aber nach einem Tag verraucht. Oder ich habe mir gesagt: Hat ja recht gehabt, ist auch Scheiße. Ich neige dann, glaube ich, auch nicht zur Selbstgerechtigkeit. Ich war früher öfter verzweifelt auf 'ne andere Art, als ich jetzt verzweifelt bin: Oft klaffte das Wollen und das Vermögen unheimlich auseinander. Ich wußte genau, wie ich die Geschichte machen wollte. Aber die zeichnerischen Mittel oder auch die Möglichkeit, das im Kopf so zu verdichten, daß es optimal rüberkommt, die hatte ich irgendwie noch nicht. Das ist auch 'ne Sache der menschlichen Reife und der Routine. Das krieg ich zunehmend ein bißchen besser in den Griff.

Schwarzer: Franziska, du hast oft über den Druck, etwas abliefern zu müssen, gestöhnt...

Becker: Ja, aber gottseidank gibt's den, kann ich nur sagen! An dem Zwang wächst man auch, und an der Herausforderung entwickelt man sich weiter. Du siehst ja an Kollegen wie dem Seyfried: Wenn nicht regelmäßig was gefordert wird, entsteht auch nix. Also der Zwang ist auch wichtig, so quälend der manchmal für einen selber sein kann... Ich kann mir meine Entwicklung überhaupt nicht vorstellen ohne diesen dauernden Zwang, was liefern zu müssen, sich selber fordern. Und zwar regelmäßig.

Schwarzer: Wie ist das eigentlich mit den Frauen und dem Humor?

Becker: Du, also, ohne rassistisch werden zu wollen oder biologistisch, würde ich sagen, daß Frauen eigentlich mehr Humor haben: Weil sie menschlicher erzogen worden sind, haben sie die größere Fähigkeit, über sich selbst zu reflektieren, also eigene Schwächen zu sehen – was die Voraussetzung für Humor ist. Frauen haben für mich die größere Fähigkeit zur Selbstironie. In der Summe gesehen. Ich finde, daß Männer sehr viel weniger Selbstironisches gemacht haben als Frauen. Auch wenn du mit Frauen privat zusammen bist – also die lustigsten, die tollsten Sachen, die übermütigsten, erlebst du eigentlich mit Frauen. Auch die düstersten. Frauen können auch unheimlich schwarz sein, makaber. Sie wissen ja, wovon sie reden. Das hat mich auch angeturnt beim Arbeiten, daß das noch so'n unbeackertes Feld war. Was ich da zeichne, das ist ja meine Welt. Der ganze Alltag, der mich umgibt, auch die Politik.

Schwarzer: Wie reagiert deine Umwelt eigentlich auf dich?

Becker: Da hab ich jetzt manchmal Schwierigkeiten mit, daß die Leute zunehmend davon ausgehen, ich ginge aus, um sie zu beobachten. Manchmal geh ich auch gezielt irgendwas angukken, das ist klar. Aber ich bin ja nicht ständig so als Voyeur auf der Suche. Ich bin irgendwo schon ein Voyeur, aber auch meiner selbst: meiner eigenen Schwächen und meiner eigenen Verhaltensweisen, in Beziehungen oder so.

Schwarzer: Was sind denn deine Schwächen?

Becker: Meine Hauptschwäche ist Ungeduld mit Menschen, ich bin wahnsinnig ungeduldig. Ich könnte mich in der Luft zerreißen, wenn irgendwas nicht klappt oder jemand nicht so schnell kapiert, wie ich will. Das ist wirklich was ganz Schlimmes. Dann bin ich wahnsinnig chaotisch. Das werde ich, glaube ich, bis ich 80 bin, nicht mehr in den Griff kriegen.

Schwarzer: Chaotisch in was?

Becker: Wahnsinnig chaotisch im Haushalt, also in der Organisation von Lebensumständen. Wenn ich viel zu tun habe, versifft die Wohnung innerhalb einer Woche, man kann nur mit 'nem Hubschrauber drüberfliegen.

Schwarzer: Wenn du einen schwarzen Cartoon machen würdest über Franziska, was käme da alles vor?

Becker: Die Äußerlichkeiten, wie sie gerade beschrieben sind. Und meine gar zu weiblichen Eigenschaften: Also immer verständnisvoll – das hört aber gottseidank zunehmend ein bißchen auf. Seit ich arbeite, habe ich gelernt, auch wenn ich ganz großen Knatsch habe, trotzdem zu funktionieren. Ich zieh das jetzt durch.

Schwarzer: Und in diesen Alltagsfragen, mit denen du die Leute so oft auf den Kieker nimmst, Mode und all das, wie ist das bei dir?

Becker: Ich habe Lust an Mode, Geld ausgeben, da bin ich sehr groß drin. Das macht mir auch Spaß, ich habe mich ja auch in letzter Zeit verändert, haste ja auch mitgekriegt. Ich finde, Mode hat auch viel mit Charakter und Auftritt zu tun, mit sich bewegen können in der Welt.

Schwarzer: Stimmt, am Anfang warst du eher harmlos gekleidet.

Becker: Ja, bewußt harmlos.

Schwarzer: Und jetzt recht auffällig und ausladend.

Becker: An der Mode jetzt gefällt mir, daß eigentlich alles möglich ist. Ich glaube, es ist nicht mehr möglich, die Frauen wirklich so zurückzuschrumpfen auf irgendeinen Trend.

Schwarzer: Und was trägst du?

Becker: Höchstbreite Klamotten... Weite Röcke, ausladende, mit so 'nem großen Schlitz, wo man drin latschen kann. Mordsbreite Schultern. Also, ich nehme schon gerne Raum ein. Ich trete gern mackerig auf, obwohl ich sehr weiblich wirke und auch mehr Röcke als Hosen anhabe. Also, wenn ich so in der Kamikaze-Jacke rumtobe, in der Lederjacke mit den Bombenaufklebern, dann fühl ich mich super...

Schwarzer: Dein großes Thema ist ja Sex, Erotik. Ich will ja nicht zu indiskret sein, aber was käme denn da auf der Becker-Seite vor?

Becker: Ogott! Naja, eine Menge. Ich habe ja lange sehr monogam gelebt und habe dann viel nachgeholt. Und ich muß sagen, das genieße ich auch am Älterwerden: das Sichmehrzutrauen, Sichmehrzugestehen. Genau wissen, was man will. Die Lust, das auszuprobieren, ohne Angst, dabei was zu verlieren. Aber auch den Punkt kennen, wo man weiß, das lohnt sich nicht.

Schwarzer: Worüber kannst du lachen.

Becker: Komisch finde ich den Widerspruch zwischen Anspruch und Wirklichkeit, sowohl bei mir als auch bei den Menschen, die mich umgeben. Die große Attitüde und die kleine Realität, das finde ich komisch.

Schwarzer: Das hast du gemeinsam mit Bretécher. Gibt es unter deinen Kollegen welche, die dich beeinflußt haben?

Becker: Tomi Ungerer hat mich sehr beeinflußt, früher. Heute ist er ja ein himmelschreiender Sexist und wird immer schlechter.

Schwarzer: Ja, die Männer zahlen für ihre Undifferenziertheit und Unmenschlichkeit...

Becker: ...und für ihre Käuflichkeit. Ungerer ist heute unheimlich platt und klischeehaft. – Die Frankfurter haben mich auch beeinflußt, Gernhard, seinen Stil mag ich schon unheimlich gerne – wenn wir mal nicht von Inhalten reden. Oder das erste Buch von Waechter, einfach genial. Poth auch, klar.

Schwarzer: Du hast ja, wie ich das so über die Jahre mitgekriegt habe, nicht nur unter der einsamen Zeit gelitten, die man eben hat, wenn man vor seinem Blatt Papier sitzt und da muß was Gescheites drauf – da kann einem auch kein Mensch auf der Welt helfen! –, sondern auch unter mangelnden Arbeitszusammenhängen. Wie weit hat das was damit zu tun, daß du eine Frau bist?

Becker: Da gibt es wirklich eine Vereinzelung. Nun gibt's die Marie Marcks, die ist aber schon wieder 'ne andere Generation, und wir haben auch nicht so viele Berührungspunkte. Die Frankfurter Jungs, die sitzen unheimlich viel zusammen, das ist 'ne richtige Biertischkumpanei, mal grob gesagt. Da ist schon irgendwie ein Zusammenhalt, den Männer mehr haben, mit dem sie auch mehr schaffen. Einem Mann wird's auch eher zugestanden, ein Genie zu sein und verträumt zu sein. Ich habe oft unheimlich Schwierigkeiten, weil die Leute sagen, du hast ja nie Zeit, du arbeitest ja immer. Weil es einem als Frau nicht zugestanden wird, daß ich zwar zu Hause arbeite, aber arbeite! Ich geh auch nicht zu einem Lehrer in die Schule und sag: Ich mag jetzt mit dir quatschen und 'n Bier trinken, geht nicht, der hat seine geregelte Arbeitszeit. Von einer Frau ist man das nicht gewöhnt, daß sie sich selbst die Zeit nimmt und sagt: Ich hab jetzt keine Zeit, ich schmeiß dich raus, ich kann dich nicht gebrauchen. Oder daß 'ne Frau vielleicht in 'ner Gruppe von Leuten zusammensitzt und einfach wegträumt, wie es Männer unheimlich viel machen. Frauen haben ja gemeinhin für Kommunikation zu sorgen.

Schwarzer: Frauen und Kreativität waren ja lange Jahre dein Thema. Gibt es für dich die sogenannte »weibliche« Kreativität?

Becker: 'ne weibliche…? Nee, daran glaube ich nicht. Ich glaube, es gibt eine Kreativität unter weiblichen Bedingungen. Aber ansonsten gibt es 'ne Kreativität an sich und eine Leidenschaft dafür, die Kreativität zum Ausdruck bringen zu wollen. Also da, glaube ich, muß die Kreativität und der Wille und die Disziplin bei allen, die kreativ sein wollen, gleich sein, egal ob Frau oder Mann.

Schwarzer: Du hattest gute Bedingungen in deiner ersten Beziehung. Du bist von deinem Ex-Mann unterstützt worden…

Becker: Sogar mit Begeisterung. Der erste Mann, mit dem ich lange gelebt habe, hatte einen sehr ähnlichen Humor wie ich und hat auch meine Karriere mit sehr viel Zuneigung und Wohlwollen verfolgt. Das rechne ich ihm hoch an.

Schwarzer: Beschreibe doch mal genau, wie du arbeitest. Was tust du denn, wenn es um eine dir fremde Welt geht?

Becker: Erst sammle ich im Gehirn wie im Filmspeicher alles, was ich so weiß von der eigenen Anschauung, aus dem Bekanntenkreis und optisch vom Straßenbild. Dann rase ich in

Buchläden, in die entsprechenden, und guck, was es so an Literatur gibt. Das macht mir auch wahnsinnig Spaß, zu recherchieren. Dadurch hab ich mich politisiert, weil ich unheimlich pointiert lesen und aufmerksam auswählen mußte. Oder ich geh sogar vor Ort, wie es so schön blöd heißt. Daraus versuche ich dann, 'ne Geschichte zu basteln. Eine Geschichte, die für die Leserin wieder spannend ist zu lesen, weil sie einen roten Faden hat und irgendein Ende, also einen Spannungsbogen hat.

Schwarzer: Wie lange sitzt du denn eigentlich an der Umsetzung? Ich rede jetzt nicht vom Recherchieren, sondern vom reinen Zeichnen, von zwei Emma-Seiten zum Beispiel?

Becker: Das ist sehr unterschiedlich. Im Schnitt drei Tage.

Schwarzer: Das kann mal ein Tag sein und mal können's ein bis zwei Wochen sein...?

Becker: Einen Tag hab ich noch nie hingekriegt. Bei manchen Sachen habe ich auch so 'ne Wut. Ich find's so ekelhaft, daß ich mich unheimlich überwinden muß, es auch zu zeichnen! Es ist mir so widerlich! Ich habe richtig so 'nen körperlichen Ekel davor. Das kostet mich dann besonders viel Kraft. Manche Sachen, so wie Diät und die kleinen Moppelchen, die so rumhüpfen mit ihren Speckrollen, die zeichne ich mehr mit Lust. Oder das Männerbuch, das hat mir Spaß gemacht, weil ich da zum erstenmal ein bißchen vertiefen und ein bißchen ausufern konnte.

Schwarzer: Dein Männerbuch ist in der Summe ziemlich bösartig geworden. Gleichzeitig hast du doch einige von diesen Exemplaren ganz lieb, deinen Freund zum Beispiel. Wie kriegst du das auf die Reihe?

Becker: Ja, wie krieg ich das auf die Reihe... Ich meine, im Zeichnerischen überspitze ich ja immer. Das ist halt mein Beruf. Mein Beruf ist es ja nicht, objektiv zu sein.

Schwarzer: Was sagt denn dein heutiger Lebensgefährte, der Cartoonist papan, zu dem Männerbuch?

Becker: Ach, der ist begeistert. Er hat dadurch auch irgendwie plötzlich 'nen neuen Blick auf sein eigenes Geschlecht bekommen.

Schwarzer: Meint er, er käme nicht drin vor?

Becker: Doch, ich glaub, er weiß schon, daß er vorkommt. Aber ich glaube, daß Männer doch..., daß er vielleicht das auch so'n bißchen von sich wegschiebt. Es gibt ja viele Männer, die sagen, ich bin nicht so. Und ich glaube, darum ist auch die Palette in dem Buch ganz gut. Da ist ja vom Alternativi bis zum Spießer alles abgedeckt. Man kann sich nicht so leicht rausdrehen, deswegen hat mir das auch Spaß gemacht. So richtig bösartig bin ich ja leider auch nie. Obwohl, dieses Mal bin ich froh, daß ich es so ein bißchen geschafft habe. Sonst bin ich ja eher zu lieb, ist ja eine Schwäche von mir. Übrigens auch im Leben. Eine Frau kann sich eben nicht einfach so abseilen wie ein Mann. Dazu hängen wir zu sehr im Leben drin, glaube ich.

Schwarzer: Dein doch sehr genauer Blick auf Männer verrät ja auch eine ungeheure Gelassenheit mit Männern. Und Gelassenheit kommt ja auch aus Zuneigung, oder?

Becker: Ja, das stimmt.

Schwarzer: Und wie ist denn dein Verhältnis zu den Frauen?

Becker: Zu Frauen habe ich viel schneller einen viel vertrauteren Draht. Also, es gibt manchmal Frauen, die ich gar nicht kenne, da gibt es ein spontanes Verständnis, da komm ich mit Männern nach Monaten erst hin.

Schwarzer: Wie haben eigentlich deine Freundinnen auf deine Arbeit reagiert?

Becker: Meist haben sie sich nicht so geäußert am Anfang, oder auch so wohlwollend, aber ohne genauer darauf einzugehen.

Schwarzer: Das Klischee behauptet, Humoristen seien in Wahrheit ganz melancholisch...

Becker: Also, es fällt mir schwer, darüber zu reden... Meine Melancholie nimmt ab und zu wirklich sehr deftige Formen an. Dann ist die Arbeit zwar auch 'ne unheimliche Hilfe, sich da wieder rauszuziehen. Aber manchmal kommt's so dick, daß ich denke: Wozu überhaupt, was soll's, ob die jetzt existieren, die Figuren oder nicht, oder ich – ist doch eigentlich scheißegal. Ich glaube, die Melancholie ist auch ein Preis, den du für deine Sensibilität zahlst. Das kennst du ja selbst zur Genüge. Ein Preis, den du dafür zahlst, daß du immer so offenen Auges durch die Gegend läufst. Also jemand, der unsensibler ist, den tangiert auch vieles nicht so sehr, der kann auch mehr einstecken oder wegstecken, weil er das gar nicht wahrnimmt.

Schwarzer: Der Humor ist dann auch deine Form der Verarbeitung dieser Trauer, oder?

Becker: Ja. Doch, das ist es auf jeden Fall. Das klingt jetzt alles ein bißchen kitschig und banal, aber es stimmt schon. In meinem Wesen sind beide Züge unheimlich stark verankert. Damit habe ich auch oft Schwierigkeiten umzugehen. Eine unglaubliche Lebenslust, eine unglaubliche Leidenschaft und Wahnsinnsenergie, die aber auch ins Negative schlagen kann. Sowohl gegen mich selber als auch in ganz schwarzen Momenten gegen andere. Es fällt mir schwer, da so die Waage zu halten. Und ich glaube, daß das auch für meine Mitmenschen schwer ist, das zu kapieren oder zu akzeptieren oder auszuhalten. Bei mir wechseln absolute Glücksgefühle und Glücksmomente – das Gefühl, ich kann alle Bäume dieser Welt ausreißen – mit absoluten Selbstzweifeln und manchmal auch mit Selbstverachtung.

Schwarzer: Es ist ja wahr, daß du bis heute Momente hast, in denen du findest, daß einfach alles schlecht ist, was du arbeitest. Und da kann alles auf dem Tisch liegen, alle Bücher und alle Bestätigungen und dann sagst du: Weißt du was, ich kann eigentlich gar nichts...

Schwarzer: Vielleicht geht es dir auch so: Die Lust ist eigentlich nur da in dem Moment, wo du es machst. Der Schöpfungsakt, um es jetzt mal dramatisch auszudrücken, an sich ist lustvoll und schmerzhaft. Wenn dann so ein Buch erscheint, dann kann ich mich meistens gar nicht freuen. Das waren oft die schlimmsten Momente in meiner Beziehung, daß mein Partner nicht verstehen konnte, daß ich mich darüber nicht freue. Also für mich ist das Schnee von gestern, ich kann das gar nicht genießen...

Schwarzer: Aber inzwischen...

Becker: ...ja, inzwischen habe ich 'ne größere Gelassenheit im Umgang mit mir selbst. Ich glaube, das hat aber auch was mit 'ner weiblichen Struktur zu tun, daß man sich selbst den Erfolg nicht zugesteht, sondern denkt, man muß nur leisten und kann nicht so mit offenen Armen genießen und auch mal nehmen. Ich lerne heute, strenger mit mir selbst zu sein, zu sagen: So, jetzt kommst du auf'n Teppich und hörst auf mit deinem Rumgenöle. Du genießt es jetzt und damit basta. Das ist überhaupt eines der ganz wesentlichen Dinge, die ich jetzt im Laufe meiner Berufstätigkeit gelernt habe. An mir selbst zu arbeiten, und lernen, mit mir selbst umzugehen, also auch mit meinen Schwächen. Aber auch mit meinen Stärken.

Pina Bausch
Tanztheatermacherin

Sie hat es zwar nie direkt gesagt, aber ich glaube, Pina Bausch selbst mochte das Porträt nicht, das ich hier von ihr gezeichnet habe. Trotzdem ist es einer der mir liebsten Texte. Das Porträt erschien im Juli 1987.

Es ist ein regnerischer Wintertag. Ich parke das Auto gleich um die Ecke, in der engen Einbahnstraße zwischen Wupper und Häuserzeile. Hier, im Zentrum von Barmen, dem einst pompösen 50er-Jahre-Kino, der Lichtburg, ist seit neun Jahren der Proberaum des Wuppertaler Tanztheaters. Nur ein paar hundert Meter entfernt steht das Opernhaus. Hier in Wuppertal hat Pina Bausch, die Schöpferin des Tanztheaters, schon als Kind getanzt.

In 40 Jahren von Wuppertal nach Wuppertal. Ein Weg, auf dem sie das Theater in der Welt revolutionierte und der internationalen Kultur-Intelligenzia die Sprache verschlug, beinahe.

Doch das ist draußen. Drinnen wiegt das nicht. Drinnen wird, wieder einmal, ganz von vorn angefangen: das neue Stück wird erarbeitet. Premiere soll am 21. März sein. Noch acht Wochen Zeit.

Der Eingang liegt versteckt, überstrahlt von der Neonschrift von McDonalds, die gleich nebenan ihr Fast Food verkaufen. Ich stolpere die fast dunklen Treppen rauf, taste mich durch einen Gang und lande im Proberaum. Der große Kinosaal ist leergeräumt. Unten, vor der Bühne, sitzt an einem mit Papieren und Kaffeetassen überladenen Längstisch Pina Bausch, das Gesicht zum Saal gewandt. Hinter ihr, auf der erhöhten Bühne, einige Mitarbeiter und Tänzer.

Die meisten Tänzerinnen und Tänzer aber sitzen vor ihr, wie im »Kontakthof«, auf Stühlen, die in der vorderen Hälfte des Saales an der Wand entlang stehen. Ich setze mich, mit einem kurzen Kopfnicken, rasch auf einen freien Stuhl. Die Arbeit hat bereits begonnen. Auf ein Handzeichen hin von Pina Bausch versammeln sich alle Tänzerinnen und Tänzer vor ihrem Tisch. Sie sagt das erste Stichwort des Abends: Etwas beginnen und doch nicht tun.

Die Tänzerinnen und Tänzer gehen zu ihren Plätzen zurück. Alle haben ihre Stammplätze, wie ich später merke. Sie wirken müde und angespannt. Sie sinnieren still vor sich hin. Einige scheinen zu dösen. Andere machen sich Notizen. Wieder andere treten, im hinteren Teil des Raumes, vor einen der Spiegel, um sich, diskret, bei den ersten Versuchen selbst zu beobachten. Oder sie gehen in einem der Nebenräume auf die Suche nach Utensilien: ein Hut, ein Stuhl, eine Tonne.

Der Tscheche Jan Minarik, der schon vor der Zeit mit Pina Bausch am Wuppertaler Ballett gearbeitet hat, tritt an diesem Nachmittag als erster vor. Er legt einen Plastikfisch auf den Boden, streckt sich daneben aus und beginnt, auf dem Bauch liegend, Schwimmbewegungen zu machen.

Die Amerikanerin Melanie Lien tritt vor. Sie öffnet weit den Mund, beginnt zu schreien und hält nach dem ersten Ton abrupt inne.

Der Franzose Jean Sasportes tritt vor. Er versucht, mit drei Kartoffeln zu jonglieren, eine fällt immer wieder hin.

Pina Bausch sitzt am Tisch und schaut zu. Ernst und genau. Sie wirkt gespannt und respektvoll, aber auch unerbittlich. »Was ich tue: ich gucke. Mich interessiert die Wirklichkeit. Und nicht bereits verarbeitete Wirklichkeit.«

Nach jedem einzelnen Zeigen der Tänzer macht sie sich Notizen in einem aufgeschlagen vor ihr liegenden Buch. Manchmal notiert sie noch, während schon ein neuer Tänzer, eine neue Tänzerin vor sie hintritt. Sie schaut verspätet hoch. Die Tänzer warten reglos. Allein. Oder auch zu zweit oder dritt. Das Ganze geht ohne Kommentare. Manchmal lächelt sie.

Pina Bausch gibt an diesem Abend noch drei Stichworte: Schwerelos. Regen. Von etwas Kleinem runterspringen oder rauf.

Sie ist bei dieser Arbeit Autorin, Choreographin und Regisseurin zugleich. Ihre Tänzerinnen und Tänzer sind auch Schauspieler und Co-Autoren. Die Arbeit ist Knochenarbeit. Für die Tänzerinnen: jeden Vormittag anderthalb Stunden lang Training, anschließend etwa zwei Stunden Probe; abends etwa vier Stunden lang wieder Probe. Und das vor den Premieren auch an den wenigen freien Tagen. Die meisten sind seit Jahren dabei. Ihre Mimik und Bewegungen sind denen, die die Stücke des »Wuppertaler Tanztheaters« kennen, auf familiäre Weise vertraut.

Von diesem Abend wird Pina Bausch für das Stück, das bei der Premiere den Titel »Ahnen« trägt, genau drei Bewegungsabläufe übrigbehalten: Jean Sasportes jongliert die Kartoffeln. Beatrice Libonati macht, mit dem Rücken quer über einem Stuhl liegend, langsame, schwebende Bewegungen mit Armen und Beinen. Lutz Förster springt mit beiden Beinen auf das Rückgrat der knieend vorgebeugten Finola Cronin. Das Stück geht dreieinhalb Stunden. Die drei kleinen Szenen machen vielleicht fünf Minuten aus.

Vor Pina Bausch lernten SchauspielerInnen Rollen, tanzten TänzerInnen einstudierte Parts. Sicher, schon Ariane Mnouchkine und andere ließen improvisieren, aber immer vor dem Hintergrund einer Vorlage. Bei Pina Bausch gibt es keine Vorlagen mehr, keine Drehbücher, keine Choreographie. Ihr Ausgangsmaterial sind die Menschen selbst. Ihre Sprache sind nicht nur die (kontrollierten) Worte, sondern vor allem die Bewegungen des (unkontrollierten) Körpers.

Gesichter und Körper, die Spuren des gelebten wie ungelebten Lebens tragen. »Irgendwo ist ja alles sichtbar – auch wenn wir uns vielleicht festgehalten haben. Aber das kann man auch sehen, wo was unterdrückt ist. Da gibt es schon Stellen, wo Menschen nicht dran denken, wie sie sich kontrollieren.«

Ihre Vorgehensweise: »Ich versuche, zu fühlen, was ich fühle. Das ist eigentlich ein ganz genaues Wissen, das ich aber sprachlich nicht formulieren kann. Ich versuche, es einzukreisen. Ich stelle Fragen. Hier in der Gruppe. Und ab und zu treffe ich etwas, was mit dem zu tun hat, was ich suche. Das weiß ich dann. Dann krieg ich einen kleinen Zipfel zu fassen. Ich mache noch kein Stück, sondern ich sammle erstmal nur Material. Ich frage selten etwas direkt. Ich frage immer nur um Ecken rum. Denn wenn die Fragen plump sind, können die Antworten auch nur plump sein. Ich merke mir alles. Ungefähr die Hälfte lasse ich nochmal machen. Dabei fällt wieder was weg, manches war eben nur in der Situation gut. Manchmal lege ich den Leuten auch etwas in den Mund, weil ich möchte, daß es von ihnen kommt. Etwas verwerfen fällt mir schwer. Bevor ich das wegschmeiße, begucke ich es von hinten und von vorn, wie einen Pfennig. Am Ende bleiben ungefähr fünf Prozent übrig.«

Und wann beginnt diese Sammlung von Mosaiksteinchen sich zu einem Bild zu formen? »Diesen Prozeß schiebe ich manchmal raus, weil ich Angst habe, konkret zu werden. Und plötzlich gehören dann zwei Dingelchen zusammen. Das kriegt dann eine neue Aussage. Ich weiß ja, irgendwann muß ich anfangen... Ein paar Wochen vor der Premiere...«

Pause. Pina Bausch hat sich einen Hut aufgesetzt. Der schützt sie. Nicht nur vor dem Licht.

Einer ihrer Tänzer, der Holländer Ed Kortlandt, spricht mich an. Er ist seit Anbeginn dabei, seit 13 Jahren. So, wie sie jetzt arbeitet, sagt er, so arbeitet sie seit 1980. Sie sagt während der gesamten Proben nicht ein Wort über ihre Absicht, ihr Konzept. Sie sagt: Ich weiß es selber noch nicht. Früher, erzählt der Tänzer, war ihre Arbeitsweise offener, kollektiver, es wurde stärker improvisiert. Heute ist die ganze Suche auf sie ausgerichtet, wird atmosphärisch und konzeptionell von ihr bestimmt. Es gibt Momente an diesem Abend, da wirkt Bausch, trotz der vielen Menschen, fast autistisch.

Pina Bausch hat etwas mitzuteilen. Sie kann aber noch nicht sagen, was. Sie ist auf der Suche danach. Und diese Suche ist quälend. Für alle. Bis zum Schluß. Es gibt Stücke, die wurden in ihrer Bühnenform erst am Premierenabend selbst zum erstenmal aufgeführt. Bis dahin ging die Suche, das Zögern. Und nicht selten greift Pina Bausch auch nach der Premiere wieder ein, verändert, ergänzt.

Obwohl wir an diesem Abend noch »auf ein Glas« verabredet sind, würde Pina Bausch nach der Probe am liebsten nach Hause gehen. Nicht nur, weil sie müde ist. Auch, weil sie Horror hat. Horror vor dem Befragtwerden. Worte sind ihr fremd. Sie fallen ihr schwer. Sehr schwer. Ihre Körpersprache signalisiert: Ich bin müde, laß mich in Ruh.

Beim Essen im kleinen Kreis ist sie zunächst still und abgewandt. Allmählich wendet sie sich mir zu, dreht Blick und Körper in meine Richtung. Und als jemand von der »Geschichtslosigkeit der Deutschen« spricht, mischt sie sich ein. Zögernd. Scheinbar zusammenhangslos sagt sie: »Ich weiß nicht, ob das was damit zu tun hat, aber: Ich trage immer Hosen...«

Ich verstehe nicht sofort. Aber dann. Natürlich. Geschichtslosigkeit. Geschichtslosigkeit von Frauen. Diese Frau kann nur arbeiten, indem sie die eigene Geschichte, die Geschichte der Weiblichkeit ein ganzes Stück hinter sich läßt und zu dem männlichen Privileg greift, kreativ zu sein. In Hosen.

Pina Bausch selbst würde das wohl so nicht erklären. Sie erklärt überhaupt nichts mit Worten. Sie zeigt es an Menschen.

Die kleine Szene schien mir bezeichnend für ihre Art zu fühlen, zu denken, zu arbeiten. Sie beobachtet, wartet ab und erfaßt, ganz intuitiv, plötzlich den entscheidenden Punkt: Wie ein Adler vom Himmel stürzt sie dann runter und greift sich das Thema: Präzise. Entschlossen. Knapp.

Intellektuelle in aller Welt haben über diese so un-intellektuelle Schöpferin vieles gesagt, so manches ist Geschwafel, einiges ist treffend. So der Satz des französischen Ex-Kultusministers Jack Lang, der behauptete: »Antonin Artaud hätte in ihr die Verkörperung seines Ideals gefunden: eine ungezähmte Energie, die von höheren Kräften bestimmt wird.«

Pina Bausch selbst schreckt vor Worten zurück. Auch vor denen über ihre Arbeit. »Ich kann nicht genau sagen, was ich will. Ich habe ja eigentlich auch ein Anliegen... Aber das sind nicht Worte. Vielleicht findet die ja mal jemand. Aber das habe ich noch nie erlebt. Manchmal bin ich erstaunt, daß das, was ich sage, wohl doch so verschlüsselt ist, denn ich denke: Es ist doch so offensichtlich. So ein Stück hat unheimlich viele Schichten. Wenn man ein Stück mehrmals sieht, tauchen immer neue Gefühle und Gedanken auf. – Gleichzeitig aber sind die Stücke alle abgesteckt, bestimmte Dinge nicht zu denken!«

Und die Kritik? Pina Bausch überlegt lange. »Häufig sind arme Sehgewohnheiten vorhanden. Die Kritiker können nicht gucken. Das Publikum ja. Wie soll man auch gucken, wenn man während des Stückes schon Notizen macht. Eigentlich muß man gucken und was passieren lassen, auch mit sich selbst was passieren lassen, im Kopf und Bauch.«

Das »normale« Publikum tut das. Die Bausch-Inszenierungen in Wuppertal wurden vom Abonnement-Publikum von dem ersten Stück an von »Pfui«-Rufen und »Aufhören, aufhören!« begleitet. Das ist auch jetzt, nach 13 Jahren und auf der Höhe des Weltruhms, nicht viel anders. Dieses Publikum ist zu Recht irritiert und: es erfaßt damit auch die radikale Naivität der Bausch-Inszenierungen: In der »Ahnen«-Premiere kommentierte die Reihe hinter mir das ganze Stück über lautstark, wie im Kasperle-Theater, die burlesken Ereignisse auf der Bühne.

Bausch: Gegenüber der Wirklichkeit ist das ja alles nichts. Da sagt man oft: Das gibt's ja gar nicht, wie die Leute sich in meinen Stücken aufführen, wie die lachen, was die alles tun. Aber wenn man einfach mal guckt, wenn Leute über die Straße gehen – wenn man die über die Bühnen laufen lassen würde, völlig alltäglich, nichts Absurdes, die ganze Reihe einfach mal passieren lassen, ganz einfach – das würde das Publikum ja gar nicht glauben. Das ist ja ganz unglaublich. Dagegen ist das, was wir machen, winzig.«

Über Menschen sagt sie: »Ich liebe Menschen. Ich liebe tatsächlich Menschen. Ich meine: das kann man auch sehen auf der Bühne. Ich liebe jeden einzelnen. Ich gucke den auch gerne an. Ich bin interessiert. Ich versuche, zu verstehen, was in dieser Person für Gefühle sind. Warum sie sich so äußert. In welcher Not sie das tut.«

Zu eng scheint ihr aus der Ferne wohl auch darum das Etikett »Feminismus«.

»Das ist mir im Laufe der Jahre so untergeschoben worden«,

sagt sie ihrem Dramaturgen und Protokollanten Raimund Hoghe (der über sie das Buch »Pina Bausch« veröffentlichte). »Feminismus?« antwortet sie ihm, »da ziehe ich mich immer in mein Schneckenhaus zurück. Vielleicht, weil das so ein Modewort geworden ist. Vielleicht auch, weil man da oft so eine komische Trennung zieht, die ich eigentlich nicht schön finde. Das hört sich manchmal an wie ein Gegeneinander statt Miteinander.«

Nein, schön ist das nicht. Aber »schön« sind ihre Aufführungen auch nicht. Wie sagte Pina Bausch zu mir beim Gespräch über die Gewalt in ihren Stücken? »Es geht nicht um die Gewalt, sondern um das Gegenteil. Ich zeige die Gewalt nicht, damit man sie will, sondern damit sie *nicht* will. Und: ich versuche zu verstehen, was die Ursachen dieser Gewalt sind. Wie beim Blaubart. Oder in ›Kontakthof‹.«

Ich erinnere mich noch zu gut an dieses erste Stück, das ich von ihr sah. »Kontakthof«, 1978. Ich kam damals ganz bedrückt aus dem Theater und fragte mich: Ist es denn so schlimm? Ist es wirklich so schlimm? Ist es wirklich so um Frauen und Männer bestellt…?

Die Bühne: ein exemplarischer Kampfplatz der Geschlechter, Tanzschule und Bordell in einem. Die Konfrontation: schmerzlich für beide, auf der Seite der Männer aber immer geprägt von ihrer sozialen und körperlichen Überlegenheit. Und die Frauen? Sie sind Opfer. Aber sie sind auch Mittäterinnen. Sie biedern sich, selbst nach dem Schrecklichsten, immer noch an. Oder sie erstarren in Verzweiflung. Oder sie geraten in eine alles, auch sie selbst zerstörende Rage.

Dennoch: einen erotischen Blick hat Pina Bausch – scheint mir – vor allem für Frauen. Männer sind bedrohlich, grotesk, traurig, sie sind ernst oder witzig. Frauen können bei ihr all das auch sein. Sie aber sind manchmal noch mehr: sinnlich. Sehr sinnlich.

Und dann ist da die Kleidung. Ihre Männer signalisieren oft Starre, Rolle und Macht in ihren ewig dunkelgrauen Anzügen und schwarzen Halbschuhen. Manchmal vielleicht zunehmend, brechen sie daraus aus. Werden komisch oder werden feminin. Sind Menschen in Abendkleidern und Tüllröcken. Ihre Frauen bewegen sich zwischen zwei Extremen: Da sind die, die in Stöckelschuhen über die Bühne trippeln und sich in ihren Kleidern oft demonstrativ nicht bewegen können, die auch in Situationen der höchsten Not noch hilflos zu verführen suchen. Ihre Aggressionen richten sie oft gegen sich selbst. Das Stigma der Weiblichkeit klebt an ihnen wie Pech. In »Kontakthof« versuchen sie vergeblich, die hinderlichen Stöckelschuhe abzustreifen: die scheinen angewachsen.

Über dieses Stadium hinaus sind die Frauen, die all diese Hüllen und Fesseln abgelegt haben: Ihre einfachen, sachlichen, hautfarbenen Hemden machen sie frei – aber auch verletzlich. Sie wirken nicht weiblich. Sie wirken menschlich.

So ist Pina Bausch angezogen in dem einzigen Stück, in dem sie selbst auf der Bühne steht, in »Café Müller«, entstanden 1978. Die Trauer und Sehnsucht dieses Stückes sind beklemmend. Mit Bausch auf der Bühne (in der alten Fassung des Stückes): ihr Gefährte Rolf Borzik, Dominique Mercy, Meryl Tankard und Malou Airoudo. Mercy rast, gegen sich und die anderen. Borzik versucht, vergeblich, gegen die Zerstörung anzuwirken. Tankard bleibt gefangen in ihrem hilflos-weiblichen, aufgetakelten Part, verschüttet unter einer Lockenperücke und einem Mantel, an den Füßen fesselnde Stöckelschuhe. Airaudo und Bausch bewegen sich barfuß und in Hemden. Alle rennen, im Wortsinn, mit dem Kopf gegen die Wand; sie gehen, wahrhaftig, die Wand hoch.

Die beiden von der Rolle befreiten Frauen, die beiden im Hemd, wagen sich auf Neuland. Ihre Einsamkeit dabei ist groß – so groß, wie sie nur sein kann, wenn man zu zweit ist. Sie riskieren auf ihrer Suche den (seelischen) Tod. Kurz vor Schluß des Stückes streift die weibliche Frau der androgynen Frau ihre Perücke und ihren Mantel über, Bausch macht Tankards Part für einen Moment zu dem ihren.

Am Ende tritt die Tänzerin Bausch vor: die Choreographin Bausch verbeugt sich im Mantel. Zufall? Oder bewußter Schutz vor dem Publikum? »Zufall«, sagt Pina Bausch, wenn sie es in Worten sagen muß.

Warum sie privat keine Kleider, sondern diese sehr praktisch und sehr neutral wirkenden weiten Hosen und gedeckten Pullover trägt? »Das ist keine Absicht. Ich finde Kleider schön. Ich komme mir nur so unheimlich komisch darin vor: wie ein geschmückter Weihnachtsbaum.« Und, ein wenig später: »Wenn ich hier so sitze, bei den Proben, dann ist nur das Notwendige da, um denken zu können. Man stelle sich vor, ich würde hier plötzlich im Make-up reinmarschieren. Das widerspricht sich einfach.«

Am Tag nach den Proben sehen wir uns wieder. Wir sind diesmal vorher verabredet, für ein Gespräch. Die Fahrt nach Wuppertal ist mir vertraut. Ich bin selbst Wuppertalerin. Diese Stadt, in deren Manufakturen der Kapitalismus und der Marxismus geboren wurden (Friedrich Engels ist aus Wuppertal-Barmen), ist meine Heimat. Diese Stadt, die mit all ihren Protestanten und Sekten immer eine Hochburg der Weltverbesserer war. Diese Stadt, von der die Dichterin Else Lasker-Schüler auszog, um der »Prinz von Theben« zu werden; und die Frauenrechtlerin Helene Stöcker, um die »sexuelle Freiheit« zu erkämpfen (beide starben im Exil). Diese Stadt, die von den zu Bausch pilgernden ausländischen Kulturpäpsten kurzerhand zum »Ruhrgebiet« geschlagen und zur »häßlichsten und traurigsten Stadt Deutschlands« erklärt wurde. Diese Stadt ist wohl nicht zufällig der Geburtsort von Pina Bausch, Geburtsort im direkten wie im künstlerischen Sinne.

Pina Bausch kam im Kriegsjahr 1940 in Solingen, einer Kleinstadt bei Wuppertal, zur Welt. Ihre Welt war eng und weit zugleich: Aufgewachsen ist die kleine Pina in der Gaststätte ihrer Eltern, ein Stammlokal für Nachbarn. »Ich bin ziemlich isoliert aufgewachsen. Alle waren immer unheimlich beschäftigt und haben viel arbeiten müssen. Ich habe mich meist im

Lokal aufgehalten, immer mit Menschen. Ich gehe auch heute noch sehr gern in Restaurants. Da kann ich am allerbesten denken: isoliert unter Menschen.«

An so manchem Abend saß Pina in der Gaststube unterm Tisch. So muß ihr Blick damals auf die Stuhlbeine, Hosenbeine und Stöckelschuhe gefallen sein. So, wie es heute unser Blick in ihren Stücken tut.

In der Eingangsszene ihres Films »Molière« zeigt die französische Schwester der Bausch, die Regisseurin Ariane Mnouchkine, den kleinen Molière in seiner Kindheitswelt: auf den Speichern, in den Salons und in den Gassen einer farben- und sinnesprächtigen, bigotten Kleinstadt des 18. Jahrhunderts. So kamen die Bilder in Molière.

Und so kamen die Bilder in Bausch: Pinas Vater war »groß und stattlich, gesellig, gerne fröhlich«, er hatte Schuhgröße 49. Von ihm hat sie die Füße (Schuhgröße 41). »Abends lag ich in meinem Bettchen und betete: Lieber Gott, laß meine Füße nicht mehr wachsen.« Die Mutter war »eher still, zurückgezogen«. Die aus Polen geflüchtete Großmutter trug »Röcke bis auf die Erde«. Sie konnte »so unheimlich gute Reibekuchen machen auf dem Ofen« und nähte für die kleine Pina »Kleider mit Flügelärmeln« (O ja, ich erinnere mich nur zu gut an die Flügelärmel der frühen 50er…), am liebsten in Rot, aus übriggebliebenem Fahnenstoff. »Das war für mich ein Alptraum.«

Pinas Glück: In dem Lokal verkehren auch Leute vom Theater. »Die meinten, ich wäre so gelenkig, sie würden mich gerne mal mitnehmen ins Kinderballett. Meine Schwester war auch da, die ist aber ganz was anderes geworden. Für mich aber war von da an klar, daß ich tanzen wollte.«

»Nur wer liebt, kann so hassen«, hat ein Bausch-Kritiker einmal geschrieben. »Nur wer Ballett als Ausdrucksmöglichkeit, als Lebensform braucht, kann die Mechanik aller Tanzbewegungen, die Qual ewiger Exercisen, den Schrecken hinter dem schönen Schein so bloßstellen wie Pina Bausch.«

Als die Tänzerin Bausch ihr erstes Stück choreographiert,

hat sie »eine unheimliche Scheu«! »Ich wollte keinen Schritt nehmen, den ich kenne. Das wäre für mich wie Stehlen gewesen. Das war furchtbar kompliziert für mich. Ich konnte nicht von hier nach da kommen. Ich fing plötzlich an, Formen im Liegen zu erfinden...«

Schon mit 14 kommt Pina auf die renommierte Essener Folkwang-Schule. Tagtäglich nimmt sie die weite, umständliche Fahrt auf sich, mit 16 zieht sie nach Essen. Auf der Folkwang-Schule mischten sich damals noch alle Disziplinen − Schauspiel, Tanz, Musik, Foto, Malerei usw. Die Arbeit mit Kurt Jooss, der in der Nazizeit emigrieren mußte, erschließt der Solinger Wirtstochter nicht nur den Tanz, sondern auch eine ganze Welt des kritischen Denkens (»Ich liebte seinen Humor und seine Sinnlichkeit: Er aß so gerne«). Es folgen zwei Jahre New York, Modern Dance und Weltstadt (»Es gab so viel zu sehen und zu erleben«). Am liebsten wäre Pina Bausch in New York geblieben, doch da macht Kurt Jooss seine eigene Gruppe und holt sie, nach zwei Jahren, zurück. Die Jooss-Gruppe ist international, sie gastiert in der ganzen Welt. Bausch wird so etwas wie Jooss' rechte Hand und übernimmt bei seiner Pensionierung sehr selbstverständlich die Leitung der Gruppe. »Fast alles, was ich gelernt habe, habe ich von Männern gelernt.«

1971 choreographiert Pina Bausch erstmals am Wuppertaler Opernhaus, das bis dahin eher klassisches Ballett in Tüllröcken gewöhnt gewesen war. Der Wuppertaler Intendant Wüstenhöfer erkennt sofort ihre Begabung. Er bietet Bausch die Leitung des Wuppertaler Balletts an. Vergebens. »Ich wollte nicht. Ich hatte Panik, Angst, daß ich das nicht kann. So viele Leute. Soviel Verantwortung. Ich wollte auch mit der Routine nichts zu tun haben.« Wüstenhöfer läßt nicht locker. Anderthalb Jahre lang. »Bis ich dann gesagt habe: Gut, ich probier's. Aber wenn es nicht gut geht, geh ich wieder weg.«

Ihr erster eigener Beitrag als Wuppertaler Ballettdirektorin ist »Fritz«. »Das war ein kleiner Junge. Aber nur äußerlich. Das hatte wohl am ehesten mit meiner Vergangenheit zu tun.

Es hatte was mit Eltern zu tun und mit einer Großmutter. Aus der Sicht eines Kindes, das seltsame Phantasien hat. Vergrößerungen, wie durch die Lupe geguckt.« Das Geschlechtsrollen-Diktat, seine Zwänge, seine Fragwürdigkeit, die Auflehnung dagegen – gegen Männlichkeit und Weiblichkeit! – das bleibt eines der zentralen Themen der Arbeit von Pina Bausch.

Ab 1977 wird die Verzweiflung und Auseinandersetzung zwischen Frauen und Männern mit Wucht Hauptthema der Stücke. Auf »Blaubart« folgen »Café Müller« und »Kontakthof«, »Renate wandert aus«. Die Kritiker sprechen zum Teil irritiert, ja schockiert von »Emanzipationsstücken«, vom »Kampf«, ja vom »Krieg der Geschlechter« auf der Bühne. Pina Bausch sagt nichts dazu. Sie zeigt ihre Stücke.

In den wenigen Interviews, die sie in ihrem Leben gegeben hat, taucht auf die Frage nach ihrem Motor, nach den Motiven ihres Handelns immer wieder ein Satz auf: Geliebt werden wollen. »Was tun wir nicht alles, um geliebt zu werden.« Das sagt sie auch mir. Und sie wiederholt es später. In Sorge, ich könne es überhören.

Gibt es eigentlich Menschen, mit denen Pina Bausch über ihre Arbeit reden kann? »Nein. Da kann ich mit keinem reden. Über bestimmte Stellen vielleicht, über Einzelheiten... Aber über das Stück... Nein, das kann man nicht.«

Mit Rolf Borzik, ihrem einstigen Lebensgefährten und Bühnenbildner, mußte sie nicht reden. Er verstand ohne Worte. Die beiden lebten und arbeiteten von 1967 bis 1980 zusammen.

»Bei der Bausch«, hat mir einmal ein Freund gesagt, »da hast du den genau umgekehrten Fall: Da investiert ein Mann all seine Kraft in das Werk einer Frau.«

Die Beziehung war fruchtbar. Für beide. Borzik wurde an ihrer Seite zu einem der frappierendsten Bühnenbildner des modernen Theaters. Symbiotisch fühlte er sich ein in die Welt der Pina Bausch, er scherte sich, wie sie, um keine überkommene Regel, ließ die TänzerInnen selbst auf Erde und im knöchelhohen Wasser tanzen. Doch gleichzeitig hat Bausch genau in diesen Jahren (die ja nicht zufällig die 70er waren!) auf der Bühne die verzweifeltsten und heftigsten Aussagen über Frau und Mann gemacht.

1980 starb Rolf Borzik.

Im Jahre 1981 kommt der Sohn von Pina Bausch und Ronald Kay auf die Welt. Er heißt Rolf Salomon. Ronald Kay ist der neue Lebensgefährte von Pina Bausch.

Den Stücken aus den Jahren 1982 und 1984 fehlt die Wut, fehlt die Dringlichkeit, fehlt die existentielle Verzweiflung. Sie sind eher harmonisierend. 1985 dann, so schreibt ein Kritiker, »bricht die neue Eiszeit an«.

In ihrem letzten Stück, in »Ahnen«, allerdings entfaltet Bausch zwar all ihre Komik und all ihre Tragik, wirkt aber zögernd, eigenartig unentschlossen und verschlüsselt. Die mannshohen Kakteen auf der Bühne verstellen viele der simultan passierenden Szenen, die einzelnen Sequenzen bleiben zu oft verloren stehen, finden keinen Anschluß an das Gesamtgeschehen. So sieht das auch ein Teil der Kritik nach der Premiere in Wuppertal.

Ein paar Wochen später in Paris. Das Théâtre de la Ville vibriert vor Erwartung. Ein ganzes Bausch-Festival rauscht vor den Franzosen ab. Sie lieben Heine. Sie lieben Faßbinder und Syberberg. Und sie lieben »la Bausch«. Auch sie ist in ihren Augen so »faszinierend deutsch«, so »absolut und tiefgründig«, ja, sogar »so terroristisch«.

Heute wurde »Kontakthof« gezeigt. Gestern war Pause. Da war die Bausch-Gruppe bei der Mnouchkine-Truppe in der Cartoucherie eingeladen. »Es gab ein wunderbares Essen und zum Nachtisch überbordende Torten, wahre Kunstwerke, auf denen detaillierte Figuren und Szenen aus unseren Stücken in Marzipan, Schokolade oder Früchten nachgebildet waren. Sehr liebevoll. Und sehr schön.« – Leider war das keine Vorstellung.

Nach dem Theater gehen wir, um Mitternacht, noch in der »Coupole« essen. Die ist ein bißchen größer als die Solinger

Gaststätte, aber Pina nicht weniger vertraut. Auf dem Tisch breitet Sohn Rolf Salomon still und vergnügt gleich seine Legosteine aus. Und Ronald Kay, der Intellektuelle, der von weither gekommene, der Deutscher und Chilene ist, entzündet ein Wortfeuerwerk.

Pina hört zu. Müde. Aber gelöst und fröhlich. Wir schwatzen bis zwei Uhr nachts. Und wie sie da so vor mir sitzt, inmitten all des Trubels, fällt mir eine Passage aus ihrem letzten Programmheft ein. Da heißt es:

»In einer Pause, zwischen zwei Fragen, berichtet Pina Bausch einmal von einem taubstummen Freund, der immer mit einer Postkarte in der Vorstellung sitze und am Vibrieren der Karten feststellen könne, wie laut die Musik sei. Auch wenn man irgendwo in einem Lokal war, wo es ganz laut war und man sich nicht verstehen konnte, konnte man mit ihm reden, auch wenn er ganz weit weg saß: Man mußte ihn nur angucken.«

Ja. Man muß sie nur angucken.

Inge Meysel
Schauspielerin

Neulich sahen wir uns wieder. Und obwohl wir uns gegenseitig ver-
sicherten, daß es nicht spät werden durfte, weil jede von uns am nächsten Tag zu tun hatte, wurde es ein Uhr nachts, und Inge Meysel war
mit ihrer Kondition noch lange nicht am Ende... Das Gespräch
erschien im Januar 1987.

Gesehen haben wir uns zum erstenmal im Frühling 1971, in einer Theatergarderobe in West-Berlin. Ich wollte Inge Meysel, die »Mutter der Nation«, dafür gewinnen, das Manifest der 374 Frauen (»Ich habe abgetrieben und fordere das Recht für jede Frau!«) mitzuunterschreiben. Das Manifest erschien. Ohne ihre Unterschrift. Sie hatte es sehr ernsthaft erwogen, aber dann doch im letzten Augenblick gezögert. Die Aktion war ihr »zu heikel«. Verständlich. Sieben Jahre später gab sie mir keinen Korb.

Als, auf die Initiative von Emma hin, zehn Frauen den »stern« verklagten wegen erniedrigender und menschenunwürdiger Titelbilder, war Ingel Meysel dabei. Zwar ließ sie sich beim Prozeß von Henri Nannen charmant die Hand küssen, in der Sache aber blieb sie hart. Es war nicht das erste und wohl auch nicht das letzte Mal, daß Inge Meysel engagiert auf die Barrikaden ging. Daß die zarte Person einen Charakter aus Granit hat, ist bekannt. Daß sie nicht immer einfach ist, ebenfalls – aber warum sollte sie auch.

Für ein Gespräch fahre ich nach Hannover. Zur Einstimmung schaue ich mir im Hannoveraner Stadttheater zusammen mit den festlich gestimmten Abonnenten das Stück an, mit dem »die Meysel« zur Zeit auf Tournee ist: »Teures Glück«, die Geschichte vom verfehlten Leben einer alten Frau, die der kurzen Volksfront und einer noch kürzeren Liebe nachtrauert und nun von ihrer Tochter aus Geldgier aus der eigenen Wohnung raus und ins Altersheim rein bugsiert wird.

Am nächsten Tag bleibt sie im Hotelbett: eine Grippe, die mit Tomatensuppe und Gin bekämpft wird. Genauer: sie residiert im Bett. »Meine Mutter«, erzählt Inge Meysel, »war ein General.« Sie ist auch einer. Zum Umgang mit ihrer Seele gehört ein Samthandschuh, zu dem mit ihrem Dickkopf eine eiserne Faust.

Alice Schwarzer: Sie sind eine sogenannte Halbjüdin. Ihr Vater ist knapp dem KZ entkommen, und Sie selbst hatten Spielverbot und lebten jahrelang im Versteck. Wenn Sie, so wie gestern abend in Hannover, vor überwiegend älterem Abonnement-Publikum spielen – ist Ihnen da nicht manchmal komisch zumute? Ist es nicht makaber, heute urdeutsches Idol und einst die verachtete Nicht-Arierin gewesen zu sein?

Inge Meysel: Sie sind ein Elefant, Alice! Elefanten vergessen nie. Auch nach 40 Jahren nicht. Ich verzeihe keinem, aber nachtragend – nein, das bin ich nicht. Was ich nicht mehr wissen will, radiere ich aus. Das ist meine Stärke. Es kann ein Mensch nicht alles behalten. Und nicht mit allem leben. Ich verkehre mit keinem, der mir damals begegnet ist. Aber ich kann auch nicht jeden heute fragen: Wann sind Sie geboren? Außerdem: Dieses Land ist nicht nur das Land Hitlers. Es ist auch das Land von Trudchen Meineke. Das war die Sekretärin meines Vaters, die ihn zwei Jahre lang versteckt hat. Unter Lebensgefahr.

Schwarzer: Erzählen Sie mir etwas über Ihren Vater.

Meysel: Ich bin eine reine Vatertochter! Mit meiner Madka (die Mutter, Anm. d. Red.) habe ich viele Krachs gehabt. Er aber war immer für uns da. Julius war nie schwach. Er war zu Hause dominant, weil er der Weisere war, der Klügere. Abend für Abend hat er uns im Schlafzimmer vorgelesen. So habe ich Thomas Mann kennengelernt, und Heinrich Mann und Werfel und alle. Er hat einfach den Spaß mehr begriffen. Für sie war Erziehung: Die Kinder haben zu machen, was *ich* will. Für meinen Vater war Erziehung: Laß sie doch machen, was *sie* wollen.

Schwarzer: Wie kommt es, daß Sie Ihre Eltern beim Vornamen genannt haben?

Meysel: Vielleicht, weil sie so jung waren. Mein Vater war 18, als ich auf die Welt kam, meine Mutter war auch 18. Sie war Dänin, das einzige Mädchen unter den neun Kindern vom dänischen Peer Hansen. Und ausgerechnet die schwängerte ein Judenbengel aus Berlin. Daß seine Tochter Margarete mitgemacht hatte, das kam ihm gar nicht in den Sinn. Als dann

Hochzeit gefeiert wurde, kamen die Papiere nicht rechtzeitig. Gefeiert wurde trotzdem. Auf Anordnung von Peer Hansen. So kam ich unehelich zur Welt.

Schwarzer: Wie lebten Ihre Eltern?

Meysel: Sie waren sehr lebenslustig. Sie gingen leidenschaftlich gern ins Theater. Aber auch gern auf die Rennbahn. Ihr Lieblingstraber hieß Jonny Milz. Und so sollte auch ihr Sohn heißen. Als ich nun zur Welt kommen sollte, hatte meine Großmutter Regina, mein Lieblingsmensch überhaupt, schon vorsorglich ein J aufs Porzellan malen lassen.

Schwarzer: Und dann kam Jonny...?

Meysel: Tja, nur eine Kleinigkeit fehlte – la petite différence.

Schwarzer: Haben Sie die uneheliche Geburt als Makel empfunden?

Meysel: Erst als ich mit 10 geimpft wurde, erfuhr ich in der Schule, daß ich unehelich geboren bin. Ich werde das nie vergessen. Meine Lehrerin, Frau Mierendorf, guckte in mein Stammbuch und rief mich auf: Ingeborg Hansen. Und dann sagte ich: Ingeborg Meysel, Hansen ist meine Mutter. Darauf sagte meine Lehrerin: Moment mal... ah ja, da ist es ja umgeschrieben... Mein Vater hatte mich also später adoptiert. – Ich nahm das Buch, rannte nach Hause und sagte zu meiner Mutter (was sie mir nie verziehen hat): Was ist denn das für eine Schweinerei? Ich bin ja unehelich zur Welt gekommen! Darauf erklärte mir meine Mutter, daß ich ein »Kind der Liebe« sei. Später habe ich dann immer zu meinem fünf Jahre jüngeren Bruder gesagt: Merk dir das gut. Du bist nur ein Kind des Urlaubs, aber ich bin ein Kind der Liebe! – Ich hab dann auch gleich alle in der Klasse rasiert. Mit dem Argument: Ihr seid ja alle Normale, ich bin anormal.

Schwarzer: Das haben Sie, glaube ich, beibehalten: aus Schwächen eine Stärke machen...?

Meysel: Ja. Ich habe immer versucht, aus einem Angriff einen Gegenangriff zu machen. Auch heute noch.

Schwarzer: War Ihr Vater ein bewußter Jude?

Meysel: Überhaupt nicht. Der wußte noch nicht einmal, wo die Synagoge stand. Meine Großmutter Regina, die war eine gläubige Jüdin. Eine Gutentag aus Breslau, erstklassige Familie. Die ist mit 16 Jahren mit einem 30 Jahre älteren Mann verheiratet worden, den sie erst bei der Verlobung kennengelernt hat. Als der tot war, hat sie in Berlin eine Blusenfabrik auf die Beine gestellt. Sie müssen sich vorstellen, was das in der damaligen Zeit bedeutet hat! Von ihrem Mann gab es übrigens noch nicht mal ein Foto bei ihr. Das kann also keine sehr tiefe Liebe von meiner Regina gewesen sein. – Zu Regina wurde ich alle acht Tage zum Schlafen gebracht. Mein ganzes Glück war immer bei ihr Matze essen, Matze mit Gänseschmalz. Und, wenn sie sagte: Nein, nicht die milchige Tasse. Sie war nämlich strenggläubig, man durfte die Fleischbrühe und die Milch nicht aus ein und derselben Tasse trinken. Mein Weg ist überhaupt gepflastert gewesen von Frauen. Außer meinem Vater. Der war für mich alles: Vater, Ehemann, Geliebter, Freund. Einfach alles: Ibsen und Strindberg und großes Glück. Ansonsten Frauen. Erstklassige Frauen. Schon in der Schule hatte ich eine Direktorin! Eine Freie Demokratin. Sie hat in der Schule – was damals nicht üblich war – deklamatorischen Unterricht eingeführt. Zweimal in der Woche. Von einem ehemaligen Schauspieler. Aber als ich dann eines Tages zu meinem Vater sagte: Ich will zum Theater, sagte der: Du studierst Jura!

Schwarzer: Sie haben sich dann doch durchgesetzt, sind auf die Schauspielschule von Ilka Grüning, Lieblingsschauspielerin Ihres Vaters und Gefährtin von Lucie Höflich, gegangen. Das war Ende der 20er Jahre in Berlin. War da nicht mächtig was los in der Kultur? Und auch unter den Frauen?

Meysel: Emanzipation im heutigen Sinne ist mir damals nicht begegnet. Sicher, Schauspielerinnen waren Göttinnen. Aber Politikerinnen gab es nicht. Es gab nur eine: Rosa Luxemburg. Darum ist die Luxemburg ja so brutal umgebracht worden – weil sie so ein Fremdkörper war. Aber ich kannte nicht eine Frau in leitender Stellung. Auch der Geschäftsführer in der

Fabrik meiner Großmutter war ein Mann, die Arbeiter waren Frauen. Allerdings: eine meiner Schauspielmitschülerinnen war zum Beispiel Brigitte Horney, Beggi. Beggi hatte eine wundervolle Mutter, eine Psychologin (Anm. d. Autorin: die berühmte Psychoanalytikerin und Freud-Kritikerin Karen Horney). Aber darüber, daß wir eine Direktorin hatten, lachten sich die Jungsschulen tot. Die schwingt vielleicht die Peitsche, die ist schlimmer als jeder Direktor – so hieß es.

Schwarzer: Dennoch kam Inge, noch bevor sie zum Theater kam, zur Politik.

Meysel: Bei uns zu Hause wurden immer drei, vier Zeitungen gelesen. Julius' berühmter Satz war: Man höre nicht eines Mannes Rede, man hör sie reden alle beede. Das hat er auch gemacht, wenn's Krach gab. Dann hat er gesagt: Gretchen, hör mal auf, jetzt wollen wir die Kinder auch mal hören. Dieser Gerechtigkeitssinn ist mir so eingegangen, daß ich mich für Gerechtigkeit umbringen lasse. Darum hasse ich Journaille – nicht Journalisten, für mich ein großer Unterschied.

Schwarzer: Und die Politik?

Meysel: Mein Vater hat immer Busch rezitiert: Ein jeder Jüngling hat einmal den Hang zum Küchenpersonal. Bei mir ist es meine Tochter. – Er war ein Freier Demokrat und litt unter seiner arbeiterseeligen Tochter, die alle ihre Freundinnen im Arbeitermilieu hatte. Auch bei uns im Hause ging ich lieber in die Küche als in unser Eßzimmer in der Beletage. Da war es viel gemütlicher, da wurde diskutiert. Und bei uns kriegte ich immer gleich von meiner Mutter eine Schelle, wenn ich sagte: Du redest ja wieder einen Quatsch, Grete. – Ich war beim Reichsbanner zu Hause, war allerdings bei den freien Jungdemokraten eingetreten, weil ich zu der SPD-Jugend keine Beziehung hatte. Meine Antrittsrede bei den Freien Jungdemokraten habe ich am Reichskanzlerplatz, im Hintersaal eines Cafés gehalten. Gegen die Todesstrafe. Mit Schwert und Flammen! Da war ich fünfzehn. Und so bin ich geblieben. Ich hasse, damals wie heute: Rache.

Schwarzer: Gab es in der Zeit Schwärme, Jugendlieben?

Meysel: Für mich war es gar nicht möglich, meine Jungfernschaft zu verlieren. Denn für mich war klar: Bist du mit einem Mann zusammen, kriegst du ein Kind. Und eines wußte ich: Ich wollte kein Kind haben. Ich konnte es mir nicht leisten, einen dicken Bauch zu bekommen. Ich wollte Theater spielen. Männer waren gestrichen, bis 21, dann ist es doch noch passiert. Aber da hatte ich schon längst eine Liebesbeziehung zu einer Frau. Mit einer Kollegin. Tempi passati.

Schwarzer: Nach der Schauspielschule bei der Grüning ging das ja dann ganz schnell mit den Engagements...

Meysel: Ja, das war wundervoll. Ich bekam meine ersten Kritiken. Ein Kritiker schrieb: Von diesem Mädchen, das sage ich mit erigiertem Zeigefinger (mit erigiertem Zeigefinger!) wird man noch hören. Und ein anderer schrieb: Dieses Mädchen wird Karriere machen – wenn sie sich nicht eines Tages zu sehr gefallen sollte. Ein Satz, an den ich später oft gedacht habe. Damals habe ich vor lauter Stolz und Freude morgens immer quer über die Straße gerufen: Haben Sie schon die Kritik in der Abendzeitung gelesen?! Haben Sie sich schon die BZ gekauft?! Quer über die Straße.

Schwarzer: Das Glück währte nicht lange. Bald kam das Spielverbot für die Halbjüdin Meysel.

Meysel: Also das war ein bißchen anders. Erst feierte ich noch Erfolge im Schauspielhaus Leipzig. Da war Hermine Körner. Die von mir hochverehrte Hermine Körner. Und die sagte nach einem Auftritt von mir: Ganz Claire! Ganz Claire Waldoff! – Da habe ich laut geweint. Denn ich kannte Claire Waldoff nur dick und rothaarig. Na ja, rothaarig war ich ja auch... Ich dachte: Die sehen mich alle falsch. Die sehen meine Seele ja gar nicht, meine zarte Seele! Die sehen gar nicht meine traurige Seite. Ich bin doch so tragisch...

Schwarzer: Haben Sie Neigungen zur Melancholie?

Meysel: Ja. Aber das hat ja jeder Komiker.

Schwarzer: Dann kam 1933.

Meysel: Dann kam 1933. Und ich habe wirklich gesagt: Papa, regt euch nicht auf. Das dauert höchstens sechs, sieben Monate... Am Morgen nach der Machtergreifung, am 1. Februar 1933 wurde in Leipzig Walden abgeholt, ein Schauspielerkollege und Kommunist, von der SA zusammengeschlagen und ins KZ gesteckt. Wir haben ihn nie wiedergesehen. Erst da haben wir begriffen, was los war... Vier Wochen später erklärten Schauspieler und zwei Schauspielerinnen, sie könnten mit der Halbjüding Meysel nicht mehr spielen. 1933. In einem Theater, das einwandfrei demokratisch war. Es ging ja alles so rasant schnell.

Schwarzer: Und was haben Sie da gemacht?

Meysel: Ich ging mit Helmut Rudolph, meinem Lebensgefährten, nach Danzig. In die freie Hansestadt Danzig. Da hatte Hitler noch nichts zu sagen. Aber das Theater war schon der Reichstheaterkammer angeschlossen. Ich kriegte dann Arbeit beim Sender. Als Sprecherin.

Schwarzer: Und die Eltern? Und Großmutter Regina Meysel?

Meysel: Regina war gottseidank schon 1928 gestorben. Und meine Tante Paula ist 1935 auf freiwillige Art gestorben. Wir hatten eine Zyankalikapsel, die mein Vater besorgt hatte. Mein Bruder wurde eingezogen. Ein großer Blonder. Ein richtiger Reklame-Goi (Anm. d. Autorin: Jüdischer Ausdruck für Christen). Erst als er in Frankreich wegen »Tapferkeit vor dem Feind« befördert werden sollte, kriegten die raus, daß er ein »Mischling« war.

Schwarzer: Und wieso haben Sie so rasch Spielverbot bekommen?

Meysel: Weil meine Mutter 1934 das offizielle Gesuch eingereicht hatte, daß ich als »Tochter einer Dänin und Arierin« und »eines Helden aus dem Ersten Weltkrieg, der im Krieg den Arm verloren und das Eiserne Kreuz erster Klasse bekommen hatte«, weiterspielen dürfte. Das war ein schwerer Fehler. Meinem Vater war schon seine Firma »arisiert« worden, so nannte man das. Als ich dann aus Danzig zum Urlaub nach Berlin kam, lag da eine Ladung vor: zur Reichstheaterkammer kommen. Ich bin also hin. Da saß ein junger Mann, der mich kannte. Ich dachte, der wird mir erlauben, weiterzuspielen. Darauf sagte er mir: Tja, eines ist dumm – daß Ihr Vater lebt. Wenn er tot wäre, wäre das einfacher. Darauf habe ich angefangen zu lachen, wirklich, und habe ihm gesagt: Wissen Sie, wir sind eigentlich ganz zufrieden, daß er noch lebt... Ich habe die Sondererlaubnis nicht gekriegt. – Das alles passierte im obersten Stock. Da gab es so ein wundervolles altes Berliner Treppenhaus, so geschwungen, wo man so runtersehen konnte. Als ich aus dem Zimmer kam, da habe ich wirklich einen Augenblick gedacht: Wenn ich hier springe, bin ich allet los. Und dann habe ich gedacht: Und Papa? Ist das jarnischt? Nein: hier wird nicht gesprungen!

Schwarzer: War das nicht auch sehr demütigend für Sie?

Meysel: Demütigend? Nein. Ich war so getroffen, daß ich nur noch die Wut gekriegt habe! Dem Papa wurde dann das Eiserne Kreuz aberkannt. Er durfte seine Bändchen nicht mehr tragen.

Schwarzer: War das ein Grund, warum Inge Meysel 40 Jahre später das Bundesverdienstkreuz abgelehnt hat?

Meysel: Ja. Was so'n Ding wert ist, wenn's drauf ankommt, wußte ich ja: nichts, gar nichts. Außer einer Grabzeile: Träger des Bundesverdienstkreuzes. Und da ich keine Todesanzeige bekomme, sondern als Mutter der Nation in den Himmel einfahre, brauche ich sowas nicht. Schon gar nicht von Herrn Carstens.

Schwarzer: Wie ging das weiter? Gab es damals schon die Zyankalikapsel?

Meysel: Ja. Die hatte ich immer bei mir, im Portemonnaie, das ich am Leib trug. Die Angewohnheit habe ich heute noch. Ich habe immer das Nötigste bei mir, Geld, den Safeschlüssel. Weil ich mir sage: Wenn dir mal was passiert – einen Griff kannst du immer machen. Das ist das Erbe der Nazizeit...

Schwarzer: Inge, immer auf dem Sprung...

Meysel: Ja. Ich hätte mich auch bestimmt schon beim Laufen durchs Rote Meer umgedreht! Ich hätte nachgesehen, wie weit die Welle ist. Und gerufen: Lauft schneller, Freunde! Die Welle kommt!

Schwarzer: Und in Hamburg, wo Sie ab 1936 mit Ihrem Lebensgefährten lebten? Kam da die Welle?

Meysel: In Hamburg war ich Frau Rudolph für die Leute. Spielen durfte ich nicht. Aber nun wenigstens zuschauen. Heimlich, bei den Proben. Dafür war ich so dankbar. Ich habe in der Zeit seine Rollen immer mitgearbeitet. Ich glaube, ich war seine beste Regisseurin. Ich selbst habe immer zu Hause gespielt, für Cognac. Cognac war mein Drahthaar, aber ein echter. Ihm habe ich alles vorgespielt. Wenn ich traurig war, legte er mir seine Schnauze auf die Knie und sagte: Na, so schlimm ist es auch wieder nicht.

Schwarzer: Und was wurde aus den Eltern?

Meysel: Die hausten in einer Wohnung in einem Zimmer, und mein Vater hatte nur halbe Essensrationen, so wollten es die Nürnberger Rassengesetze. Aber mein Vater hatte ungeheuer viele Freunde. Die brachten ihm oft heimlich zu essen. Und zu rauchen. Gaben's ab oder legten was vor die Tür. Es ging also gut. 1941 wurde Vater in Berlin dann von der Straße weg verschleppt. Er kam ans Reichspietschufer, wo die Gestapo saß. Da waren lauter jüdische Menschen, die abtransportiert werden sollten. Na, und da ist ein SS-Mann mit einer Konkorde über ihn gestolpert. Es war der berühmte Heydrich persönlich: Warum fehlt dem Mann da ein Arm? An der Somme liegengeblieben, hat mein Vater ganz automatisch geantwortet, ganz wie zu Hause. Da hat der SS-Mann gesagt: Raus mit dem Kerl. Raus, raus. Vater lief nach Hause und sagte sofort zu meiner Mutter: Hier müssen wir verschwinden. Beim nächsten Angriff auf Berlin ist er mit seinem Dackel zu Fuß bis nach Müggelheim gegangen. Da haben ihn seine Ex-Sekretärin, Trudchen Meineke, und ihr Mann in ihrem Keller versteckt.

Wenn die erwischt worden wären, wären sie gehenkt worden. Alle. Trudchen Meineke. Der Name ist für mich mit Lettern eingeschrieben in die Geschichte der Helden des deutschen Volkes! – Und während mein Vater da im Keller saß, und Berlin brannte im Bombenhagel, hat er sich gesagt: Mehr. Noch mehr! Lieber alle hops gehen, damit der Spuk endlich ein Ende hat.

Schwarzer: Und die Mutter?

Meysel: Die ist zu mir nach Hamburg gekommen, wo ich sie mit durchgebracht habe. Sie hat unangemeldet bei mir gelebt, also ohne Lebensmittelkarten. – Am 8. Mai, dem Tag der Kapitulation, habe ich meine Mutter in den Arm genommen und habe gesagt: Grete, von jetzt ab ist es nicht mehr die Gestapo, die morgens um 6 Uhr klingelt. Von jetzt ab ist es der Milchmann.

Schwarzer: Und die Zyankalikapsel?

Meysel: Die habe ich in die Toilette geschmissen… Mein Julepa hat dann leider nur noch bis 1950 gelebt. Er ist eigentlich daran gestorben, daß das nicht eingetreten ist, was er erhofft hat: eine endgültige Befreiung. Er ist eigentlich nie darüber weggekommen, was draus geworden ist. So hatte er es sich nicht vorgestellt: daß dieselben Leute wie vorher auf den Pöstchen saßen, daß kaum etwas passierte…

Schwarzer: Und wie war das für Sie?

Meysel: Das ist eben meine Kraft. Er ist dran kaputtgegangen. Ich muß bis heute darüber lachen. Das Absurde ist ja auch: Ich bin ja noch nicht einmal eine Jüdin. Wenn ich Regina gewesen wäre, dann hätte das Ganze wenigstens einen Sinn gehabt. Aber ich? Ich sollte ja in der Schule den ersten Preis als evangelische Schülerin bekommen… Das ist das Dilemma von Mischlingen. Daß sie immer sagen können: Ich bin ja gar kein Neger, kein Jude; meine Mutter ist ja Weiße, ja Arierin. Und ich bin so ein Mischling.

Schwarzer: Also hat Inge Meysel nie irgendwo wirklich dazugehört?

Meysel: Genau. Ich stehe daneben. Ich stehe immer daneben. Bei vielen Dingen. Nur nicht beim Theaterspielen. Ich wäre in keinem Lande glücklicher geworden als hier. Nur in einer einzigen Stadt, die ich leider erst vor 15 Jahren zum erstenmal kennengelernt habe: in New York. Das ist keine Stadt, das sind 30 Städte und 30 Menschenrassen. Ich sage Ihnen: Wenn ich in dieser Stadt 30 Jahre jünger gewesen wäre, hätte ich eine Weltkarriere gemacht!

Schwarzer: Na, die deutsche Karriere war und ist ja auch nicht schlecht. Was war eigentlich Ihre bisher liebste Rolle?

Meysel: Meine beste Rolle war die in »Der rote Strumpf«. Die Geschichte einer alten Frau, die durchs Leben verrückt geworden und wieder zum Kind geworden ist. Das ist meine beste Rolle in der Darstellung. Weil ich dort wirklich ein Mensch ohne jegliche Mache sein konnte. Da ist kein falscher Ton.

Schwarzer: Hat die Berühmtheit eigentlich Ihr Leben verändert?

Meysel: Zuerst habe ich es genossen. So wie früher, wenn ich über die Straße rief: Haben Sie schon die BZ gekauft?! Und John Olden, mein Mann, mit dem ich ja 19 Jahre zusammen war, hat es auch genossen. Wenn er zum Beispiel im Restaurant einen Tisch bestellt hatte, und die Leute sagten bei meinem Anblick: Ach, Sie sind's, Frau Meysel! Und führten uns prompt an einen besseren Tisch, dann sagte John: Siehst du, jetzt bist du berühmt. Und wenn ich ihn fragte: Was sagst du eigentlich, wenn der Portier im Theater immer zu dir sagt: Guten Abend, Herr Meysel? Dann weiß ich wenigstens, antwortete er, daß du was bist. Viel schlimmer wäre, er würde sagen: Sagen Sie mal, Herr Olden, zu wem wollen Sie eigentlich? – Er hatte einen wundervollen Humor. Er hatte meinen Ruhm wirklich genossen. Ich gar nicht. Ich habe ihn als selbstverständlich hingenommen. Mir war immer klar, daß ich eines Tages was werde.

Schwarzer: Sie haben mit Ihrem 1965 gestorbenen Mann, dem Regisseur John Olden, ja auch sehr viel gearbeitet.

Meysel: Und ob! Er war auch mein wichtigster Kritiker. Wir haben da immer so einen Schnack gehabt: So wie man rauf kommt, kommt man runter. Auch wenn es kein Stück von ihm war, kam er auf die Hauptprobe und sagte dann abends zu mir: Das darf doch nicht wahr sein, was du da machst! Nicht so gefühlsbetont. Das Ganze kannste schneller spielen. Mach'n Strich, Inge, mach'n Strich.

Schwarzer: Und mit wem redet Inge jetzt über ihre Arbeit?

Meysel: Mit ihm! Ich guck nach oben und frage: War's gut so?

Schwarzer: Na, da kann Inge aber ganz schön projizieren... Wie ist es überhaupt mit den Freunden? Und den Freundinnen?

Meysel: Meine Freunde sind überwiegend homosexuelle Männer. Weil sie empfindsamer sind und sensibler. Mit richtigen Männern habe ich ständig Streit.

Schwarzer: Und mit Frauen?

Meysel: Mein Verhältnis zu Frauen ist weniger gelassen. Bei Frauen, die mir mißfallen, werde ich wütend und böse. Bei Männern ist das anders. Wenn mir da jemand mißfällt, sage ich einfach: Das hat doch keinen Zweck mit uns.

Schwarzer: Und welche Art von Frauen mögen Sie?

Meysel: Frauen, die Frauen bleiben – auch, wenn sie Feministinnen sind. Die, die nicht männlicher sein wollen als die Männer. Dieser Männlichkeitswahn bei Frauen, den mag ich nicht. Diese männlichen Frauen, die haben schon so einen Ton, so einen fordernden Ton. Die gehen sofort in medias res, die dulden gar kein Vorspiel mehr. Das sind die, die sicher auch mit Männern wundervoll umgehen können. Weil sie nämlich den männlichen Ton anschlagen. Warum nur? Das schönste an Frauen ist ihr Charme, ist ihre Einfühlsamkeit: auf einen Menschen eingehen, aber das Ziel nicht aus den Augen verlieren. Sie, Alice, haben so etwas an sich, wenn Sie so alle Viertelstunde zu mir sagen: Na schön, aber nun kommen wir mal wieder zur Sache...

Schwarzer: Aber diese Art von Weiblichkeit können sich

natürlich nur Frauen erlauben, die gleichzeitig männlich sind, durchsetzungsfähig.

Meysel: Ja. Sonst wird nichts aus ihnen.

Schwarzer: Was schätzen Sie an Menschen? Und was nicht?

Meysel: Als erstes Mutterwitz. Als zweites absolute Toleranz. Und als drittes: Zivilcourage.

Schwarzer: Und an sich selbst?

Meysel: Meinen Jähzorn. Meine Intoleranz. Und, aber auch: meine Zivilcourage. Was auch geschieht: Mein letztes Wort würde immer ein mutiges Wort sein. Und wenn ich darüber kaputtgehen würde.

Schwarzer: Haben Sie sich das damals auch gesagt, als Sie 1966 in Berlin den alternden lesbischen Fernsehstar »Sister George« spielten und dafür in Grund und Boden verrissen wurden? Die »Berliner Morgenpost« schrieb über die »hemmungslose Expansion ihrer Mittel«. Und alle waren sich einig, es sei ein Skandal. – Oder haben Sie wirklich so schlecht gespielt?

Meysel: Ich habe glänzend gespielt!

Schwarzer: Und warum der Mißerfolg?

Meysel: Weil es keiner wissen wollte. Keiner wollte von der Meysel wissen, wie einer Lesbierin im Abstieg zumute ist und welche männliche Wut sie bekommen kann. Diese Sister George ist ja ein alternder TV-Star, sie verliert ihre jüngere Freundin, trinkt, es geht bergab. Zum Schluß bietet man ihr die Rolle einer Kuh auf der Weide an.

Schwarzer: Sie haben jüngst für den »stern« bei der Ausstellung »Eva und die Zukunft« vor einem Bild als Ihrem Lieblingsmotiv posiert, das zwei überdimensionale, nackte Frauen wollüstig beim Liebesspiel zeigt.

Meysel: Auf dieser Ausstellung sah ich zuerst so ein Ostbild von einer Arbeiterin mit einer Fahne. Irgendwo ein Streik bei den Webern oder so. Sie geht mit der Fahne voran. Und ihr folgen lauter Männer. Da habe ich gesagt: Das könnte ich sein. Aber das Bild ist dann leider nicht genommen worden… Und dann kam ich zu dem besagten Bild von Gustave Courbet. Da habe ich gesagt: Da ist alles drin, was man sich wünschen kann: Liebe, Zuneigung, Sich-Vergessen, Eintauchen. Und in allem ist jede Frau drin, auch ich. – Da hat die Redakteurin geantwortet: Ist das nicht ein lesbisches Bild? Und da habe ich gesagt: Meine Liebe, Sie verstehn nichts – das ist ein Liebesbild! Das ist ein Liebesakt. Und der könnte zwischen jedem stattfinden. Ganz egal, ob Mann und Frau oder Mann und Mann oder Frau und Frau.

Schwarzer: Ihr Kommentar im »stern« zu dem Bild lautete: »Die Liebe zwischen Frauen ist eine Zukunft.« – Was meinten Sie damit?

Meysel: Ich glaube, daß sehr viele Frauen zuerst aus Enttäuschung durch Männer zu Lesbierinnen werden – dann aber sehr oft merken, daß ihr Zärtlichkeitsbedürfnis durch eine Frau besser ausgefüllt wird. Also, ich glaube, daß viele Frauen, die nicht verbittert werden wollen und sich das Gefühl für die Breite bewahren wollen, dann bewußt lesbisch werden.

Schwarzer: Es gibt ja verschiedene Arten für die Männer, mit starken Frauen fertigzuwerden.

Meysel: Moment mal, es gibt auch verschiedene Arten von Frauen, mit Frauen fertigzuwerden.

Schwarzer: Wie wahr ... Sie zum Beispiel sind umbarmherzig von Männern und Frauen auf das Klischee der »Mutter der Nation« festgelegt worden. Schließt dieses Klischee Erotik aus?

Meysel: Das zu sagen, ist Ihrer nicht würdig! Dreiviertel der Männer in der ganzen Welt nennen nach drei, vier Jahren der Liebesseeligkeit ihre Frauen Mutti. Das reizt sie, weil sie doppelt schlafen: mit der Geliebten und der Mutter.

Schwarzer: Also keine kränkende Einengung?

Meysel: Doch. Die Einengung der Journaille. Denn die Einengung aufs Klischee geschieht eigentlich nie vom Publikum her, sondern immer nur von der Kritik. Wenn man nur mal einen warmen Ton anschlägt, oder einen verzweifelten, oder einen gütigen, oder auch einen bösen, dann verbreitet die Kritik sofort das Schlagwort: Mutter der Nation. – Dabei bin ich doch überhaupt kein mütterlicher Typ. Ich bin aggressiv, ich bin jähzornig, ich gehe für jedes Unrecht auf die Palme (und komme da schwer wieder runter), ich bin politisch eine links-orientierte Person, also überhaupt eine kämpferische Natur.

Schwarzer: Womit hat das Schlagwort von der Mutter der Nation eigentlich angefangen? Mit den »Unverbesserlichen«?

Meysel: Viel früher. Mit dem »Fenster im Flur« im Hebbel-Theater. Da hat der Luft eine Hymne geschrieben. Und der Karsch. Und Ritter. Hymnen. »Das ist nicht eine Mutter, sie hat alle Mütter gespielt.« – Das hat zunächst keiner begriffen, der mich kannte. Bis dahin hatte ich immer nur Salondamen oder Charakterrollen gespielt...

Schwarzer: Inge, Sie sind heute berühmt und alt. Ich glaube...

Meysel: Sie sind wohl verrückt! Ich bin doch nicht alt!

Schwarzer: Darf ich mal zu Ende reden? Sie sind berühmt und alt – und beides ist man immer nur in den Augen der anderen.

Meysel: Sehr richtig. Sehr gut.

Schwarzer: Das ist nicht von mir. Das hat Sartre mir mal gesagt.

Meysel: Muß ich mir merken. Ein kluger Mann. Ich vergesse manchmal wirklich mein Alter. Ich nehm's gar nicht zur Kennt-nis, um ehrlich zu sein. Aber oft, sehr oft guck ich in den Spie-gel. Und ich habe sehr viele Spiegel in meinem Haus. Und diese Spiegel bringen mich zur Raison. Ich guck immer wieder rein und sage: Na, Frau Meysel, so jung sind se auch nicht mehr.

Schwarzer: Als wir den Termin gemacht haben, war das gar nicht so einfach. Erst mußten Sie drehen, in Berlin und London. Dann fuhren Sie nach China. Dann ging's auf Theater-Tour-nee. Wie sind die Zukunftspläne von Inge Meysel?

Meysel: Zukunft? Wenn ich 80 werde, spiele ich noch einmal meine liebste Theaterrolle: Die 80jährige Maud in »Harold und Maude«. Denn sie wie ich, wir haben eines gemeinsam: Wir sind beide Rebellen. – Dafür gibt's leider kein schönes weibliches Wort...

Romy Schneider
Schauspielerin

Sie starb am 29. Mai 1982, mit 43 Jahren, an
»Herzversagen«. Wir hatten uns sechs Jahre zuvor
in Berlin kennengelernt. Ein paar Wochen später
trafen wir uns erneut in Köln. Beide Begegnungen
waren turbulent. Romy schien permanent aus dem
vollen zu leben. An dem Abend in Berlin besorgte
sie noch nach einem langen Drehtag einen Arm-
voll Champagnerflaschen und trank und diskutierte
mit mir die Nacht durch, bis zum frühen Morgen.
Auch in Köln, der Stadt, die sie so quälend an
die spießigen 50er Jahre, den Wirtschaftswunder-
Stiefvater Blatzheim und die gehaßte Mutter
erinnerte, wurde es eine lange Nacht. Das Porträt
erschien in der allerersten Ausgabe von Emma,
im Februar 1977.

Eigentlich sollte es ein richtiges Interview werden. Romy Schneider über ihre Rollen, ihr Image, ihr Leben. Romy, der Bundesdeutschen liebste Verkörperung aller Frauenklischees in einer Person: Mit 15 die Jungfrau von Geiselgasteig. Mit 21 die »Hure« in Paris. Mit 28 die reuige Ehefrau und Mutter in Hamburg. Und heute der französischsprachige Weltstar mit Allüren und einem neun Jahre jüngeren Mann...

Denn es ist sicherlich nicht übertrieben zu sagen, daß sich am Verhältnis Deutschlands zu Romy die deutsche Einstellung zu Frauen überhaupt ablesen läßt. Sie, die in Paris »Romy la Grande« (Elle) und »die größte Schauspielerin Europas« (Nouvel Observateur) ist, ist in Berlin die verlorene Tochter, die in einer Art Haß-Liebe längst zu Freiwild erklärt wurde.

Da publiziert die »Bunte« die Intimplaudereien eines ehemaligen Romy-»Freundes«. Mit Teleobjektiven geschossene Nacktfotos aus Romys Urlaub werden millionenfach gedruckt. – Denn Romy Schneider, 38 Jahre alt, Schauspielerin, zum zweitenmal verheiratet und Mutter eines Kindes, muß herhalten für so vieles: für die Situation der Frauen überhaupt, für die der Schauspielerinnen im besonderen, für die der Karrierefrau und, mehr noch, für die des Stars.

Über all das wollte ich mit Romy reden. Ich traf eine Frau, die mehr Fragen hat als Antworten; die in einer Phase ihres Lebens ist, in der sie das, was war und ist, in Frage stellt, aber noch nicht weiß, was sein wird.

Am ersten Abend hatten wir uns eigentlich nur getroffen, um uns mal kennenzulernen. Sie wollte sehen, ob sie »überhaupt mit mir kann«. Wir waren zusammen essen, gemeinsam mit ihrer Freundin Christiane. Und plötzlich, nachts um eins, war Romy entschlossen: sie wollte mit mir reden. Jetzt. Sofort. Ganz schnell wurde mir klar, daß ich mit ihr nur eine Wahl hatte: Entweder ein formelles Interview, so eins, wie sie sie schon zu Hunderten geführt hat, und die sie zu recht aggressiv und arrogant machen vor Angst und Mißtrauen. Oder aber ein Gespräch, indem sie ein wenig Vertrauen faßt, und in dem ich nicht mehr Schreiberin bin, sondern ein Mensch, der ihr einfach zuhört, ohne zu fragen.

Wir haben viele, viele Stunden miteinander geredet – aber interviewt habe ich Romy nicht. Das war einfach nicht möglich. Und ich muß gestehen, daß mich noch nie in meinen zwölf Jahren als Journalistin ein Gegenüber so hilflos gemacht hat...

Was für ein entwaffnendes Nebeneinander von Dominanz und Demut, von Intelligenz und Irrationalität. Sie ist eine Frau, die Karriere gemacht hat, ist berühmt, tüchtig und reich, und träumt von der großen Liebe, einem Menschen fürs Leben, dem zweiten Kind und selbstgestrickten Pullovern. Eins schließt das andere aus. Heute. Aber sie will beides.

Wir treffen uns zweimal. Einmal nach den Dreharbeiten vom »Gruppenbild« in Berlin. Wenig später ein zweites Mal nach einem Gespräch mit Heinrich Böll in Köln. Beide Male macht sie mich sprachlos. Sie ist einer der absolutesten Menschen, denen ich je begegnet bin. Hier! Heute! Jetzt! Sofort! Alles! Oder nichts...

Sie hat die Radikalität eines Kindes. Sie ist nicht räsonabel, sie hat sich nicht »zur Räson bringen« lassen. Das mag ich an ihr. Sie ist keine Vernünftige, keine Angepaßte – und sie hat sich trotzdem durchgesetzt! Hat es ihnen allen gezeigt. Ist von der Kitsch-Sissi zur Charakter-Schauspielerin geworden, vom Töchterchen aus dem Kölsch-Berchtesgadener Bürgermief zu einer Frau mit unbequemer Sensibilität und kreativer Intelligenz.

Schon einmal habe ich sie so kennengelernt. Aus der Ferne. Das war 1970. Damals hat sie den Appell »Ich habe abgetrieben« und »Wir fordern die Abschaffung des § 218!« mitunterschrieben. Da hat ihr niemand was erklären müssen. Da brauchte man sie nicht zu überzeugen. Postwendend kam der Brief mit der Unterschrift zurück. Dazu ein Gruß und der Satz: »Da bin ich ganz und gar dafür!!!« Dreimal unterstrichen. Drei Ausrufungszeichen.

Mut hat sie. Selbst von Alain Delon, der den eiskalten Typen nicht nur im Film spielt, hat sie sich letztlich nicht einschüchtern lassen. Im Streit mit ihm hat sie einmal seinen Schrank aus dem Fenster gekippt... Ich glaube ihr das aufs Wort.

Auch in Hollywood hat sie nicht klein beigegeben (»Ich wollt kein Palatschinken werden«). Als Mutter Magda mit ihr im Walt-Disney-Studio vorsprach (»Die haben aus mir eine amerikanische Sissi machen wollen, haben mich angezogen wie ein bayrisches Weiberl mit Zöpferln«), da hat sie das »Jakkerl« einfach wieder ausgezogen und ist gegangen.

Im Rückblick sagt sie nicht ohne Zorn: »Um die Schauspielerin zu werden, die ich heute bin, hab ich durch die größte Scheiße waten müssen!«

Emanzipation? »Klar«, sagt sie. »Nur hab ich das erst spät begriffen.« Und: »Aber ich bin nicht in der Frauenbewegung. Ich mag die Bewegung nicht.« Gleichzeitig bewundert sie aktive Frauen. Zur mir sagt sie: »Wir zwei haben viel gemeinsam: Nicht nur unser Leben in Frankreich. Wir sind auch die beiden meistbeschimpften Frauen Deutschlands!«

Sie verdrängt, aber sie resigniert nicht. Sie ist sicherlich oft schwach und verzweifelt, aber sie kämpft. Sie hat Alain Delon überlebt (»Ich wollte einfach nicht länger leiden«) und auch Harry Meyen. Wenn auch nur knapp. In der Sylvesternacht, in der sie endgültig ging, ist sie schnurstracks in eine Fußklinik gegangen und hat da eine längst fällige Fußoperation machen lassen. »Und dann bin ich davongerannt.«

Nicht, ohne Meyen mit 1,4 Millionen DM – der »eheliche Zugewinn«, von ihr verdient – abzufinden. Gezahlt hat sie schon oft für ihre Männer – wie so viele »Karrierefrauen«, die den Preis für ihre Tüchtigkeit, die von Männern als kastrierend empfunden wird, in barer Münze zahlen müssen.

Aus der Meyen-Zeit gibt es Fotos, wo sie mit ihm auf dem häuslichen Sofa posiert: sie mit demütig bewunderndem Blick, er in stolzer Hausherrn-Pose. Sie gehört zu denen, die sich erst kleiner machen müssen, bevor sie hochgucken können... Sie hat es nicht lange durchgehalten.

Mir scheint, daß sie mit ihrer Demut oft bewußt oder unbewußt eigene Züge kaschiert, die ihr selbst unheimlich sind und deren Verurteilung als »unweiblich« sie fürchten muß: ihr Talent, ihren Ehrgeiz, ihren Stolz und ihre Aggressivität.

Meyen, bekannt vor allem als Ehemann des Stars, pflegte Romy einen Mangel an Bildung und Intelligenz vorzuwerfen. »Du liest ja noch nicht mal die Abendzeitung.« – Romy heute: »Er hielt sich für Professor Higgins, nur bin ich keine Fair Lady.«

Ich vermute, Männer haben immer versucht, sie zu erniedrigen, weil sie Angst vor ihrer Stärke haben müssen. Auch Meyen schlug zielsicher in eine klaffende Wunde. Romy hat – wie so viele Frauen – mörderische Komplexe. Sie hält leicht, allzu leicht, die anderen für schlauer. Wen nimmt's Wunder? Gehört sie doch gleich dreifach zu der Kategorie Mensch, der unablässig eingehämmert wird, sie sei ja eh dumm, weil nämlich schön, Frau, Schauspielerin und Star – kann doch nur dämlich sein, oder?

Sie findet sich auch nicht besonders schön, sagt sie, halb kokettierend, halb ernst. »Ich bin fotogen. Das ist alles. Knie hab ich wie Beckenbauer.« Dennoch weiß sie, daß sie etwas kann und jemand ist. Nur wer und was? Ihr mit disziplinierter Leidenschaft erarbeitetes Talent unterscheidet sie von den meisten ihrer Kolleginnen und Kollegen. Es erklärt sich unter anderem ganz sicherlich daraus, daß Romy in einer ganzen Tradition steht: Tradition von Schauspielerin und Tradition von starken Frauen. Die Mutter war Schauspielerin, die Großmutter und die Urgroßmutter war es auch. Jüngst feierte die Großmutter, einst Burgschauspielerin, in Wien ihren hundertsten Geburtstag.

In diesen Stunden, die ich mit Romy verbringe, spüre ich etwas von dieser durch Generationen gestählten Zähigkeit. Sie kann eine Nacht durchreden, kaum eine Stunde schlafen und am nächsten Tag die Böllsche Leni spielend sein.

Das Filmstudio ist ihr Terrain. Gleichzeitig aber ist sie fremd dort, wie auf der Flucht. Nach 24 Jahren Showgeschäft hat Romy Angst vor Menschen. Angst vor Maschinen. »La machine« – so nennt sie die Kamera ebenso wie mein Tonband. »Mach die Maschine aus!«

Wenn sie will, denkt sie nach; wenn nicht, verdrängt sie. Ihre Motive für das zweite Kind? Ihr Verhältnis zu Männern? Ihr Auftritt in der Talkshow, wo ihre schmerzlich-sichtbare Verletzlichkeit so schlagartig schwand, als sie an der Seite des röhrenden Supermanns Driest flugs in die ihr so glatt-vertraute Rolle der femme fatale schlüpfen konnte? Nein, sie mag nicht darüber nachdenken. Beängstigendes wird nur in kleinen, verkraftbaren Dosen eingestanden. Sich selbst und anderen. Ich kann das gut verstehen.

»Aber ich habe auch viel Kraft. Und ich bin es leid, zu lügen! Je veux enfin me trouver moi-même!« (Ich will endlich zu mir selbst finden.) – Sie hat fast die ganze Zeit französisch mit mir gesprochen. Mir war es leicht und vertraut, weil ich lange in Frankreich gelebt habe. Und Romy? Warum? »Weil alles Deutsche mir weh tut! Mir ist in diesem Land zuviel angetan worden! Ich bin jetzt Französin. Das ist meine Muttersprache.« Sie sagt es heftig und sehr, sehr verletzt. Nichts in unserem Gespräch hat sie so getroffen, wie meine Frage nach ihrem Verhältnis zu Deutschland. Und dabei ist sie für mich, die ich so lange Zeit in Paris war, gleichzeitig so rührend deutsch! Deutsch in ihrer Absolutheit, ihrem permanenten Widerspruch und ihrer quälenden Verweigerung der einfachen Lösung.

Nach der Leni, ihrem 50. Film!, will sie nie mehr in Deutschland drehen. Sagt sie heute. Sie will für eine Zeitlang überhaupt nicht mehr spielen, will ein Jahr pausieren.

»Ich bin müde. Die Batterie ist leer. Ich brauche eine Pause, will zu mir kommen. Das ist der Grund, warum ich jetzt ein Jahr aussetze. Und das Kind.« – Romy Schneider will ein zweites Kind. Über den ersten, gescheiterten Versuch, eine Fehlgeburt, hielt uns die Boulevardpresse voll auf dem laufenden. Dieses Kind will sie nicht allein, sondern zusammen mit ihrem

Mann, Daniel Biasini, der sie – davon ist sie überzeugt – versteht und liebt. »Ich bin«, sagt sie nicht ohne Selbstironie, »ein bißchen wie Elisabeth Taylor: die heiratet auch immer gleich die Männer, die sie liebt und will ein Kind von ihnen.«

Doch bewundern tut sie die Taylor nicht. Ihre Achtung, ihr Respekt und ihre Zuneigung gehören einem ganz entgegengesetzten Frauentyp, gehören Simone Signoret. (»Ich glaube, Simone hat nie wirklich begriffen, wie sehr ich sie verehre.«) Simone Signoret ist in Frankreich eine der ganz wenigen Filmschauspielerinnen, die mit dem Ende ihrer Jugend und Schönheit nicht auch am Ende war. Die engagierte Linke hat sich nie gescheut, auch für unpopuläre politische Ideen einzutreten.

Eines weiß ich beim Abschied von Romy noch gewisser als vorher: wie unerträglich es ist, in ein Bild, ein Klischee gepreßt zu werden. Es imponiert mir an Romy, daß sie so daran leidet und sich so dagegen wehrt. Nicht alle wehren sich. Viele stumpfen ab, werden so reduziert wie ihre Schablone.

Und noch eines ist mir an diesem Abend besonders klar: wie beschämend es sein kann, zum Berufsstand der Journalisten zu gehören.

Erika Pluhar
Schauspielerin

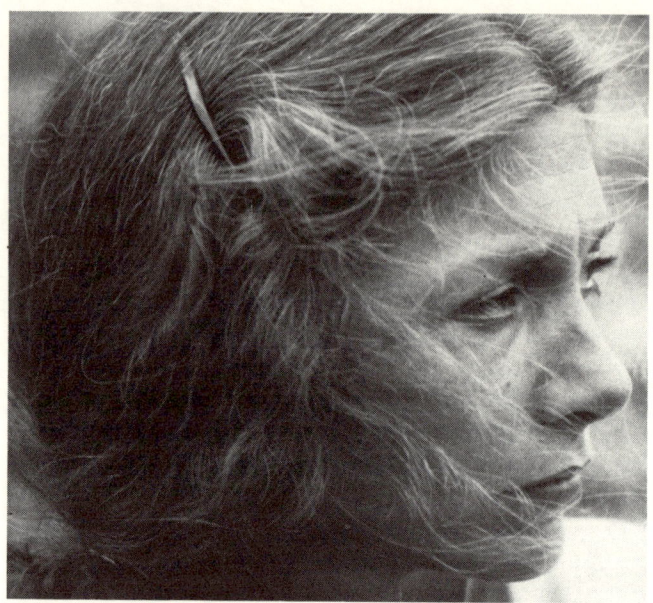

Ich habe Erika Pluhar nur dreimal in meinem Leben gesehen. Jedesmal in Wien. Einmal für das Interview, einige Monate später zusammen mit einer Freundin zu einer Tasse Kaffee im Sacher, und später noch einmal en passant nach einer Aufführung von Musils »Schwärmer«. Das wenige, was ich von der Schauspielerin verstanden habe, habe ich aufgeschrieben. Das Porträt erschien im Dezember 1980.

»In bezug auf Schauspielerinnen ist die Frauenbewegung keinen Deut besser, als all diese Chauvinisten. Sie nimmt uns nicht ernst. Wird über Filme geredet, über Stücke, dann ist auch für sie das Wichtigste immer der Regisseur, die Regisseurin. Schauspielerinnen? Das sind Marionetten, das ist das Wachs in den Händen der Kreativen. Und Schauspielerinnen, die dann auch noch dem Schönheitsideal entsprechen? Na, die sind auch in den Augen von Feministinnen allemal auch stockdumm...« Das sagte mir 1975 Delphine Seyrig, die französische Schauspielerin. Nicht ohne Resignation.

Delphine Seyrig war es auch, die mit der Videokamera in der Hand ein Dutzend ihrer Kolleginnen in den USA und in Frankreich befragte zum Schauspielerin und Frau-Sein in dieser Gesellschaft. Welchen Beruf sie sich erträumt hätten, wären sie als Jungen auf die Welt gekommen, fragte sie unter anderem die Stars. Und siehe da, da war nicht eine, die geantwortet hätte: Schauspielerin. Maria Schneider zum Beispiel schüttelte sich schier bei dem Gedanken, sie wäre auch als Mann Schauspieler geworden. Als Mann? Als Mann wäre ich zur See gefahren!«

Bleibt die Frage, warum sie als Frauen zum Film gingen: Eine der Antworten: Weil die Schauspielerei zu den ganz wenigen Berufen gehört, die auch einer Frau in Ausnahmefällen Glanz und Gloria ermöglichen! In der Welt der Filmstars ist auch dem weiblichen Menschen der Griff nach den Sternen erlaubt – das heißt, zumindest der Versuch, denn schaffen tun es ja dann doch nur ganz wenige. Ein Beruf mit der zwar relativen aber dennoch vorhandenen Möglichkeit einer Männerkarriere für Frauen also.

Gleichzeitig aber ist die Schauspielerin die exemplarische Inkarnation dessen, wozu man uns Frauen privat verpflichtet: sie hat unerreichbar zu sein und benutzbar in einem, Heilige und Hure. – Grund genug, so scheint mir, sich diesen Beruf und einige der Frauen, die ihn ausüben, genauer anzusehen. Vor allem diejenigen, die sich trotzalledem in dieser Situation auch ein Bewußtsein als Frauen erlauben.

So Erika Pluhar. Von welchem Beruf hätte *sie* als Junge geträumt? Sie antwortet zögernd, zunächst, dann bestimmt: »Das habe ich mir noch nie überlegt... Aber ich glaube, ich hätte geschrieben, wenn ich ein Bub gewesen wäre. Ja, zumindest hätte ich mich getraut, das in Erwägung zu ziehen. Aber so... so kam das für mich gar nicht erst in Frage.«

Erika Pluhar. Berühmt geworden als femme fatale, erstmals in Käutners »Bel ami«. Filmstar, Burgschauspielerin, Chansonière. In Österreich seit langem nicht mehr Erika Pluhar, sondern *die* Pluhar. – Als wir sie 1978 baten, bei der »stern«-Klage gegen sexistische Titelbilder mitzumachen, wußten wir ehrlich gesagt eigentlich recht wenig von ihr. Daß sie nicht nur schön ist, sondern auch talentiert; daß sie sich ab und an öffentlich engagiert, gegen Kernkraft zum Beispiel; daß die Zwischentöne immer vernehmbarer werden.

Als ich dann 1978 wegen der »stern«-Klage anrief, antwortete sie ohne Zögern: »Ja! Selbstverständlich mache ich mit!« Gefragt, was damals ihr Motiv war, sagt sie heute: »Bei diesen Fragen halte ich mich selbst einfach für einen exemplarischen Fall. Ich brauche auf nichts anderes zurückzugreifen als auf das Erfahrene. Außerdem: über den »stern« geärgert hatte ich mich schon die längste Zeit. Also kam das wie gerufen. Endlich! Doch dann wurde ich natürlich rundum in einen Dialog verwickelt. Ich war gezwungen, viel darüber zu reden, und mußte darum auch viel für mich darüber nachdenken.«

Die Presse stürzte sich auf sie. Was, ausgerechnet sie...?! Erika Pluhar ließ sich nicht einschüchtern. »Das geht mich was an!« antwortete sie dem »Wiener Kurier«: »Ich bin jetzt bald vierzig und ich hab den Weg hinter mir, den man als Frau in diesem Alter hinter sich hat. Ich hab mich genauso diktieren und herumschubsen lassen. Ich hab mir die Haare gefärbt und mich bemüht, möglichst irgendeiner Vorstellung zu entsprechen.«

Ihr Weg: Die Männer fanden sie aufregend, sie selbst fand sich zum Kotzen. Aus genau der Zeit waren auch die Fotos, die Henri Nannen beim Titelbild-Prozeß triumphierend dem Hamburger Gericht plakatgroß präsentierte. Die Pluhar posierend. In Hotpants, blond und sexy. »Die Anna hat damals schon immer gesagt: Schiech siehst du aus. Einfach schieach!« Anna, das ist Erikas Tochter aus erster Ehe.

Das sind die Fotos, auf denen die Augen der Erika Pluhar wie taub sind und schwer von Tränen. »Komischerweise wurde ich ausgerechnet in dieser Zeit *die* femme fatale – das ist für mich eine makabre Ironie des Lebens.«

Das waren die Jahre ihrer beiden Ehen. Die Jahre, in denen sie als so unerhört erotisch galt, aber über die sie in bezug auf ihre eigene Erotik heute sagt: »Frigide würde ich es nicht nennen, weil ich doch manchmal in eine große, schöne Erregung geraten bin. Aber das, was die Männer dann getan haben... Die meinten, wenn sie mit ihrem Ding daherkommen und es einem hineinrammen, muß man als Frau kreischen vor Freude, und es wirbelt einen sechsmal herum, ganz à la Herny Miller... Genau das habe ich auch selbst von mir erwartet, und das konnte natürlich nicht passieren. Erst seit ich begonnen habe, mein Leben in die Hand zu nehmen, habe ich auch das im Griff. Und ich bin sehr froh darum, denn ich meine, das ist wichtig. Es ist schlimm, wenn man, wie zum Beispiel meine Mutter, ein Leben lang der Sexualität nichts, aber auch nichts, für sich selbst abgewinnen kann. Sexualität war früher für mich ein quälendes Gerangel, heute ist sie etwas Erholsames.«

Ihr erster Ehemann war der Bildhauer Udo Proksch. »Von dem hab ich mir lauter Sachen erklären lassen, die ich sowieso besser wußte.« Das scheint er gemerkt zu haben, denn: »Er hat auch geprügelt. Immer, wenn er betrunken war. Und dann hat er furchtbar geweint. Ich kam oft so blaugeschlagen ins Theater, daß viele gedacht haben: das ist eine Frau, die läßt sich gerne hauen. In der Zeit mit mir hat er angefangen zu trinken. Wahrscheinlich, weil ich zu stark war. Aber auch das Schlagen hat nichts genützt, ich bin deswegen nicht so schwach und nichtssagend geworden, wie er es brauchte. Er hätte mich wohl gern vernichtet.« Heute, Jahre nach der Trennung, hat auch er, der Vater ihrer Tochter »einiges kapiert«. Nur: erzwungenermaßen und – zu spät für Erika.

Sie sei häßlich, auch das bekam Erika Pluhar als Ehefrau immer wieder zu hören. Und selbst sie hat es, wie alle Frauen, geglaubt. Auch darum war es für sie wichtig, als 1968 bei einem Familienurlaub in Griechenland der Schauspieler Helmut Griem hingerissen von ihr war: »Sie sind die Madeleine Forestier! Ich muß das sofort dem Käutner sagen!«

Käutner (»der liebe alte Mann«) teilte Griems Einschätzung und engagierte Erika Pluhar vom Fleck weg für »Bel ami«. Das war ihr Durchbruch. Die außerhalb Wiens bis dahin unbekannte Burgschauspielerin war nun weit über die Grenzen berühmt. Und – gestärkt genug, sich scheiden zu lassen. »Damals dachten alle: jetzt heiratet sie den Griem. Mitnichten, da war ich dann schon schlau genug.«

So schlau allerdings auch wieder nicht. Denn dann kam Heller. André Heller, damals 21 Jahre jung, mit versponnen-ambitiösem Prinzen-Charme. Märchenhaft wurde es dennoch nicht. »Es war im Grunde dasselbe. Ich war wieder der Müllabladeplatz und gleichzeitig auch die Verkörperung dessen, was er nicht war, noch nicht war. Ich war wieder mal zu stark und mußte wieder mal kleingemacht werden.«

Von Heller kriegte die damals längst berühmte Schauspielerin nun Tag für Tag zu hören, es sei doch eigentlich alles »Scheiße«, was sie so mache. Und das Burgtheater sei ein »Idiotenhaus«, wie man da nur arbeiten könne. »Als großes Vorbild hielt er mir immer Romy Schneider vor. Das ging so weit, daß ich eines Tages heulend aus einem Schneider-Film rauskam, weil ich dachte: das erreichst du nie…«

Das war auch die Zeit, von der Erika Pluhar heute sagt, daß es ihr »unmöglich war, Frauen zu mögen: Die waren immer besser, schöner, klüger als ich…«

»In der Zeit habe vor allem ich das Geld verdient. Damals ging das mit dem Fernsehen los. Nicht selten verlief mein Leben so: Abends Vorstellung an der Burg, nachts im Schlafwagen nach München, tagsüber da drehen, zurückfliegen, abends wieder an der Burg, nachts im Schlafwagen nach München… Schließlich wurde ich krank. Ich kriegte immer so einen Drehschwindel und mußte mich übergeben. Das ging dann drei, vier Tage lang.«

Ein zweites Mal in ihrem Leben rebellierte ihr Körper gegen einen gar zu disziplinierten Willen. »Dieses unerhörte Pflichtgefühl, daß mich funktionieren läßt, auch wenn ich schon gar nicht mehr kann. Meine Disziplin – die ist, das wurde mir in den letzten Jahren bewußt, auch ein quälender Aspekt meiner Persönlichkeit. Das muß ich mir zum Teil gewaltsam abgewöhnen.«

Das erste Mal, das war 20 Jahre früher. Damals wurde Erika magersüchtig, lebensgefährlich magersüchtig. Da wußte man noch nicht, daß die fast immer in der Pubertät auftretende Magersucht eine Verweigerung der »Weiblichkeit«, insbesondere eine Ablehnung der weiblichen Rolle ist.

Daß gerade Erika sich nicht so glatt schickte in den zugedachten Part, erklärt sich aus ihrem Leben. Sie wuchs relativ frei auf, der Vater kam erst spät aus der Kriegsgefangenschaft zurück, und die Eltern haben sie »nie beschnitten«. Die Mutter war eine wahre »Urmutter«: »Wenn einem wer was getan hat, ging sie hin und verteidigte mich lauthals. Man konnte sich auf sie verlassen.«

Und dann gab es da die Großmutter. Auch sie eine Verweigerin. »Sie hatte von nichts eine Ahnung, als sie verheiratet wurde, und hat dann vier Kinder hintereinander bekommen.« Dem Großvater zahlte sie diese Unterwerfung und Demütigung heim, indem sie mit ihm eine »ganz böse Frau« war, für Klein-Erika aber war sie eine »sehr liebe Großmutter«. Sie, die musisch Passionierte, zog das Kind mit ins Theater, in die Operette, ins Kino. »Wir sind dann immer schon eine Stunde früher im Foyer gesessen. ›Pscht‹ hat sie immer gemacht, ›du mußt ganz ruhig sitzen.‹«

Erika strebte schon früh auf die Bretter, die der Großmutter die Welt bedeuteten. Als 12jährige spielte sie die Hexe in Zwerg Nase und den Prinz Sausewind. Keine Rede von Objekt-sein! Auf zwei festen Beinen ging Erika, eine von drei Töchtern im kleinbürgerlichen Hause Pluhar, in die Welt.

Doch da waren auch schon Verletzlichkeiten. Die ersten Kindheitseindrücke, die Bombenangriffe auf Wien. »Ab und zu gab's Pausen zwischen den Angriffen. Ich werde dieses Gefühl nie vergessen: daß es eigentlich ganz friedlich ist, und dahinter lauert etwas ganz Grauenvolles. Das war mir als einer der frühesten Eindrücke ganz klar.«

In diese Kindheit bricht das Frauwerden ein. »Die haben mich in die Tanzschule geschickt, und das war mir grauenvoll. Da sind die Burschen auf Kommando auf die Mädchen gestürzt. Es gab ein paar Hübsche, um die haben sich alle gerissen. Und ich, ich war nicht hübsch. Ich war ein plumpes, tumbes Geschöpf. Dieser Leistungshorror, den hatte ich bis dahin nicht gekannt. Trotzdem habe ich mich dann in irgend so einen Burschen verliebt, der mich dann prompt entjungfern wollte. Da bin ich weggelaufen, nachts zu Fuß, den Weg von Dornbach bis Floridsdorf, quer durch die Stadt, weil's keine Straßenbahn mehr gab.«

Die Magersucht kam mit den beginnenden Rundungen des Körpers. »Da hatten wir eine Naturgeschichtsprofessorin, die immer davon sprach, man müsse Joghurt essen und keine Butter aufs Brot, um schön zu sein. Um schöner zu sein, habe ich begonnen, das zu befolgen, wie das halt passiert. Daraus wurde dann eine ganz authentische, kompakte, gefährliche Magersucht.«

Ein Urlaub auf dem Land, kräftige Natur und eine mütterliche Bäuerin, die selbstbewußt mit ihrer Schwester zusammen den Hof führte (»Das waren zwei Frauen, die auch ohne Mann ihr Leben meisterten«), durchbrachen den beinahe tödlichen Kreis, machten Erika wieder Lust zum Essen, Mut zum Leben. Sie beginnt ihren Weg. Reinhardt-Seminar, Burgtheater. Immer ehrgeiziger, meist besser als die anderen. Normalerweise dauert es drei Jahre, sie wird schon nach zwei Jahren ans Theater engagiert. Sie lernt, lebt und schreibt. »Dicke Bücher voll.« Sie hat auch »Männerbekanntschaften«, vor allem aber eine innige Freundschaft zu – einem Mönch. »Er war gütig, weise und voll Liebe zu mir. Aber er wollte nichts von mir. Er mochte mich, wie ich war. Er mochte die meditative Kraft in mir, und auch das, was ich schrieb.«

In dieser Zeit war sie sich selbst genug. »Einmal war ich einen ganzen Sommer lang völlig allein in Wien. Alle waren auf Urlaub. Und ich, ich bin in der Stadt spazierengegangen, habe Wien geliebt. Das ist ja das Schizophrene: Ich bin eigentlich von Herzen gern allein, und es macht mir überhaupt nichts aus. Ich fühle mich dann oft richtiggehend beglückt. Das war schon als Kind so. Als mir das verloren ging, war ich in meiner schlechtesten Phase.«

Die »schlechteste Phase«, das waren subjektiv die objektiv so erfolgreichen Jahre zwischen 20 und 35. In ihren Beziehungen zu Männern fand sie sich erst bei Peter Vogel wieder. »Bei ihm konnte ich mich frei fühlen. Da hat mich niemand beschnitten und in die Ecke genagelt.« Aber: »Auch er wollte, daß ich für sein Leben verantwortlich bin.« Die Last seiner Sucht, die Last seiner Verzweiflung war auch für sie nicht tragbar. Seinen Tod kann sie auch noch heute nur schwer akzeptieren.

Erika Pluhars Disziplin. Am Tag des Begräbnisses von Peter Vogel in München flog sie am selben Tag nach Wien zurück. Abends stand sie pünktlich auf der Bühne des Burgtheaters. Auch für eine, die stark ist, ist das zuviel. Und es ist kostbar, zu spüren, das dies wenigstens in manchen Momenten ein paar wenigen klar ist. Als Erika Pluhar an diesem Abend das Theater durch den Bühneneingang verläßt, steht André Heller da, weiß, daß sie einen Menschen braucht.

Im Rückblick sagt sie: »Trotz all der Katastrophen war der Heller ganz wichtig für mich. Er hat sich ja auch oft mit scheinbar großer Unvernunft geäußert. Das hab ich beobachtet, und das hat mir gefallen. Ich hab neben ihm begonnen, zu überlegen:

Und wenn *ich* mich jetzt äußern würde…?« – Die beiden sind Freunde geblieben und hielten es bisher auch für überflüssig, sich formal scheiden zu lassen.

Unser erstes Treffen in Wien war in einem Heurigen-Lokal in Grinzing, zusammen mit Anna und Freunden von Erika, einem Regisseur und dessen Frau. Das Essen mußte man sich selbst an der Theke holen. Die Unauffälligkeit und Raschheit, mit der Erika das alles für uns besorgte, sich in der Schlange anstellte, während wir am Tisch schwatzten, signalisierte Übung. Als ich mich aus Neugier kurz zu ihr gesellte beim Anstehen, machte sie sich gleich Sorgen: »Wird es dir nicht zu langweilig? Willst du dich nicht lieber setzen?« – Ihre soziale Empfindsamkeit, ihre Mütterlichkeit ist das wohl »Weiblichste« an ihr. Ein schöner, aber auch ein ausbeutbarer Zug. Dies hat eine Frau jedem Mann voraus. Die Kraft, den Alltag zu tragen; die Kühnheit, ihn auch noch zu sprengen; die Selbstverständlichkeit, dabei immer auch für die anderen da zu sein!

Für Anna zum Beispiel, die Tochter, wegen der Erika oft ein schlechtes Gewissen, ein mörderisch schlechtes Gewissen hatte, mit der zusammen sie jedoch inzwischen weitgehend die Bedrückungen der ersten Jahre bewältigt hat. Die beiden scheinen heute ein gelassenes, fast schwesterliches Verhältnis zu haben.

An unserem Abend beim Heurigen ging es nicht nur ums Vergnügen, es ging auch um Arbeit. Der Regisseur, mit dem Erika in der Vergangenheit schon einige Male gearbeitet hatte, suchte nach neuen Rollen für sie. Sie sprachen über einige Möglichkeiten, darunter auch über den Part einer Lesbierin, eine, die »autonom und männlich« auftritt. Rasch verwarf der Regisseur selbst die Idee. »Nein, das paßt nicht zu dir, Erika, dafür bist du zu weiblich.«

Ist sie das? Über ihre früheren Weibchenrollen sinniert sie selbst am nächsten Tag: »Ich glaube, daß ich das einfach bis zum letzten vorangetrieben habe, um wenigstens einmal diese Frauenrolle siegreich zu beenden. Blond und sexy wurde ich, weil ich mir sagte: Das soll mir keiner sagen, daß ich keine

Superfrau sein kann! Nachdem ich das alles erreicht hatte, wurde es mir entsetzlich blöde... Heute fühle ich mich als Mensch. Als Mensch, den ich nicht mehr weiblich eingrenzen möchte.« Genau dieses Nicht-Eingrenzen macht heute auch ihre besondere Erotik aus.

Erika Pluhar ist nicht nur »weiblich«, sie ist mehr. Ihre androgyne Stimme, ihre spröden Bewegungen erinnern mich manchmal vage an die Garbo, die Garbo in den Rollen, in denen »die Göttliche« ausschreiten durfte und handeln. Auch ihren Intellekt versteckt Erika Pluhar nicht länger. Und ihre Passion für den Beruf schon gar nicht.

»Die Schauspielerei ist ein Beruf, der konstant verunsichert. Es gibt ein so hohes Maß von Existenzangst in diesem Beruf, weil du das, was du tust, nicht festhalten kannst. Du mußt es immer wieder ganz neu unter Beweis stellen.«

Erika Pluhar tut es. Sie arbeitet zunehmend experimentell, spielt jetzt die Regine in Musils »Schwärmern«: »In der Regine habe ich Zugang zu meinem eigenen Chaos und meiner eigenen Verstörtheit gefunden. Züge, die ich mir bisher nicht zugestanden habe, und stellvertretend von Menschen in meiner Nähe ausleben ließ.« Zu ihrem Verständnis von der Schauspielerei gehört: »Theaterarbeit muß zu einem persönlichen Abenteuer werden! Instinktiv suche ich Arbeiten, die auch für mich Türen aufstoßen. Die Rolle des Kaspers für das Publikum scheint mir sinnentleert.«

Erika Pluhar geht bis an die Grenzen dieser Arbeit und stößt auch schon daran. »Ich will raus aus dem Schauspielergetto. Bei mir ist der starke Wunsch nach einer Eigenkreativität. Nicht mehr nur Interpretin sein, nur das tun, was der Autor, der Regisseur will. Heute arbeite ich bei jeder Arbeit einfach lauthals mit. Und ich habe auch schon ein paar Regisseure gefunden, die das akzeptieren.«

In den Tagen, in denen ich in Wien bin, ist eine Ausstellung. Sieben Künstler porträtieren sich selbst, mit Fotos, Texten, Gegenständen, Erinnerungen, Wünschen, Träumen. Darunter

Erika Pluhar. Als einzige von den sieben hat sie in ihrer Ausstellungsnische ein Buch ausgelegt mit weißen Seiten und dazu geschrieben: »Wer will, soll etwas in dieses Buch schreiben.«

Ich blättere. Es haben mehr Frauen hineingeschrieben als Männer. Sätze wie »Danke, Erika, meine Schwester« oder »Danke, daß du uns Frauen Mut zum Älterwerden gibst, die Angst vor Runzeln und Falten nimmst.«

Und die Schönheitsoperationen von Hildegard Knef? Erika Pluhars Antwort ist rigoros. »Das ist ganz schlimm! Sie schreibt ihre Lieder selbst, schreibt Bücher, hat weiß Gott genug Möglichkeiten – und dann sagt sie, sie als Schauspielerin könne sich das Altern nicht erlauben! Mir zeigt das, daß in ihr noch genau die Angst schlummert, an die ich mich noch so gut erinnern kann. Sie muß ganz unsicher, ganz gedemütigt sein. Sonst täte sie so etwas nicht.«

Eher imponiert ihr da Brigitte Bardot: »Das ist eine Frau, die mir gefällt! Immerhin hat sie diese ganze Sexy-Zeit durchgestanden und lebt jetzt da in ihrem Haus mit ihren Tieren. Die Männer hat zumindest sich immer sie geholt! Mit der würde ich mich gern mal unterhalten...«

Erika Pluhars Verhältnis zu Frauen hat sich in diesen letzten Jahren verändert. »Ich arbeite jetzt am liebsten mit Frauen zusammen, weil ich einfach merke, daß die zur Zeit viel mehr in der Lage sind, spontan und intensiv zu sein. Und dann habe ich auch einen zunehmend großen weiblichen Freundeskreis. Das macht mir viel Freude, weil ich mich gut erinnere, wie sehr ich früher unter dem würdelosen Konkurrenzdenken gelitten habe.«

Sie ist heute aktiv in der Frauengruppe am Burgtheater. Was ist das, diese Frauengruppe? »Also das wird noch heftig diskutiert. Manche der Schauspielerinnen finden, wir sollten doch nicht Frauengruppe sagen, das klinge so militant. – Andere wieder sagen: Warum nicht? Wir sind doch eine Frauengruppe! – Ach nein, das klingt so nach Emanzipation. – Was hast du denn gegen Emanzipation? – Das ist halt so ein Schlagwort. – Aber wenn wir es benutzen, als wäre es kein Schlag-wort, und uns damit auseinandersetzen...?«

»Beim ersten Treffen«, erzählt Erika, »habe ich am meisten gesprochen. Dann kam der Moment, wo eine sagte: Ja du... Du hast gut reden! Du kannst das! – Und dann habe ich denen mal erzählt, wie meine Anfänge waren. Mit 30 war ich hier noch immer die ›Kleine‹ und hab mich kaum in die Kantine getraut, weil mich die älteren Schauspielerinnen überhaupt nicht gegrüßt haben. Eine verbot mir sogar, ihr beim Proben zuzuschauen – obwohl wir im gleichen Stück spielten. Das war eine Hierarchie, das gibt's heute gar nicht mehr...«

Und sie spricht auch von der Angst, gerade auch in diesem Beruf. »Ich beobachte das jetzt bei den Gesprächen, wie angst-voll die alle sind. Mit keinem wollen sie es sich verderben... Und das Komische ist: das mindert auch kein großer Name, keine Popularität. Paula Wessely ist dafür ein tragisches Bei-spiel. Eine Frau, die ihr Leben lang darauf getrimmt ist, Schau-spielerin zu sein. Und zwar total, nur als Funktion. Immer ge-zwungen, etwas auszuführen, bis zur Perfektion – und dann muß es wirken, als wäre es nichts. Nie im Leben wurde einer Paula Wessely gestattet, spontan zu sein. Und diese Hilflosig-keit der Spontaneität gegenüber, selbst wenn es ihr mittlerweile wurscht sein könnte – diese Angst kannst du dir nicht vor-stellen. Als ob Hyänen sich auf dich stürzen und dich fressen würden...«

Erika Pluhar hat diese Angst überwunden. Sie fing an, zu reden und fand Bestätigung, ja Ermutigung. Kein Zufall sicher, daß dies Mitte der 70er Jahre geschah, mitten in der aufbre-chenden Emanzipationsbewegung. Und diese Erfahrung kann sie jetzt einbringen. Jüngst hat die Frauengruppe eine Matinee gemacht. »Das war sehr schön. Da saßen 20 Frauen auf der Bühne, bekanntere, unbekanntere, renommiertere, weniger re-nommierte, also alles, was es im Ensemble gibt. Und jede hat was gelesen, jede zum Thema Frau. Das war eine wahre De-monstration!«

Einen Nachmittag lang haben wir geredet. Die Batterien des Tonbandgeräts gehen zur Neige. Wir sitzen in der kleinen Küche ihres weitläufigen, großzügigen Hauses in Grinzing, wenige Minuten nur entfernt vom Touristen-Trubel. Lange Jahre hatte Erika Pluhar nur eine Etage in diesem einstöckigen Haus, jetzt gehört es ihr ganz. Anna richtet sich im Parterre ein. Erikas persönlicher Raum ist im ersten Stock. So klar, fast streng die Gemeinschaftsräume sind, so beinahe mystisch wirkt ihr privatestes Reich, eine heimelige, geheimnisvolle Höhle.

Die braucht sie auch. »Immer kämpfe ich gleichzeitig mit meinem Bedürfnis, allein und schweigsam sein zu wollen. Das Gefühl, ich möchte jetzt alle Türen zumachen, kein Telefon abheben, auf nichts mehr antworten. Das ist ein Kampf, der mich oft schlaucht, denn gleichzeitig meine ich, daß unser Beruf ein Beruf ist, in dem man sich stellen muß. Manchmal kriege ich einen Schrecken vor mir selber. Vor dem Sich-Öffnen. Das macht mir oft Angst.«

Vor ein paar Monaten, als Emma wieder mal eine der leider üblichen Querelen durchzustehen hatte, schrieb sie uns: »Ich bewundere euren Mut und eure Kraft – ich hab die manchmal nicht mehr.«

Margarethe von Trotta
Regisseurin

Unsere Begegnung fand im Dezember 1981 statt. Neun Monate später erhielt Margarethe von Trotta in Venedig den »Goldenen Löwen« für ihren Film »Die bleierne Zeit«. Wieder neun Monate später fiel eine enthemmte deutsche Kritik über die Regisseurin her. »Bilder für geistige Analphabeten«, attestierte ihr die »Frankfurter Rundschau«, einen »Rückfall in den Dilettantismus«, die »FAZ«, ein »schreckliches Desaster«, der »Kölner Stadtanzeiger«. Anlaß der Rage war der in der Tat problematische, neueste Trotta-Film »Heller Wahn«. In ihm zeichnete sich eine Tendenz ab, die sich in den Jahren darauf verstärken sollte: eine unkritische Mystifizierung von Frauen und gleichzeitige resignierte Fixierung auf Männer. Was Trottas Arbeit nicht gut bekam. Trotzdem war und ist Margarethe von Trotta eine der wichtigsten Regisseurinnen heute. Nur im Ausland wird sie angemessen geschätzt, in der Bundesrepublik dagegen mit kleinkarierter Häme verfolgt. Was vermutlich daran liegt, daß sie eine – erfolgreiche! – Frau in einer Männerdomäne ist und vielleicht auch daran, daß sie ein Genre macht, das den Deutschen suspekt ist: den anspruchsvollen Publikumsfilm. Das Porträt erschien im Januar 1982.

Auf die stereotyp wiederkehrende Frage von Journalisten warum ihre Hauptfiguren ausschließlich Frauen seien, antwortet sie, schon leicht gelangweilt: »Männer interessieren mich einfach weniger.«

Schon »Strohfeuer« (1972) und »Die verlorene Ehre der Katharina Blum« (1975) trugen ihre Handschrift als Co-Autorin oder Co-Regisseurin (von Schlöndorff). Doch erst mit ihrem ersten eigenen Film, »Das zweite Erwachen der Christa Klages« (1977) rückte sie, die frühere Schauspielerin, auch als Regisseurin ins öffentliche Bewußtsein. Dem entschlossen-übermütigen Aufbruch der Christa Klages folgt vier Jahre später »Die bleierne Zeit« und der Gipfel des internationalen Ruhms. Erstmals seit 39 Jahren erhielt mit ihr ein weiblicher Regisseur den begehrten »Goldenen Löwen« in Venedig.

Margarethe von Trotta, Jahrgang 1942, Frau, Deutsche. Und wohlgelitten zunächst. Anfang der 80er Jahre beginnt jeder zweite Artikel über sie mit lobenden Sätzen des Stils, sie sei »keineswegs eine verkniffene Streiterin für die Rechte der Frau« und »jenseits allen feministischen Purismus'«.

Dreimal ist sie mir begegnet. Einmal als Regisseurin, nach einer Pressevorführung ihres letzten Films. Ein anderes Mal als Ehefrau, auf einem Empfang zu Ehren ihres Mannes Volker Schlöndorff. Beim dritten Mal in ihren eigenen vier Wänden, bei ihr zu Hause in München. Einen Wintertag lang haben wir geredet, bis in den Abend hinein. Über ihr Leben, ihre Arbeit, ihr Selbstverständnis, ihre Zweifel, ihre Projekte.

Am Abend zuvor hatte ich eine Frau aus ihrem Freundeskreis gesehen. Sie sprach voller Zuneigung und Respekt von ihr, sagte aber auch: »Natürlich ist sie eine Bürgerliche. Du wirst schon sehen, was ich meine...« Was ich sah und hörte: Margarethe von Trotta ist 1942 als uneheliches Kind einer emigrierten russischen Adeligen in Berlin geboren. Ihre Mutter war damals schon 40 und schlug sich mit Büro-Jobs durch, obwohl sie fließend vier Sprachen sprach. Die Armut der beiden war in diesen Jahre so groß, daß die kleine Margarethe manchmal um Essen betteln mußte. Als sie sechs war, zog die Mutter mit ihr nach Godesberg, später nach Düsseldorf.

»Ich erinnere mich nur zu gut. Wir wohnten immer zur Untermiete. Immer war es ein kleiner Raum, vollgepackt mit ausrangierten Möbeln, an denen ich mich ständig anstieß. Immer lebten wir in der Möbel-Welle von gestern. Waren Nieren-Tische passé, kriegten wir sie. In demselben Zimmer wurde gekocht, indem wir auch schliefen. Meine Mutter kochte abends vor, auf einer Kochplatte, weil sie ja berufstätig war. Und da ich bei dem Licht nicht schlafen konnte, spannte ich einen schwarzen Regenschirm auf.«

Gleichzeitig aber war ihre Mutter ein »heiterer Mensch«, sie schien sich durch den sozialen Abstieg nicht gedemütigt zu fühlen. Auf Margarethe war sie stolz. »Sie traute mir einfach alles zu und ließ mich gewähren. Ich hatte zum Beispiel als Kleine die Angewohnheit, den Leuten auf der Straße vorzusingen. Ich faßte sie am Ärmel und sagte: Hören Sie, ich will mit Ihnen reden! Das war so rührend wie belästigend. Aber meine Mutter hat nicht versucht, mich davon abzubringen.«

Auf die Diakonissenschule folgte die Handelsschule, nebenher immer Jobs als Schuhverkäuferin oder am Fließband in der Schokoladenfabrik. Nach acht Monaten im Büro der erste Ausbruch: Margarethe geht nach Paris, dem damaligen Mekka fernsüchtiger und aufbegehrender junger Mädchen.

Im Paris der beginnenden 60er Jahre ist Margarethe zunächst Au-Pair-Mädchen, muß sich demütigen lassen, verändert jedoch mit rascher Entschlossenheit die Situation. Geht Putzen und Französisch studieren, trifft eine filmbegeisterte Studenten-Clique (es ist die hohe Zeit der nouvelle vague), sieht in der Pariser Cinematik »zum ersten Mal Kino«. Bergmann. Das 7. Siegel. Abend der Gaukler.

Zurück in Düsseldorf drängt ihre Mutter sie zum Abitur. Sie folgt, macht es nach eineinhalb Jahren, geht wieder nach Paris, studiert weiter in München, Germanistik und Romanistik, fängt an, nebenher Theater zu spielen. Sie heiratet einen »eigentlich netten« und »fortschrittlichen« Mann, der »jedoch alles, was mit Theater zu tun hat, exhibitionistisch und flach« findet, wird schwanger, gibt den Beruf auf, ist vier Jahre lang Hausfrau. Sie bricht aus und – heiratet erneut (diesmal Schlöndorff), »nur, um das Kind zu bekommen«, das der Vater, ihr erster Mann, dann doch behält.

In »Strohfeuer«, Regie Schlöndorff, Hauptrolle und Co-Autorenschaft Trotta, verarbeitet sie schmerzlich genau ihre Erfahrungen als Frau und Mutter. '68 war wichtig für sie. Und die Frauenbewegung. Das Mitmachen bei der Aktion »Ich habe abgetrieben« war ihr ebenso selbstverständlich wie die Mit-Klage gegen die sexistischen Titelblätter des »stern«. Im Rückblick sagt sie: »Wir haben alle gespürt, daß wir anders leben wollten. Aber wir wußten es nicht zu fassen, nicht zu artikulieren. Wir galten als aufmüpfig und ein wenig verrückt. Bis die Frauenbewegung kam.«

Leicht hat sie es nicht gehabt, aber Glück hatte sie dennoch. Denn ihr Leben ist aus dem Stoff, aus dem Rebellen gemacht werden. Sie ist eine vielfach Entwurzelte, eine Marginale, ein Bastard. Als Klassenabsteigerin, als Staatenlose (sie bekam erst durch die Eheschließung die deutsche Staatsangehörigkeit), als Uneheliche. Da geht man entweder ganz vor die Hunde, oder man weiß um die Fragwürdigkeit der »Normalität«.

Trotta hatte zwar eine proletarische, ja sub-proletarische Realität, aber ein bürgerliches, ja adeliges Bewußtsein. Sie war nicht gemacht dafür, hinzunehmen. Ihre Demütigungen mußte sie nicht leugnen, um den Kopf heben zu können. Es gibt bei ihr eine große Nähe von Wundheit und Revolte.

Auch in ihren strahlendsten Momenten haben die Filme von Margarethe von Trotta eine melancholische Grundstimmung. Zu den biographischen Gründen dafür gesellt sich der Zeitgeist. So lebendig Christa Klages war, so erstarrt mußten die Figuren der »Bleiernen Zeit« sein.

Durch ihre Filme ziehen sich zwei Leitmotive: die Identität von Frauen und ihre Beziehungen untereinander; das Ergebnis der Spaltung von Menschen, bzw. Frauen. Auf ihre ernste, behutsame Art filmt sie an gegen Polarisierungen in: äußerlich/ innerlich, männlich/weiblich, Macht/Ohnmacht, Vernunft/ Gefühl, Anpassung/Ausbruch, Funktionieren/Träumen. Ihre Figuren leiden an einer einseitigen Festlegung, sind immer beides.

Trotta geht weit in der Auslotung dieser unmenschlich reduzierten Kategorisierungen. Ihre größte Herausforderung scheint mir allerdings ihr Interesse, ich würde sagen: ihre Leidenschaft, für Frauen zu sein. Dennoch läßt sie, auf eine fast mechanisch wirkende Art und Weise, die Männer immer wieder eine Rolle spielen.

Margarethe von Trotta: Ich weiß auch nicht, woran das liegt. Es ist nicht so, daß ich mich mit Männern nicht beschäftige. Ich bin verheiratet, habe einen Sohn, habe Freunde… aber Männern nachzugehen, im Film, das ist für mich nicht poetisch. Es gibt selten einen Mann, der mich zur Lyrik anregen würde.

Alice Schwarzer: Wie meinst du das?

Trotta: Bei Männern habe ich immer das Gefühl, sie können sich selber nur wenig einschätzen, kennen sich selber nicht. Dabei liegen sie so offen da. Frauen sind geheimnisvoller, labyrinthischer. Das ist es, was meine Neugier weckt.

Schwarzer: Wenn es ein ehernes Gesetz in der Männergesellschaft ist, dann ist es das, daß Frauen sich für Männer zu interessieren haben. Du brichst dieses Gesetz. Gleichzeitig schützt du dich. Ich denke, daß zum Beispiel die Tatsache, daß du verheiratet bist, so ein Schutz ist.

Trotta: …Meinst du?

Schwarzer: Ja. Vielleicht aber auch Barriere. Du wagst dich zwar sehr weit vor, versuchst aber, das Eis da, wo es ganz dünn ist, zu meiden. Verständlicherweise. So ist mir in deinen Filmen aufgefallen, daß es immer wieder um Frauenbeziehungen geht. Frauenbeziehungen in den verschiedensten Konstellationen. Nur eine Konstellation wird gemieden: die offene

Liebesbeziehung. In Christa Klages empfinde ich die Tatsache, daß du die Natur der Beziehungen zwischen den beide Frauen zum Schluß offen läßt von der Geschichte her, konsequent und subversiv. In den »Schwestern« allerdings empfinde ich es als Inkonsequenz. Die »Schwestern« sind ja nur ein Vorwand, sie sind eigentlich ein Paar, schlafen im selben Raum und haben Eifersuchts- und Bettszenen miteinander, die...

Trotta: ...die Erotik ist schon da. Sie ist allerdings nur angedeutet. Etwas anderes wäre mir zu platt. Ich kann mir im Moment nicht vorstellen, im Film eine offene lesbische Beziehung darzustellen. Nicht, daß ich das nicht selber auch schon erlebt hätte. Im Gegenteil. Aber ich halte das dann schon wieder für ein Klischee. Für ein sehr greifbares Klischee. Das ist es doch, was man dann letztlich von uns erwartet, um uns abtun zu können. Dann kann man sagen: die ist ja eh nur, und das ist ja so eine, und deswegen...

Schwarzer: Wohl wahr. Ich finde es als Überlebensstrategie auch legitim. Nur – es ist nicht konsequent. Und ansonsten bist du ja sehr konsequent. Für mich ist dein Balanceakt ein Beweiß mehr dafür, in welchem Maße es verboten ist, daß Frauen sich für Frauen interessieren.

Trotta: Es stimmt, daß mich an den »Schwestern« nicht wirklich die Schwestern-Problematik interessiert hat, sondern es mich gereizt hat, die Abhängigkeiten zweier Menschen zu zeigen, die noch durch die Prägungen einer gemeinsamen Kindheit, die man ja so schwer los wird, verstärkt sind.

Schwarzer: Du hast einmal gesagt, »Die bleierne Zeit« wäre für dich die Synthese zwischen »Christa Klages« und »Schwestern«. Ich empfinde »Die bleierne Zeit« eher als Stagnation und die »Schwestern« als Weiterentwicklung deines ersten Films. Für welchen Film hättest du dir den »Goldenen Löwen« gegeben?

Trotta: Ich glaube, »Die bleierne Zeit« ist der wichtigere Film. Für Deutschland zumindest. Daß man in dieser Zeit zurückgeht, versucht, Wurzeln aufzuspüren. »Schwestern« ist für mich als Person, als leidende Person, der wichtigere Film. Ich hätte mir allerdings weder für den einen noch für den anderen den »Goldenen Löwen« gegeben.

Schwarzer: Warum nicht?

Trotta: Na, ich weiß nicht. Wenn ich so die anderen Filme sehe, die vor mich gemacht wurden... Du kannst jetzt natürlich sagen, es sei sehr weiblich, zu den anderen als Götter aufzublicken und selber so bescheiden zu sein. Aber ich finde mich noch nicht so weit. Ich finde, da müßte ich noch einiges hinzulernen, noch mehr und radikaler aus mir rauslassen.

Schwarzer: Vielleicht. Es gibt trotz allem so eine gewisse Vernünftigkeit, im Inhaltlichen wie im Formalen, in deiner Arbeit. Die steht vielleicht manchmal dem Trip (wie ihn sich männliche Regisseure wie Fellini, Syberberg oder Faßbinder zugestehen) im Weg...

Trotta: Das ist noch aus dem 19. Jahrhundert zu uns rübergekommen: daß Genie immer etwas mit Wahnsinn, mit unsozial, narzißtisch, egoistisch sein zu tun haben muß.

Schwarzer: Da ist ja vielleicht auch was dran...

Trotta: Absolut. Das kommt daher, daß Künstler sich immer gegen die Gesellschaft verhalten müssen. Wir Frauen allerdings müssen uns noch mehr gegen die Gesellschaft verhalten: als Künstler und als Frau. Gleichzeitig aber ist da immer mein Interesse für andere Menschen. Bei meiner Arbeit habe ich soviel Sympathie und Liebe für meine Mitarbeiter, daß ich mir den Wahnsinn, den ich mir auch manchmal wünsche, eben nicht zugestehe.

Schwarzer: Du hast den Ruf, sehr auf deine Schauspielerinnen und Schauspieler einzugehen, sehr partnerschaftlich mit deinem Team zu arbeiten. Da liegt ja auch eine deiner Hauptstärken als Regisseurin: daß du sehr viel aus den Menschen herausholst. Was aber ist, wenn die Schauspielerin anderer Auffassung ist als du?

Trotta: Ich zwinge sie nie, indem ich autoritär werde oder laut. Ich versuche, sie zu überzeugen, etwas aus ihnen herauszulocken, ohne daß sie es merken. Also, sie mehr zu verführen statt zu zwingen.

Schwarzer: Hast du das Gefühl, daß du dir bei deiner Arbeit eigentlich mehr Leidenschaftlichkeit zugestehen müßtest?

Trotta: Manchmal schon, andererseits glaube ich, daß genug Leidenschaft in mir ist, daß ich da nichts demonstrieren muß. Sich-aussetzen-Wollen, Sich-verletzen-Lassen, verletzbar sein. So bin ich, grundsätzlich und existentiell, daß mir da niemand helfen kann, auch ich selbst nicht. Wenn man so leidensfähig ist und das auch zugibt, sogar als eine Kraft ansieht, dann ist man immer eine Provokation für andere. Im alltäglichen Leben versuche ich also eher, vernünftig zu sein, eine gewisse Ruhe zu finden.

Schwarzer: Um deinen Weg als Regisseurin gehen zu können, hast du dich dreifach emanzipieren müssen: als Frau, als Schauspielerin und als Ehefrau eines Regisseurs (was dir ohne Zweifel gleichzeitig Impulse und Möglichkeiten gegeben hat). Als du deinen ersten Film machtest, titelte »Die Zeit«: »Frau Schlöndorff emanzipiert sich.«

Trotta: Ja. Gleichzeitig aber hat Volker mich sehr unterstützt. Hätte er zum Beispiel für meinen ersten Film dem WDR gegenüber nicht eine Art Garantie übernommen, hätte ich es noch schwerer gehabt.

Schwarzer: Manche Filme von Schlöndorff mag ich. »Die Fälschung« allerdings ist für mich ein Beispiel für das klassische, eindimensionale Politikverständnis, das bei Männern sehr verbreitet ist.

Trotta: In Frankreich ist der Film ein großer Triumph. Ich glaube, die deutsche Kritik kommt aus einer ganz anderen Ecke. Hier will man sich einfach nicht mit dem beschäftigen, was in der Dritten Welt vor sich geht.

Schwarzer: Du machst es dir zu einfach. Nicht immer haben die Franzosen recht. Schlöndorff sitzt meiner Meinung nach genau dem auf, was er zu hinterfragen vorgibt. Er spielt Krieg. Anderthalb Stunden lang. Mit viel Geballer, Leichen,

Ketchup... Dieser Film bleibt hoffnungslos in der Außenschicht stecken.

Trotta: Ich würde und könnte es so nicht inszenieren. Insoweit verstehe ich dich. Aber dennoch hat der Film mich wahnsinnig getroffen. Das ist ein total anderer Krieg da unten als alles, was man gemeinhin unter Krieg versteht. Und das, finde ich, kommt rüber.

Schwarzer: Schlöndorff hat 1980 den Oskar für die »Blechtrommel« bekommen, du 1981 den »Goldenen Löwen« für »Bleierne Zeit«. Auch in der öffentlichen Anerkennung hast du ihn also eingeholt. Mehr noch: dein letzter Film stößt auf begeisterte Zustimmung, sein letzter auf spröde Kritik. Ist das heikel zwischen euch?

Trotta: Ich hätte mir natürlich gewünscht, daß sein letzter Film besser aufgenommen wird, weil ich ihn wirklich gut finde, und außerdem mag ich das nicht: daß ein Film von mir besser ankommt als seiner – was für ihn umgekehrt von seiner Warte aus bisher natürlich war. Ich möchte diese Umkehrung nicht, ich ertrage das nicht.

Schwarzer: Und wie hat er das früher ertragen?

Trotta: Gut, weil er es nicht anders kannte. Aber jetzt macht es ihm zu schaffen. Neulich hat er mal gesagt, daß er erst jetzt allmählich begreife, wie es mir gegangen sein muß in den letzten zehn Jahren... Für mich war das schon manchmal schwer. Obwohl er eigentlich gar nichts dafür konnte. Wie sollte er denn dieses einmal vorhandene Übergewicht von sich aus ändern? Auch hat er es mir gegenüber nicht so erlebt. Wenn wir alleine waren, waren wir immer gleichberechtigt. – Nein, es bedrückt mich schon. Ich weiß auch, daß Volker abhängiger ist von äußerem Zuspruch und Erfolg, abhängiger als ich, weil er sich nicht als Autorenfilmer sieht. Ich fürchte einfach, daß er vielleicht zerstörbarer ist. Darum möchte ich das eigentlich nicht umkehren.

Schwarzer: Um Umkehrung geht es ja auch gar nicht.

Trotta: Stimmt. Dennoch: irgendwie würde ich es lieber so

belassen, wie es bisher war. Das hört sich vielleicht großzügig an, aber es ist es gar nicht: Ich brauch das nicht. Ich lebe mehr aus meinen inneren Zuständen, meinen Ängsten, allem, was sich in mir und in meinem Leben abspielt. Da ist mein Reservoir.

Schwarzer: Du hast oft Klinken putzen müssen, um deine Projekte realisieren zu können. Auf das Geld für »Die bleierne Zeit« hast du ein Jahr lang warten müssen, und es war auch für eure gemeinsame Produktionsfirma Bioskop selbstverständlich, daß Schlöndorffs Projekte vorgingen. Ich vermute, daß du es jetzt einfacher hast?

Trotta: Ja, spürbar. Die Leute, sowohl beim Filmverlag wie auch in unserer eigenen Firma, haben auf einmal eine andere Haltung mir gegenüber. Ich sehe das mit einer gewissen Ironie.

Schwarzer: In jeder Szene deiner Filme ist eindeutig, daß du eine Frau bist. Zu Recht wehrst du dich gleichzeitig dagegen, in die Ecke »Frauenfilm« abgeschoben zu werden...

Trotta: Ich hasse die Festlegung auf ein Genre, das Abschieben in die Kochecke. Vom Budget her gesehen allerdings machen wir Frauen immer noch Hausfrauenfilme. In der Rezeption aber wird man uns langsam gerechter, versucht man weniger, uns aufs Frausein zu reduzieren. In Venedig zum Beispiel ist die Tatsache, daß ich eine Frau bin, bei der Beurteilung völlig untern Tisch gefallen. Das war überhaupt keine Kategorie. Mein Film wurde selbstverständlich mit den Arbeiten von Männern in eine Reihe gestellt. Und das empfinde ich als Fortschritt.

Schwarzer: Ich habe von dir bislang immer nur sehr solidarische Äußerungen über andere Frauen und auch über die Frauenbewegung gelesen. In fast jedem Interview weist du auf die Bedeutung der Frauenbewegung für dich persönlich hin, bezeichnest dich als Feministin. Für mich ist deine Arbeit auch ganz klar ein feministischer Beitrag. Gleichzeitig aber scheinst du zu Kernfragen des Feminismus ein distanziertes, wenn nicht gar angespanntes Verhältnis zu haben. Wie wären sonst die papierenen, platten Szenen in der »Bleiernen Zeit« erklärbar, die in einer feministischen Redaktion spielen?

Trotta: Gerade bei der 218-Szene habe ich mich ganz rausgehalten. Das haben sich die Frauen alles allein ausgedacht. Und das sind Frauen, die mit der Frauenbewegung zu tun haben.

Schwarzer: Das nehme ich dir nicht ab. Du hast ja auch sonst ein rigoroses Interesse für deine Inhalte, die Atmosphäre in deinen Filmen stimmt immer. Diese feministische Zeitschriften-Redaktion aber war eine Mischung aus Heilsarmee und Schwarzwälder-Boten. Und was die Frauen zum § 218 von sich gegeben haben – Klassenparagraph blahblah – war dumpf links und ganz und gar unfeministisch.

Trotta: Dabei wollte ich gerade in dem Punkt nicht ungerecht sein. Ich hab das alles von einer Frau schreiben lassen, die in der DKP ist, die aber diese Demonstrationen damals selbst mitgemacht hat...

Schwarzer: Du bist doch sonst ein politischer Mensch, Margarethe, du weißt doch, daß DKP was anderes ist als Frauenbewegung.

Trotta: Ich bin mit meiner Inszenierung der Szenen auch nicht glücklich. Wenn ich im Zusammenhang mit der »Bleiernen Zeit« von verpatzten Szenen spreche, dann meine ich die.

Schwarzer: Ich bleibe hartnäckig. Ich glaube, daß es kein Zufall ist, daß ausgerechnet die Szenen verpatzt sind. Da ist was. Da verschließt du die Augen. Da willst du nicht weitergehen. Genau wie bei den Frauenbeziehungen. In beiden Fällen klammerst du Wesentliches aus.

Trotta: Ich muß selber nochmal darüber nachdenken...

Schwarzer: Was machst du als nächstes?

Trotta: Einen Film mit dem vorläufigen Titel »Die Freundinnen«. Das Drehbuch ist schon fertig und auch angenommen. Auch bei dieser Geschichte bin ich, wie immer, zunächst von Personen ausgegangen, nicht vom Thema. Ich stelle mir die Personen vor, und entwickle aus ihnen die Geschichte. Ich überlege mir, was könnte diesen Personen passieren? Wie könnten sie sich begegnen? Was könnten sie miteinander erleben? Mein Handicap dabei ist, daß ich nie ein Exposé vorher erreichen kann, um schon mal Geld zu beantragen, sondern daß die Geschichte eben erst dann da ist, wenn das Drehbuch fertig ist. Denn diese Personen werden mir selber erst klar, während ich sie beschreibe. Ich habe sie zunächst nur andeutungsweise vor mir, aber sie sind am Anfang nicht so widersprüchlich wie danach. Ich setze mich dann hin und schreibe Szene für Szene.

Schwarzer: Doch das Resultat ist dann sehr analytisch, keineswegs nur intuitiv.

Trotta: Ja, in seiner Gesamtheit. Aber meine Filme sind oft viel präziser, als meine Erklärungen dazu es sein können.

Schwarzer: Klar. Darum hast du ja auch als deine Ausdrucksform das Medium Film gewählt. – Dein Feminismus macht dein Leben und die Arbeit nicht leichter.

Trotta: Kann man sagen. Ich habe die Erfahrung nicht nur an mir selbst gemacht, sondern sehe das bei vielen Frauenfreundschaften. Und wie viele Männer habe ich schon erlebt, die mich als starke-tüchtige Frau bewundern, und klagen, daß ihre Frau nicht so sei. Sieht man dann genau hin, sind sie selbst es, die das verhindern. Wie ja auch bei dir die Männer in Wahrheit einen unglaublichen Respekt haben. Aber wehe, ihre Frau würde so... Das ist im Moment das Problem vieler Männer und damit auch unseres: daß die Männer diese neue Art von Frauenfreundschaften nicht ertragen.

Schwarzer: Sie haben ja auch was zu verlieren.

Trotta: Genau.

Nina Hagen
Rockstar

Als ich das Gespräch mit ihr machte,
war Nina Hagen noch nicht berühmt, sie
war ein »Geheimtip«. Abends, nach
ihrem Auftritt, gingen wir zusammen
essen. Und auf dem Weg hat Nina im
Bus zu mir gesagt: »Mensch, du bist ja
ganz toll! Ich dachte, du wärst ganz
anders...« – Wie denn? – »Na, so ernst.
So wie Rosa Luxemburg oder so...«
In den Jahren danach hielten wir freund-
schaftlichen Kontakt. Manchmal rief
sie an, meist nachts. Wegen Liebes-
kummer oder so. Seit Nina in die höheren Sphären abgerückt ist (»kreative
Revolution«), verbindet uns nichts
mehr. Schade. Das Gespräch erschien
im Januar 1979.

Ihre Utensilien kommen aus dem Karnevalsladen, und tagsüber läuft sie genauso rum wie abends auf der Bühne: Nikolausmantel am Leib, auf dem Kopf ein Hörnchen vom eigenen Haar und um die Augen Übermütiges. Clownpower nennt das Nina. Ihre Konzerte sind ausverkauft, ihre Fans um die 20 und die Fachleute nicht minder hingerissen. Nur die Journalisten, die konnten bisher nichts Rechtes mit ihr anfangen, denn Nina hält sich nicht an Spielregeln, ist keine »Vernüftige« – und wird es hoffentlich auch nie werden. Und sie ist viel zu unbequem, um nur gefällig zu sein. »Zeit«-Schreiber Sack ging sie offensichtlich so an die Nieren, daß er allen Ernstes behauptete, die »kreischende, sopranierende, schwitzende, prustende und linkisch hopsende Person« habe »außer dröhnender Musik keine Botschaft«.

Eine Stunde vor Auftritt habe ich sie zum erstenmal getroffen und gleich gemocht: keine Show, ganz sie selbst, offen und spontan, warmherzig und witzig. Und so ist sie auch auf der Bühne. Hinzu kommt da nur eines: ihr schlicht unerhörtes Talent! Eine unbekümmert, ja dreist eingesetzte Stimme, dazu ein energischer Körper und ein kluges Gesicht. das ist Nina, und die macht in Sekunden klar, wie erbärmlich diese aufgezäumten Hitparader und andere sind. Nina ist auf ihre Art schon jetzt Stars wie Patti Smith oder Liza Minelli (an denen sie nicht zufällig gemessen wird) durchaus ebenbürtig. Und – sie ist noch lange nicht am Ende ihres Weges. Sie steht am Beginn ihrer zweiten Karriere.

Schon in der DDR, die sie kurz nach Biermann verließ, war sie ein Star, und sie hat auch jetzt Chancen, den Rummel relativ heil zu überstehen. Ungezähmt ist sie und stark, verletzbar und komisch. Eine glatte Herausforderung für die Welt der Männer, der Normalen und der Erwachsenen. Was für ein Prachtweib diese Nina ist, läßt der nachfolgende, redigierte Extrakt aus unserem gemeinsamen Nachmittag nur ahnen. Denn Nina, die darf man eigentlich gar nicht lesen, die muß man hören und sehen.

Alice Schwarzer: Wenn man so über dich liest in der Presse, dann gibt's vielleicht ein, zwei Artikel, die sensibel sind, aber beim Rest hat man entweder das Gefühl, du spinnst, oder du bist ein Journalisten killendes Monster. Oder aber, da sind sich zwei Wesen von verschiedenen Sternen begegnet.

Nina Hagen: Die stellen mich als merkwürdiges Wesen hin, dabei sind sie die merkwürdigen Wesen, weil sie kranke und tote Fragen stellen. Da bin ich einfach nicht gewillt, in ihrer Sprache zu antworten. Dagegen wehr ich mich, und deswegen kommen da auch manchmal so merkwürdige Interviews zusammen. Zum Beispiel: Wie finden Sie denn die deutsche Showszene? Dann erzähl ich was aus meinem Leben. Oder: Ihre Texte sind ja nun sehr provozierend; meinen Sie, daß Sie sich noch lange über Wasser halten? Was soll ick denn da sagen... Da bin ick sauer! Und dann sagen die, die Nina Hagen ist eine schwierige Person. Nee – die sollen doch erst mal ihre Denkweise ändern, dann werden sie feststellen, daß sie die schwierigen Personen sind.

Schwarzer: Hast du denn auch schon die Erfahrung gemacht, daß deine Antworten verdreht, manipuliert worden sind?

Hagen: Na klar. Von dem »Spiegel«-Menschen zum Beispiel. Der hat mich gefragt: Punk, was ist das eigentlich? Da hab ick gesagt, dat kann ich Ihnen ganz kurz erklären: Wenn ich ein Punk wäre – ich bin aber kein Punk, weil ich Nina bin und individuell, und Punk ist Punk – also wenn ich ein Punk wäre, dann hätte ich Sie schon längst rausgeschmissen. Da macht der dann im »Spiegel« draus: Nina Hagen würde Punks rausschmeißen... So geht das. Und wenn du dem dann 'nen Brief schreibst, das richtigstellst, dann druckt er das noch nicht mal so. Da muß man aufpassen.

Schwarzer: Ich hab das gestern sehr gemocht in deinem Konzert, wie du eben nicht den Star machst; was Besonderes leistest, dich aber deswegen noch lange nicht für was Besonderes hältst.

Hagen: Weil ich immer wieder versuche, mich da oben genauso locker zu fühlen, wie die da unten, und merkwürdige Bewegungen mache und komisch tanze. Denn ick will ja kein Star sein, nichts Besonderes. Ick bin nun mal so 'ne ganz lustige Blume und kann nun mal singen. Aber ansonsten will ich, daß wir das gleiche Gefühl haben, das gleiche dufte Gefühl vom Leben. Deswegen laß ich mich zum Schluß auch runterfallen ins Publikum, oder ich gehe runter. Wenn sie dicht stehen, dann kann ich mich ja fallen lassen. Dann wird ja wohl nichts passieren.

Schwarzer: Reagieren eigentlich Männer und Frauen gleich auf deine Auftritte?

Hagen: Also bei den Männern ist natürlich erst mal schokking, weil ich so viele Faxen mache und Sachen verscheißere, die die sonst todernst nehmen. Also ihre Anmache zum Beispiel.

Schwarzer: ...die müßten doch Aggressionen kriegen...

Hagen: Eigentlich ja. Aber ich mach es ja wie im Hollywoodfilm. Ich mach sie nach, aber sehr gut. Ich mach so das Mannweib, daß denen die Spucke wegbleibt. Und dann öffne ich mich ja auch gleichzeitig wieder, knall ihnen mein Herz auf'n Tisch und mach Grimassen... Also ich weiß auch nicht, wie ich das hinkriege. Ich müßt's mal selbst sehen, um's zu begreifen.

Schwarzer: Was macht dir selbst auf der Bühne eigentlich am meisten Spaß?

Hagen: Die Imitationen. Die anderen Lieder sind mehr dazu da, um mal abzurotten, ein bißchen was rauszuschreien. Aber wenn ich jemand nachmache, Timi Yuro zum Beispiel, dann macht's mir Spaß, die staunenden Gesichter da unten zu sehen, daß ich das kann. Da bin ich für die der Clown. Die können sich auch ruhig über mich lustig machen. So lustig machen, wie sie sich auch über sich selbst lustig machen sollen, wie ich mich auch über mich lustig mache.

Schwarzer: Wenn du in deinen Liedern von Sexualität sprichst, dann klingt das sehr offensiv. Lebst du das auch so?

Hagen: Ich hab mal 'ne Freundin gehabt, mit der bin ich mir darüber klargeworden, welche körperlichen Empfindungen man als Frau eigentlich haben kann, und daß man da beim Mann unheimlich zurückstecken muß und sich nicht traut, was zu sagen. Das ist auch bei mir jahrelang so gelaufen. Bis ich mir dann eines Tages gesagt hab: Entweder es ändert sich jetzt was, oder ich brauch keinen Mann mehr! Dann hat sich eben was geändert. Und wenn mir meine Freundinnen jetzt was vorjammern, ich trau mich nicht und so, ja dann sag ich ihnen: Dann muß frau sich eben auch mal selber anfassen, das geht unheimlich gut, wenn man sich schön bequem hinlegt. Der Mann kann das ja auch sehr gut. Unsereins muß und kann und soll dann endlich auch mal.

Schwarzer: Mit »ich hab mal 'ne Freundin gehabt« meinst du, daß du auch eine sexuelle Beziehung zu ihr gehabt hast?

Hagen: Es ist erst zweimal passiert. Nee, dreimal. Aber es war alles nicht so... Die Liebesbeziehung war nicht so stark. Wir haben zusammen geschmust, aber es ist keine ernste Liebesbeziehung daraus geworden.

Schwarzer: Und warum nicht?

Hagen: Weil die Außenwelt einen nicht akzeptieren würde. Deswegen vielleicht. Früher, mit meiner ersten Freundin, da haben wir noch gedacht, lesbisch, das wollen wir ja nicht sein, das ist ja doof. Mit der anderen war es dann so, daß ich auch 'nen Freund hatte und die Beziehung zu ihm eben stärker war als zu ihr. Bei der dritten – da ist nie was zustande gekommen. Die zieht die Möglichkeit, mit mir zu schmusen, einfach gar nicht erst in Betracht.

Schwarzer: Ich mag es sehr an deinen Liedern, daß sie voller Phantasie, Witz und auch Lebensfreude sind. Gerade das scheint mir das Politische an deiner Arbeit. Denn das Übel ist ja, daß man den Menschen die Lebensfreude austreibt und es ihnen unmöglich macht, sie selbst zu sein. Deine wenigen Lieder aber, die explizit agitatorisch sind, die haben, immer feministische Inhalte.

Hagen: Na klar. Da sind ja auch meine speziellen Probleme, meine Erfahrungen.

Schwarzer: Hast du auch direkte Kontakte zur Frauenbewegung? Und was hältst du überhaupt davon?

Hagen: Ich sehne mich unheimlich danach, mehr Freundinnen zu haben. Wenn wir spielen und da sind Frauen, dann ist es toll, wie wir uns nach dem Konzert umarmen. Neulich, als wir im Quartier Latin gespielt haben, da flatterten da immer zwei Lesben rum, so richtig schön dick und rund. Die fühlten sich einfach frei, das war ein Volksfest für die. Und ein andermal, auch im Quartier, saß meine Freundin Ariane unten. Bei der zweiten Zugabe hatte sie keine Lust mehr, unten zu hocken und ist hochgekommen, hat getanzt und gesungen, ist auch mal hingeflogen, hat sich das Mikrofon gegriffen und ist über die Bühne gesegelt. Da hab ich gedacht, wenn eine oben ist, können auch mehr hoch kommen. Es kamen auch ganz viele Mädchen, die hab ich alle hochgezogen. Zum Schluß war die ganze Bühne voll. Das fand ich schon sehr gut. Aber zur Frauenbewegung direkt hab ich wenig Kontakt. Ich hab eher Kontakt zu denen, die in unsere Konzerte kommen. Mit denen verbrüdern und verschwestern wir uns.

Schwarzer: Gibt es auch Dinge, vor denen du Angst hast?

Hagen: (lange Pause) Nö...

Schwarzer: Und woher hast du die Kraft?

Hagen: Tja. Es gibt vielleicht ein paar Dinge: Also irgendwann gab's mal Biermann in meinem Leben, und der war für mich unheimlich dufte. Mit 12, 13 hab ich all seine Lieder gesungen, auf der Gitarre, und war ein richtiger Biermann-Fan. Er war ja verboten in der DDR. Und dadurch, daß meine Mutter mit ihm gelebt hat, und ich sozusagen seine Stieftochter war, hab ich automatisch zu den Außenseitern gehört. Auch in der Schule haben sie mich deswegen geschnitten, ich sollte erst mal beweisen, daß ich trotzdem eine gute Genossin war...

Schwarzer: Vielleicht ist es gut für Frauen, als Außenseiter ranzuwachsen. Nichts engt Frauen so ein, wie die Normalität.

Hagen: Glaub ich auch. Deswegen sind die Schwarzen ja auch oft so dufte Menschen. Von Biermann und meiner Mutter hab ich mich allerdings eines Tages befreit. Ich hab ihn ganz lange nicht mehr besucht, hab meine eigenen Texte geschrieben. Die waren zwar beschissen, aber es waren meine eigenen. Ich mußte mich da einfach gegen wehren. Die beiden sind nämlich sehr starke Individuen – was sie nicht daran gehindert hat, zeitweise an mir rumzuerziehen, mit Aufräumen und so. Der Biermann, der hat mich damals immer nur als Kind behandelt. Mit Sprüchen wie »Frau Gräfin steht mal wieder auf dem Sessel mit den Schuhen« und so.

Schwarzer: Gab es noch andere Einflüsse, die wichtig für dich waren?

Hagen: Klar. Das Brecht-Theater zum Beispiel. Da hab ich schon mit zehn Jahren immer rumgehangen. Das hat mich unheimlich angetörnt. Die Lieder und die ganzen Verkleidungen. Mit 12 hab ich dann den Rock entdeckt und bin erst mal ausgeflippt... Mit 17 sollte ich dann 'ne Lehre anfangen. Da bin ich aber abgehauen nach Warschau, weil ich mir erst mal überlegen wollte, was ich denn nun werden will und so. Ich wollte Leute kennenlernen, mal in einer Band singen. Auf die Idee zu kommen, war in dem Milieu, in dem ich gelebt habe, ja nicht so ausgefallen. Meine Mutter singt ja auch. Die erste Zeit hab ich immer mit ihr zusammen zu Hause gesungen. Da hatte ich meine richtige Stimme noch überhaupt nicht entdeckt, da hab ich immer nur leise gesungen, so mit normaler Singstimme. Ich hab mich eben noch nicht getraut. Na, und in Warschau habe ich angefangen. Mit Janis und Blues. Zurück in der DDR bin ich dann in das Studio für Unterhaltungskunst gegangen, ein Jahr lang.

Schwarzer: Und wie haben Biermann und deine Mutter darauf reagiert?

Hagen: Na, die haben erst mal die Nase gerümpft, haben gesagt: Jetzt wird sie Schlagersängerin... Aber ich bin dann doch nicht Schlagersängerin geworden, sondern nur so halb,

weil manche Sachen sich eben in der DDR nicht ganz vermei-
den lassen. Besonders am Anfang, wo ick noch nicht so auf mir
drauf war wie heute.

Schwarzer: Wenn du sagst, »auf mir drauf sein«, dann
meinst du ja, du selbst sein zu können. Ich habe das Gefühl, daß
da auch die Londoner Zeit eine große Rolle gespielt hat.

Hagen: Ja, unheimlich. Da bin ich hin, kurz nachdem ich
hier rüber gekommen bin. Vor London hatte ich zwar auch
schon irgendwie 'nen Stil mich anzumalen und anzuziehen, der
war schon immer irgendwie verrückt, aber doch nicht ganz so.
Und als ich dann die »Slits« kennenlernte, besonders die
Ariane, die 15jährige, da ist mir klar geworden, daß man jung
im Kopf bleiben kann – wenn man sich nur Mühe gibt.

Schwarzer: Sag mal genauer, was du damit meinst.

Hagen: Na ja, man muß versuchen, sich mit den jungen Leuten abzugeben. Also mit den 15- bis 16jährigen, denn die machen noch viele Spielchen, die man als Erwachsener nicht mehr
macht. Am Anfang, als ich die Ariane kennengelernt habe, da
hab ich mich unheimlich erwachsen gefühlt. Ich konnte ihre
Späße ja manchmal nicht nachvollziehen. Es hat mich zum Beispiel mächtig Überwindung gekostet, sie auf ihr Drängen im
Rollstuhl ins China-Restaurant zu fahren – nur, weil sie keine
Lust hatte zu laufen. Ich hab dann gesagt: O.k., ich mach's,
aber nur, wenn du nicht aufstehst... So Scherze haben wir dauernd gemacht. Mit Ariane kann ich auch am besten über meine
Arbeit reden. Die mag ich ganz wahnsinnig gern. Die ist auch
unheimlich helle im Kopf. Das ist eine richtige Hexe!

Schwarzer: Demnächst gehst du wieder auf Tournee. Neue
Lieder und Platten machst du auch. Hast du noch andere
Pläne?

Hagen: Ja, ich hab einen Film geschrieben. Über eine Frau
natürlich. Den Namen kann ich schon mal verraten: Eulalia
Treppengeländer. Die rutscht nämlich so gern Treppengeländer und hat leider auf einer Schiffsweltreise ihr Gedächtnis verloren. Sie kommt nach Deutschland zurück, denn die deutsche

Sprache spricht sie noch. Sonst ist alles weg. Sie weiß nicht mehr, wer sie ist und so. Dann stößt sie auf ein paar Leute, und da teilt ihr jemand mit, da gab's 'ne »Liga für gestrandete Existenzen«. In dieser Liga wird auch der Wolf Biermann vorgeführt, der spielt nur noch Bongo oder singt Lieder ohne Gitarre. Und Lindenberg singt mit sächsischem Akzent. Lieder, die die Gefühle der Leute verbessern und die Vergangenheit in den Griff kriegen wollen. Dann gibt's aber da noch 'ne andere Liga, die die Vergangenheit Vergangenheit sein lassen will. Und alles hängt mit der Eulalia zusammen wegen ihrem Gedächtnisschwund und mit den Eigenheiten des Liga-Präsidenten, der ist nämlich Fischmann und daran scheitert auch die Beziehung zu Eulalia, aber mehr will ich noch nicht verraten. Ich such noch jemand, mit dem ich das Drehbuch ausfeilen kann und der die Regie führt. Ich spiel natürlich die Eulalia.

Schwarzer: Du bist ja oft gefragt worden, was für dich denn nun der Unterschied sei zwischen der DDR und der BRD, ob du einen Kulturschock gekriegt hättest oder so.

Hagen: Von der DDR aus da sah so manches so progressiv aus. Der Beatclub zum Beispiel. Na, und von hier aus begreifst du, daß das 'ne ganz miese Bedürfnisindustrie ist. Und dann gab es in der DDR einen unheimlichen Zusammenhalt zwischen den Leuten, die manche Sachen nicht so dufte fanden und irgendwie was ändern wollten. Drüben hat es so eine richtig große Szene. Die fahren im Sommer vielleicht alle nach Ungarn oder ins Sandsteingebirge oder woanders hin. Wenn man da mal jemand besucht, ist immer offene Tür und es wird Tee gemacht und ist ganz toll. Im Westen, da verläuft sich das alles so. Das ist größer und bunter, da kann man leicht den Anschluß verlieren. Man kann leichter traurig werden, weil man mehr allein ist. Man kann sich hier leichter langweilen, wahnsinnig langweilen. In den Diskotheken, da ist zwar alles ganz bunt, aber die Menschen haben sich nicht viel zu sagen. Du guckst dir den Verrückten an, und dann den, und dann den Hintern und den Busen und dann hat es sich. Dann langweilst du dich wieder. Und dann kommt wieder ein anderes Lied, verstehst du, und das alles ist eine große Einsamkeitsschaffe. Jeder produziert sich, so gut er kann. Es ist auch schwer, mit den Leuten in Kontakt zu kommen, weil es so laut ist. Darum fände ich es gut, wenn sich wieder mehr Bands trauen würden, live zu spielen. Das hat dann einen ganz anderen Charakter. Da kann man brüllen, Sachen sagen, Fressen schneiden, unübliche Sachen machen, sich befreien, sich nicht so alleine fühlen.

Schwarzer: Wie lebst du eigentlich, Nina? Wie vergeht so ein ganz normaler Tag?

Hagen: Ich wohne mit dem Manne, unser Gitarrist und mein Freund, in einer Altbauwohnung in Steglitz. Oft haben wir Besuch, von Lothar zum Beispiel oder dem schwulen Thomas, der arbeitet mal als Vertreter für Rasenmäher bei Karstadt und mal als Kellner. Wenn ich morgens aufstehe und in die Küche gehe, dann kommt meistens aus einer der Türen einer von denen, denn wenn die abends lange bleiben, dann frühstücken wir auch gleich zusammen. Später kommt der Pot und mit dem fahren wir zu unserem Kreuzberger Proberaum. Unterwegs rauchen wir ein Pfeifchen und kommen da ganz munter an. Das zieht sich dann so ein paar Stunden hin, wir gehen was essen, kriegen Besuch von anderen Bands, arbeiten weiter, und abends guckt auch schon mal jemand von den Flying Lesbians hoch. Dann wird noch mal gejamt oder so. Ganz netter Tag. Abends geht's wieder nach Hause, und ich guck in den Kühlschrank, was es da gibt, und mach noch was. Dann mach ich in der letzten Zeit leider öfter den Fernseher an, und dann geh ich ins Bett, schlaf ein und freu mich auf den nächsten Tag. Oder ich geh auch mal abends weg, wenn Bands spielen, oder in 'ne komische Kneipe.

Schwarzer: Wie reagieren denn da die andern auf dich?

Hagen: Ach, wie reagieren sie… Die kennen mich ja schon alle so. Wenn ich auftauche, dann gucken sie immer, als wär ich ein großes exotisches Wunder, keiner quatscht mit mir. Ich steh dann alleine rum. Höchstens die Schwulen, die quatschen mit mir. Die gehören ja selber auch nicht richtig dazu. Oder nette Frauen, mit denen quatsche ich natürlich auch, so ist es nicht. Aber die meisten staunen eben und denken, ich wär ein bißchen abgehoben oder überkandidelt. Dabei ist das nur Lebensfreude, reine Lebensfreude.

Gianna Nannini
Rockstar

Aus den Augenwinkeln habe ich ihren Weg weiterverfolgt. Sie hat sich tatsächlich nicht festlegen lassen. Es imponiert mir, daß Gianna Nannini – Ruhm hin, Ruhm her – ihr Studium beendet und promoviert hat. Das Porträt erschien im Mai 1983.

Auf ihrem zweiten LP-Cover, Una radura, springt sie noch ins Ungewisse. Jetzt ist sie gelandet: mitten im Erfolg. Auf dem allerersten Cover schaute sie noch verhalten bis introvertiert zagend durch einen Türspalt: halb mißtrauischer, halb melodramatischer Blick; verletzlicher Mund. Auf dem Cover ihrer neuen LP, California, ist die Verletzlichkeit immer noch spürbar, aber sie ist gemischt mit Stärke, siegesgewiß: den Kopf übermütig nach hinten geworfen, zwischen den halboffenen Zähnen gekonnt ein Zigarillo.

So mögen sie ihre Fans, und so ist das Bild auch schon fixiert. »Vulkan und stilles Wasser« (Pensberger Merkur), »Rockt wie ein Kerl« (Bravo), »Donna rockt mit der Reibeisenstimme einer Janis Joplin und der Rastlosigkeit eines Mick Jagger« (Kölner Stadtanzeiger), aber auch: »Uneitel, humorvoll (bis zur Selbstkarikatur) und besessen von ihrer Musik« (Mädchen).

Noch 30 Sekunden bis zu ihrem Auftritt in der Siegerlandhalle, zwischen zwei Lindenberg-Darbietungen. Sie hüpft und dribbelt hinter den Kulissen wie eine Sprinterin vor dem Start oder wie ein übermütiges Kind vor dem Ausbruch. Zwei Gläser Champagner intus, wie vor jedem Auftritt; der einzige Kick, den sie sich zugesteht. Und: den Tiger im Tank. Gianna Nannini, 27 Jahre alt, Sängerin, Musikerin, Texterin, Komponistin, geboren als Mädchen im Herzen der Toscana, geboren als Star im Showbusiness der Bundesrepublik. Seit gut drei Jahren ein Insider-Tip, seit einigen Monaten kommender Rock-Star: Rockpalast, einen Hit, Beiprogramm bei Udo und im Dezember eine erste eigene Tournee.

Und dann – der Sprung auf die Bühne: kräftig, mit leicht vorgebeugten Schultern, wiegenden Hüften und federndem Schritt. Bravo hat recht. Sie rockt wie ein Kerl. Und sie schreit sich die Seele aus dem Hals wie ein Weib.

Genau das ist es wohl: diese Mischung von Kraft und Gefühl, dieser Schritt vom Erleiden zum Erobern – genau das ist es wohl, was ihre Fans, männlich wie weiblich, in die Knie gehen läßt. Gianna Nannini gehört zu der Generation, die mit dem

Feminismus Frau wurde. Sie glaubt sich heute frei von den Fesseln der Weiblichkeit, muß Tränen nicht leugnen und Taten nicht kaschieren. Für sie ist der Sprung in die Männerdomäne Rock eine Selbstverständlichkeit. Wen nimmt es da Wunder, daß es vor allem junge Frauen sind, die ins Schwärmen geraten…

Erfrischend uneitel, noch ganz unbefangen, ja fast unschuldig ist sie. Sie kann etwas sehr Kindliches haben, diese Gianna. Da wird für den Auftritt irgendetwas übergestreift, möglichst voluminös und gern auch in kräftigen Farben. Und gleich nach dem Streß wird die 20jährige Regina, ein über 200 km angereister Fan, der es geschafft hat, sich bis zur Garderobe durchzuschlagen, mit derselben Intensität und Offenheit begrüßt, wie eine Uraltfreundin. Man merkt ihr die Belastungen des Tages nicht an. Auch nicht den besorgten Anruf in Mailand, gleich nach der Ankunft im Hotel. Eine Freundin von ihr ist schwanger von einer Vergewaltigung und hat aus Angst vor der Familie des Vergewaltigers (!) erst im vierten Monat gesagt, was los ist. Nun geht es um die Abtreibung. Gianna organisiert mit. Von der Tournee aus. »Vielleicht schaffen wir es ja noch in London – obwohl es natürlich sehr spät ist. Aber wenn sie das Kind kriegen muß, dreht sie durch…«

Am Abend auf der Bühne ist Gianna dann wieder genau die weibliche Mischung von Draufgängertum und Gefühl, für die die Zeit überreif scheint. Zarah Leander im Rockrhythmus, Version '83. Und so schafft sie es sogar in der Siegerlandhalle, ein zu 90 Prozent für Udo angereistes Publikum im Handstreich zu erobern: zwei Zugaben und noch kein Ende, Pfiffe der Enttäuschung, als Udo dann doch weitermacht. Unser Gespräch haben wir in der Garderobe geführt, zwischen Sound-Check und Auftritt, 60 hastige, aber doch intensive Minuten lang.

Alice Schwarzer: Du hast dich ziemlich verändert seit deiner ersten Platte vor sechs Jahren. Damals hast du ganz melodramatische Balladen gesungen – die ich übrigens auch sehr mochte! – heute bist du bekannt für deinen vitalen Rock.

Gianna Nannini: Ja. Ich war gräßlich selbstmitleidig. Sobald ich irgendein Problem sah, heulte ich los. Ich heulte in mich rein, statt meinen Schmerz rauszuschreien. Ich konnte mich selbst nicht leiden... Das ging lange Zeit so, bis ich eines Tages begriff: Ich will kein Opfer sein! Ich wollte nicht mehr leiden! Darum habe ich »America« geschrieben. Ich wollte siegen!

Schwarzer: Was dir gelungen ist. »America« ist dein erster großer Sieg, ist ein Hit.

Nannini: Und es ist ein Lied über Selbstbefriedigung – über etwas also, was ich schon immer sehr gern gemacht habe.

Schwarzer: Weibliche Selbstbefriedigung im Rock-Rhythmus... Wie haben sie denn in deiner Heimat darauf reagiert?

Nannini: Heftig. Sehr heftig. In Italien ist das Verhältnis zu mir überhaupt ziemlich extrem. Entweder man mag mich sehr, oder man mag mich überhaupt nicht. Man mag mich nicht, weil ich keine richtige Frau bin. Eine richtige Frau gehört ins Haus, ist unkompliziert und bescheiden. Ich bin das ganze Gegenteil: Ich bin eine Frau, die Erfüllung in ihrer Arbeit findet, die unabhängig ist, allein und – auch noch Erfolg hat. Und das alles ohne Mann, sogar ohne Manager. Vor solchen Frauen – und davon gibt's bei uns immer mehr – haben viele Angst in Italien. Wirklich Angst. Ich spüre es manchmal im Publikum: Wie einer da sitzt und mich starr vor Entsetzen anguckt... Ich bin zu stark. Ich mache Angst.

Schwarzer: Reagieren auch Frauen so auf dich?

Nannini: Manche ja.

Schwarzer: Aber auffallend viele Frauen, gerade auch junge, schwärmen für dich, bewundern dich, ja scheinen regelrecht verliebt zu sein in dich. Bist du ein »Frauenstar«?

Nannini (lacht): ... Das glaube ich nicht.

Schwarzer: Wie ist dein Verhältnis zu Italien?

Nannini... Ich liebe Italien! Ich würde nie da weggehen

wollen. Letztes Jahr war ich anderthalb Monate in Kalifornien – gräßlich. Ganz Amerika ist Plastik. In Kalifornien sind alle Vegetarier. Bei uns in Italien ist Blut eine ganz wichtige Sache.

Schwarzer: Erzähl mir von deiner Kindheit in Siena.

Nannini: Ich komme aus einer gutbürgerlichen Familie. Mein Vater hat eine Konditorei, meine Mutter ist Hausfrau. Bis 14 hatte ich eine fantastische Kindheit. Ich war immer glücklich und sehr aktiv. Aber dann ging's los. Plötzlich sollte ich eine Frau werden, die zur Ehe bereit ist. Und das mochte ich gar nicht.

Schwarzer: Was haben sie denn mit dir angestellt?

Nannini: Ich erinnere mich zum Beispiel an eine Szene mit meinem Vater, da war ich 13, 14. Er hat mich von einem Fest weggeholt, nur weil ich einen Minirock anhatte (mit dicken Strumpfhosen und so, also überhaupt nicht erotisch). Zu Hause hat er mich wie wild geohrfeigt und den Rock in tausend Fetzen zerstückelt. – In Italien kannst du als Mädchen noch nicht mal allein vor die Tür gehen. Immer ist jemand dabei, ein Bruder, der Vater oder die Mutter. Noch nicht mal zu meinen Klavierstunden durfte ich allein gehen, eine Tante mußte immer mit. Das hat mich schon mit fünf verrückt gemacht. Ich wollte immer raus, alleine raus. Ab 14 wurde es dann unerträglich.

Schwarzer: Und was hast du getan?

Nannini: Ich habe angefangen zu lesen. Frauenbücher. »Was geschieht mit kleinen Mädchen?« von Belotti, Betty Friedan, Susan Sontag. Einfach alles, was ich in die Finger kriegte. Alle Klassikerinnen des Feminismus. Damals gab es bei uns noch keine Frauenbewegung. Es gab nur Bücher. Und die habe ich verschlungen. Dann hörte ich eines Tages, daß es in Mailand eine kleine Frauengruppe gab, die lotta continua feminista. 1973 war das, ich war 18. Und da bin ich hin. Nur wegen dieser drei Frauen.

Schwarzer: Du bist also ein direktes Produkt der Frauenbewegung?

Nannini: Kann man sagen. Nur, ich rede selten drüber, weil die Medien daraus immer gleich so ein plattes Klischee machen.

Schwarzer: Und wie ging es weiter in Mailand?

Nannini: Ich habe angefangen zu studieren. Musik und Philosophie. Und ich habe bei einer feministischen Selbsterfahrungsgruppe mitgemacht, eben mit diesen drei Frauen. Wir waren die allerersten überhaupt in Mailand. An der Uni war ich in einer Anti-Psychiatrie-Gruppe aktiv. In der Zeit fing ich an, Lieder zu schreiben. Rebecca. Maria Paola. Ich bin auf Frauenfestivals aufgetreten, habe in Kneipen gesungen, habe meine erste Schallplatte gemacht.

Schwarzer: Warum Selbsterfahrungsgruppe und Anti-Psychiatrie?

Nannini: Die Selbsterfahrungsgruppe hat mir geholfen, mich selbst besser zu verstehen und auch: mich selbstkritischer zu sehen. Ich begann, meine Larmoyanz zu hassen. Und die Anti-Psychiatrie... Es war die Zeit, in der man sich des ungeheuren Skandals bewußt wurde, begriff, daß Psychiatrie nur eine andere, oft schlimmere Art von Gefängnis ist. Aber auch, weil es mich ganz persönlich betrifft. Noch heute habe ich manchmal Angst, verrückt zu werden, den Kopf zu verlieren. Angst vor meiner Paranoia, vor meinen heftigen Stimmungen: mal ganz hoch oben, mal ganz tief unten... Aber ich kann und will auch nicht anders sein. So bin ich nun mal.

Schwarzer: Stimmt es, daß du früher eine ausgesprochen liebliche Stimme hattest? Und daß du deine Reibeisen-Stimme erst hast, seit du Karate machst?

Nannini (lacht schallend los, wie so oft in unserem Gespräch): Ja, das stimmt. Das kam quasi über Nacht. Eines Morgens wachte ich auf und hatte diese Stimme...

Schwarzer: Und seit wann machst du Karate?

Nannini: Seit meinem 14. Lebensjahr.

Schwarzer: Die magische 14. Und bis zu welcher Stufe hast du es bei Karate gebracht?

Nannini: Ich mache heute noch Karate. Den Schwarzen

Gürtel habe ich mit 19 gemacht. Ich red nur nicht so gern darüber, weil sowas auch gleich so zum Klischee erstarrt.

Schwarzer: Sport ist, glaube ich, sehr wichtig für dich?

Nannini: Und wie. Ich mag Körperlichkeit. Körperbeherrschung. Körperarbeit. Meine Kräfte entwickeln. Bis an die Grenzen meiner Kraft gehen. Mich ganz und gar verausgaben. Der Sport hat mir auch gegen meine Angst, den Kopf zu verlieren, geholfen. Auch wenn ich auf Tournee bin, gehe ich jeden Morgen joggen. Das rettet mich, hält mich in Schwung.

Schwarzer: Diese Tourneen. Abends auftreten, vormittags oft hunderte von Kilometern weiterfahren, nachmittags Sound-Check und abends wieder auftreten. Wie hältst du das überhaupt durch? Auch emotional? Ich denke, daß das für Männer wie Frauen hart ist, aber Männer haben wenigstens manchmal eine Begleiterin dabei oder greifen sich ein Groupie... Und du?

Nannini: Da macht bei einer Frau keiner mit, »Begleitung« im Schatten zu spielen...

Schwarzer: Also kurze Affären...?

Nannini: Manchmal. Zur Zeit allerdings habe ich überhaupt keine Lust. Auf niemanden. Ich bin zu sehr mit meiner Arbeit beschäftigt. Aber manchmal tu ich es. Und mit Vergnügen.

Schwarzer: Mit Männern? Mit Frauen?

Nannini: Mit beiden. Es gibt Phasen, da interessiere ich mich mehr für Frauen, und Phasen, da sind es eher Männer.

Schwarzer: Welche Art von Männern? Welche Art von Frauen?

Nannini: Da hat sich mein Geschmack in den letzten Jahren sehr geändert. Früher stand ich auf sehr männliche Männer und sehr weibliche Frauen. Heute sind es eher maskulinere Frauen und femininere Männer, androgyne Typen halt. Mich interessieren immer mehr Menschen, Individuen und nicht Geschlechter.

Schwarzer: Und wie verkraftest du die »kurzen Nächte«?

Kriegst du anschließend nicht doch manchmal ein schlechtes Gewissen, wirst sentimental?

Nannini: Nein, nie. Ich benutze die Menschen ja nicht. Ich lüge nicht. Ich bin sehr offen und sehr intensiv, bin wirklich dabei. Selbst wenn es nur 10 Minuten sind.

Schwarzer: Und die anderen...?

Nannini: Ja, die machen mir manchmal das Leben schwer. Ich bin nämlich oft in mehrere auf einmal verliebt. Und das ist gar nicht so einfach. Aber ich kann das einfach nicht: bei einem einzigen Menschen stehenbleiben. Für mich ist Leidenschaft das wichtigste. Und die habe ich nur bei neuen Begegnungen.

Schwarzer: Und was ist mit den Gefühlen? Zum Beispiel, wenn du nach einem anstrengenden Auftritt allein im Hotelzimmer liegst?

Nannini: Dann telefoniere ich. Ich rufe eine meiner drei besten Freundinnen an: in Mailand, Rom, Siena. Entsprechend sind meine Telefonrechnungen... Mit ihnen kann ich immer sprechen. Zwei davon sind übrigens ehemalige Beziehungen, heute sind wir Freundinnen.

Schwarzer: Was bedeuten Freundschaften für dich?

Nannini: Zu geben, nicht nur zu nehmen. Aber das habe ich erst lernen müssen.

Schwarzer: Deine größte Geliebte ist, glaube ich, deine Arbeit.

Nannini: Richtig. Meine Arbeit ist das Wichtigste für mich. Ich liebe meine Arbeit! Und ich arbeite wahnsinnig viel und intensiv.

Schwarzer: Wie sind eigentlich deine Beziehungen zu deiner augenblicklichen Band? Frauen haben es gerade da ja besonders schwer. Ich denke zum Beispiel an Nina Hagen, die früher manchmal ganz zermürbt war von dem Psycho, den die Jungs ihr machten...

Nannini: Stimmt. Das ist immer heikel. Auch, weil du eine Frau bist, und sie dich nicht so selbstverständlich als Autorität akzeptieren. Aber nicht nur deshalb. In der Arbeit mit mir muß eine Band dasselbe fühlen wie ich, verstehst du? Mit ein bißchen Glück findest du Leute, die vielleicht für zwei, drei Monate enthusiastisch sind. Danach ist die Luft raus. Hinzu kommt, daß es bei uns in Italien überhaupt keine Band-Tradition, keine Gruppen-Tradition gibt. Man spielt ein bißchen zusammen, und dann läuft man wieder auseinander. Und als Sängerin wirst du schon gar nicht ernst genommen. Eine Sängerin, das ist in der Musiker-Hierarchie einfach das letzte.

Schwarzer: Welche Instrumente spielst du eigentlich selbst?

Nannini: Klavier, Violine, Syntheziser und Gitarre. Aber mein wichtigstes Instrument ist mein Körper und meine Stimme.

Schwarzer: Hast du schon mal versucht, mit Frauen zu arbeiten?

Nannini: Ja. Und ich habe sehr gute Erfahrungen gemacht. Mit Anette Humpe zum Beispiel. Mit ihr konnte ich wirklich reden und richtig zusammenarbeiten. Und auch mit Annie Lennox. Es war herrlich! Ich war ganz begeistert! Das heißt, ich weiß, daß es auch mit Frauen sehr schwierig sein kann, und daß gerade unter Frauen die Konkurrenzprobleme manchmal höllisch sind. Aber ich habe bisher nur fantastische Erfahrungen gemacht.

Schwarzer: Du schreibst und komponierst alle deine Lieder selber. Wie und wann schreibst du sie eigentlich?

Nannini: Immer und überall. Zu Hause. Im Auto. Im Hotelzimmer. Fast immer fange ich mit der Melodie an. Erst dann kommt der Text. Ideal ist, wenn ich beides gleichzeitig entwickle: ein paar Takte, ein paar Worte, ein paar Takte...

Schwarzer: Und welches Lied von dir magst du selbst am meisten?

Nannini: Zur Zeit »America«! Ich finde es gut, aber es gefällt mir ehrlich gesagt auch, weil es mein erstes richtiges Erfolgslied ist. Das zählt. Daß Menschen darauf ansprechen! Daß ich sie damit erreiche! Daß sie sich damit identifizieren!

Schwarzer: Erfolg und einen Hit hast du jetzt. Wie geht es weiter?

Nannini: Ich weiß es noch nicht. Vielleicht mache ich schon auf meiner nächsten Deutschland-Tournee im Dezember was ganz anderes. Ich entscheide das am Ende dieser Tournee. Vielleicht komme ich allein oder zu zweit auf die Bühne. Vielleicht mache ich eine neue Art von Performance. Ich denke seit Monaten darüber nach. Musik und Bewegung. Mit Stimme und Körper habe ich die größten Möglichkeiten. Die Sprache meines Körpers, das ist es, was mich heute am meisten interessiert. Ich möchte Lieder für meinen Körper schreiben. Instrumente haben Grenzen, Körper nicht.

Schwarzer: Ganz schön gewagt, im Augenblick des Erfolgs nicht auf der Welle zu reiten, sondern umzusteigen...

Nannini: Na und. Ich hasse es, festgelegt zu sein. Ich würde am liebsten jeden Augenblick etwas neu entdecken, erfinden.

Schwarzer: Und wie willst du jetzt weiterarbeiten?

Nannini: Wenn ich jetzt zurück nach Mailand komme, werde ich ein paar Wochen lang mit Taubstummen zusammenarbeiten, mit ihnen eine Körpersprache entwickeln. Ich möchte die Vibrationen meines Körpers einsetzen, meinen Körper zum Instrument machen.

Schwarzer: Welche Art von Musik magst du selbst am liebsten?

Nannini (denkt lange nach und sagt schließlich entschlossen): Flamenco.

Schwarzer: Und was magst du sonst noch?

Nannini: Menschen. Und Ski. Und Segeln. Und Film. Antonioni zum Beispiel oder Bertolucci, für den ich ja auch eine Filmmusik geschrieben habe.

Schwarzer: Und Bücher?

Nannini: Ich bin zu faul zum Lesen. Ich lese wenig und wenn, dann meist Philosophisches. Pasolini, den liebe ich.

Schwarzer: Was sagen deine Eltern zu deinem heutigen Leben?

Nannini: Meinem Vater ist es eher peinlich. Er hätte sich eine ganz andere »Karriere« für mich gewünscht... Meine Mutter ist inzwischen stolz auf mich, richtig stolz. Neulich hat sie sogar gesagt: »Hätte ich es doch so wie du gemacht!«

Schwarzer: Kannst du dir vorstellen, selbst ein Kind zu haben?

Nannini: Warum nicht. Ich mag Kinder.

Schwarzer: Wo wäre das Kind dann jetzt? Hier in der Garderobe?

Nannini: Vielleicht. Vielleicht hätte ich es aber auch im Hotel vergessen... (lacht unbändig)

Schwarzer: Wie läuft's mit Udo auf dieser Lindenberg-Tournee mit Nannini-Einlage?

Nannini: Gut. Sehr gut. Ich glaube, er hat regelrecht Angst davor, für einen Macker gehalten zu werden. Das macht's einfacher. Keine Probleme.

Schwarzer: Wenn ich es nicht schon vorher geahnt hätte, hätte ich es spätestens bei dem Gedränge am Bühneneingang und an der Reaktion des Publikums gemerkt: Du bist dabei, ein Star zu werden, Gianna, ein Idol. Das heißt, nicht nur deine Musik, deine Stimme gefällt den Menschen. Da ist mehr: dein Bild, dein Image, deine Art der Selbstdarstellung reißt sie mit. Was meinst du: Woran liegt das? Was fasziniert die Fans an dir?

Nannini (zögert, überlegt länger): ...Ich weiß nicht, wie so etwas passieren kann. Ich glaube, es ist eine Frage der Gefühle, der Identifikation. Sie spüren ganz einfach, daß ich ein Mensch bin. Ein Mensch mit Gefühlen, ein Mensch, den sie anfassen können, der existiert. Es ist sicherlich kein Zufall: Die meisten Briefe, die ich kriege, sind Briefe von Menschen, die mich weder anschwärmen, noch anmachen, sondern – die ganz einfach mit mir befreundet sein möchten.

Rossana Rossanda
Journalistin

Manche vergleichen sie mit Rosa
Luxemburg. Ihre Stimme ist eine
der integersten und radikalsten
innerhalb der unabhängigen, internationalen Linken. Ein halbes
Jahrhundert Kampf gegen Unrecht
und Unterdrückung... Manchmal mache ich mir Sorgen um sie.
Wir schreiben uns. Selten. Denn
wir haben beide wenig Zeit. Das
Porträt erschien im Dezember 1986.

Ein zu heißer Tag im September. Wir haben uns verspätet, haben zulange geredet. Rossana erzählt weiter, während wir, auf dem Weg von ihrer Wohnung in die Radaktion, an der Engelsburg vorbeihasten, den Tiber überqueren und uns durch das Auto- und Menschengewühl der römischen Gassen schlängeln. Rossana erzählt von ihrem Leben. Von ihrer drei Jahre jüngeren Schwester, einer renommierten Chirugin, die doch tatsächlich nichts Besseres zu tun hatte, als am Tag nach Rossanas Ausschluß aus der Kommunistischen Partei in die KP einzutreten. Und von der Mutter, mit der sie jedes Jahr zwei Wochen Urlaub machte, und von der sie bis zuletzt recht kindlich tyrannisiert wurde. Und vom letzten Urlaub auf Sardinien mit Karol, dem nach Frankreich emigrierten polnischen Juden, mit dem sie seit 20 Jahren das Leben teilt.

Wir hasten die fünf Treppen zu Il Manifesto hoch. Der Fahrstuhl ist »schon wieder kaputt«. Die tägliche Redaktionssitzung hat bereits begonnen. An ihr nehmen heute besonders viele teil. Gestern mißglückte das Attentat auf den chilenischen Diktator Pinochet. Ich verstehe nicht, was geredet wird. Aber ich sehe. Ich sehe etwa 20 Männer und Frauen, im Schnitt zwischen 30 und 40 Jahre alt. Sie wirken gelangweilt bis angespannt.

Rossana Rossanda ist trotz der sehr zurückhaltenden Art, mit der sie sich anderen Menschen aufmerksam und abwartend nähert, mit ihrem Eintritt Mittelpunkt der Redaktionssitzung. Sie beginnt zu reden. Die Angespanntheit steigt, ja wird bei manchen zur unübersehbaren Feindseligkeit.

Rossana Rossanda, heute 62 Jahre alt, hat Il Manifesto vor 15 Jahren mitbegründet und ist de facto seither seine Chefredakteurin. Die integre, analytische Stimme dieser radikalen linken Tageszeitung wird in der ganzen Welt gehört – nicht zuletzt wegen der quasi täglichen Kommentare Rossana Rossandas.

Heute geht es, wie ich anschließend erfahre, um Pinochet. Rossana Rossanda vertritt die Auffassung, daß dieses Attentat »Notwehr« sei. Ihre Kollegen und Kolleginnen zögern. Bringt

Il Manifesto sich dadurch nicht in den Geruch des »Sympathi-
santentums«? Ist eine solche Tat nicht schlicht »Terrorismus«?
– Rossana Rossanda setzt sich durch. Dank der Autorität ihrer
Person und ihrer unersetzlichen Arbeit in der Zeitung.

Ohne sie hätte Il Manifesto, eine der letzten radikalen linken
Zeitungen auf der Welt, das Attentat auf Pinochet am nächsten
Tag als »terroristischen Akt« verurteilt. Zögernd vielleicht.
Und mit Wenns und Abers. Aber dennoch.

Rossana Rossanda hat zulange gekämpft, zu genau nachgedacht und zuviel riskiert, um jetzt noch hasenherzig werden zu
können. Mit 19 klandestines Mitglied der KP und Militante in
der Resistance, mit 35 jüngstes Mitglied des Zentralkomitees
der italienischen KP (aus der sie mit 45 als »Linksabweichle-
rin« ausgeschlossen wurde), mit 47 Mitbegründerin von Il Manifesto und immer brillante Theoretikerin, präzise Chronistin
und selbstverständliche Kämpferin.

In all den Jahren kaum eine Front ohne sie. Eine Reise als
Kurierin in den spanischen Untergrund während der Franco-
Diktatur, Gespräche mit Castro gleich zu Beginn der kubani-
schen Revolution. Immer wieder Informationsbesuche in den
sozialistischen Ländern und im maoistischen China. Ihr zentrales Motiv: Kampf gegen Ungerechtigkeit. Begreifen, vermit-
teln, verändern. »Rossandas Arbeiten«, so ein bundesdeut-
scher Kritiker, »haben heute eine ähnliche Bedeutung erlangt
wie einstmals diejenigen Rosa Luxemburgs.«

Da sitzt sie vor mir. Mit dem knabenhaften Körper einer
20jährigen und dem wissenden Blick einer 100jährigen. Diese
schönen Augen schauen ganz genau hin, immer bereit, zu verstehen. Eine gewisse Selbstironie schützt vor Selbstmitleid.

Sie versucht, ihre Traurigkeit über die Redaktionssitzung zu
unterdrücken. 15 Uhr. In einer Stunde muß der Kommentar
fertig sein, 80 Zeilen à 60 Anschläge: »Ich bedaure den Fehl-
schlag des Attentats.«

Ich lasse sie allein in dem Zweimal-zwei-Meter-Verschlag,
der, am Ende des Korridors provisorisch gezimmert, ihr Büro

ist. Il Manifesto hat seit Anbeginn Einheitsgehälter, Rossana Rossanda verdient dasselbe wie eine Jobkraft im Büro. Ihr Budget wird allerdings durch Fernseharbeit in Italien und Buchveröffentlichung im In- und Ausland stark aufgebessert. Die Bürgerliche hat den ihr gewohnten Lebensstil nicht aufgeben müssen und ist froh darum.

Wir kennen uns seit Jahren, haben gemeinsame Freunde in Paris, aber begegneten uns erstmals in Wien, zu einem gemeinsamen Podiumsgespräch. Die ausgelassenen Essen von Wien haben wir in Rom wiederholt. Rossanas Melancholie aber schien mir diesmal noch um vieles tiefer als vor einigen Jahren.

Rossana Rossanda: Ich hatte dir geschrieben, Alice, daß ich zur Zeit sehr müde und ohne Hoffnung bin. Und du hast mir geantwortet: Man muß trotzdem weiterkämpfen! Du hast recht. Ich habe nie aufgehört zu kämpfen. Aber ich habe das bedrükkende Gefühl, immer in der Minderheit zu sein. Am Anfang war ich in der Minderheit als Kommunistin. Dann war ich in der Minderheit innerhalb der Kommunistischen Partei. Seit meinem Austritt aus der KP war ich in der Minderheit innerhalb der äußersten Linken. Seit einigen Jahren nun wird mir die Einsamkeit fast zu groß... Sicher, wenn ich den Präsidenten der Republik anrufe, empfängt er mich jederzeit. Die politischen Parteien laden mich ein, bieten mir an, Europa-Abgeordnete zu werden (ausgerechnet). Ich kann hier und da den Leuten helfen, und ich kann in Il Manifesto meine Meinung veröffentlichen. Aber – ich kann nichts wirklich ändern. Ich bin eine Art linke Mutter der Republik, ein Alibi geworden. Jüngst wurde ich im Fernsehen interviewt. Da war die erste Frage: Na, Signora Rossanda, sind Sie die letzte Kommunistin?

Alice Schwarzer: Was ist los in Italien?

Rossanda: Ich glaube, wir sind augenblicklich ganz, ganz unten. Das Schlimmste ist der Verlust unserer Erinnerung. Ich kenne keine andere historische Periode, in der man sich so wenig an die Vergangenheit erinnern will wie heute. Vor allem die

Jüngeren wischen die Vergangenheit aus: diese 6oer und 7oer Jahre, in denen in Italien so ungeheuer viel passiert ist, die von dem Willen geprägt waren, zu kämpfen. Man glaubte an eine neue Art der Politik – umfassender, konkreter, spontaner. Alles wurde in Frage gestellt: die Familie, die Normalität, der Staat. Aber das ist jetzt vergessen, scheint nur Utopie, nur Illusion gewesen zu sein. Niemand hier glaubt noch an die Revolution. Noch nicht einmal mehr an die Reform. Darum scheint uns hier eure SPD, im Vergleich mit der italienischen Linken, mit der sozialistischen wie der kommunistischen, eine fortschritt- lichere Partei als die unseren.

Schwarzer: Zumindest aus der Ferne...

Rossanda: Auch aus der Nähe. Eine Figur wie Peter Glotz zum Beispiel, der sich kritisch zur Technologie und zur Kern- kraft äußert, so etwas haben wir hier nicht. In Italien beten auch die Linken immer noch dümmlich den technologischen Fortschritt an.

Schwarzer: Bei uns kann sich die SPD das nicht mehr erlau- ben, weil sie Druck von außen kriegt. Von den Grünen etc.

Rossanda: Hier macht niemand mehr Druck. Die ganze ex- treme Linke ist zerschlagen. Die Gewerkschaftsbewegung ebenfalls. Und die Kommunisten, die schon vorher nur Refor- misten waren, haben sich endgültig unglaubwürdig gemacht durch den »historischen Kompromiß« mit den Christdemo- kraten 1976. Jetzt haben wir eine Periode plattester Realpoli- tik. Für die Kämpfe der Vergangenheit gibt es nur noch Verbit- terung und Verachtung. Niemand mehr will sich erinnern.

Schwarzer: Warum nicht?

Rossanda: Jeder Kampf scheint im Rückblick grausam. Grund: der Terrorismus. Der war ja in Italien kein Minderhei- tenproblem, sondern ein Massenphänomen. Nach der Enttäu- schung über den »historischen Kompromiß«, der die Men- schen sehr entmutigte – denn alles hatten sie der KP zugetraut, nicht aber, daß die sich auf die Seite des Staates schlagen würde – schlugen sich Tausende auf die Seite des Terrorismus. Das war der große Irrtum. Es gab in der zweiten Hälfte der 70er Jahre 492 terroristische Gruppen in Italien. Sicher, davon haben nur drei Gruppen und 50 Leute wirklich geschossen. Aber zu ihrem Umfeld gehörten Tausende. Opfer dieses Terrorismus waren nicht nur die wirklichen Schlüsselfiguren, sondern auch ganz banale Mitläufer. Das war einer der Gründe, warum die Massen nicht dahinter standen. Ein anderer war die extrem autoritäre Struktur der Gruppen. Ich glaube, nicht einmal die Revolution wollten sie vom Volk machen lassen, die machten auch sie, im »Namen des Proletariats«. Als sie mit dem christdemokratischen Staatschef Moro die vielleicht interessanteste Figur einer gewissen Politik, eben des historischen Kompromisses, in der Hand hatten, haben sie nicht verstanden, es zu nutzen. Sie haben Moro ohne Grund getötet. Sie wußten, daß sie in der Sackgasse waren. Ihre einzige Alternative: töten oder getötet werden. Das hat der Staat ganz rasch begriffen und genutzt. Es wurden Spezialgesetze gemacht, die »Geständigen« die Strafe erließen und den Verrat von innen förderten. Viele sprachen. Und hörten gar nicht mehr auf. Sie schilderten Grausamkeiten, die sie nie begangen hatten, mystifizierten im nachhinein ihren eigenen Kampf... Damals waren 4000 Leute im Gefängnis: quasi die gesamte extreme Linke. Heute sind es noch etwa 300. Ich begann, den Prozessen beizuwohnen, gegen die Spezialgesetze und für die Menschen zu kämpfen. Ich habe damals für mich die Barbarei der Gefängnisse entdeckt und im Kampf dagegen eine Extra-Zeitschrift gemacht, »Antigone«. Das Establishment respektierte mich zwar, bezichtigte mich aber des »moralischen Sympathisantentums mit den Terroristen«.

Schwarzer: Und die Terroristen?

Rossanda: Die schrieben mir. Und schreiben mir noch. Alle. Ich habe eine Wahnsinnskorrespondenz, denn Menschen im Gefängnis haben viel Zeit zum Schreiben. Seit Jahren bin ich vor allem damit beschäftigt, Leben zu retten – ohne wirklich politisch diskutieren zu können. Ich fühle mich wie die Bewacherin der Erinnerung. Ich sage: Aber nein, ihr wart nicht alle

Idioten, nicht alle Monster. Das hören sie gern. Aber gleichzeitig versuchen sie, zu vergessen. Die 68er Generation, die »alles sofort« wollte, ist in Frankreich zu den sogenannten »Neuen Philosophen« verkommen; in Italien repräsentiert sie heute den »gesunden Menschenverstand«. Sie sind entschlossen, zu vergessen. Sie halten jeden Kampf für schrecklich. Die einzige Idee, die überlebt hat, ist der Feminismus. Der ist einfach in das Leben der Frauen eingedrungen und nicht so einfach wieder rückgängig zu machen.

Schwarzer: Und was wirst du tun?

Rossanda: Wir können nicht an gestern anknüpfen. Die Welt hat sich verändert. Wir müssen eine soziale Analyse machen, uns fragen: Wer sind heute die Besitzlosesten? Für diese Arbeit möchte ich Leute finden. Aber wo? Die Linke ist schwer angeschlagen. Die Gewerkschaften ebenso. Die Kommunisten möchten gerne die besseren Sozialdemokraten werden... Wir leben in einer Zeit der akzeptierten Unterdrückung. Für Italien ist das neu.

Schwarzer: Also resignieren?

Rossanda: Da ich eine Frau bin, die ihr Leben lang für eine Veränderung gekämpft hat, muß ich heute, mit 62, sagen: Mein Leben ist eine Niederlage... Ich war 14, als der zweite Weltkrieg begann. Dann kam der spanische Bürgerkrieg. Dann der kalte Krieg. Ich habe erlebt, wie grausam die Arbeiterbewegungen zerschlagen wurden. Aber die Hoffnung blieb ganz. Obwohl es sehr hart war. Man durfte noch nicht einmal sagen, daß man Kommunist war. Aber man hatte den Eindruck, auf der richtigen Seite der Geschichte zu stehen.

Schwarzer: Du hast eben gesagt: die einzige Idee, die überlebt hat, ist der Feminismus. Wie meinst du das?

Rossanda: Der Feminismus ist heute keine Bewegung mehr. Es gibt in Italien inzwischen eine Art feministische Kultur, die großen Einfluß hat, aber nicht organisiert ist. So gibt es seit dem Sommer die Initiative eines »Frauenpakts« quer durch alle Parteien. Diese Initiative haben autonome Feministinnen ergriffen. Sie fordern die Frauen in den Parteien auf, sich zu ihnen zu bekennen und bestimmte feministische Minimalforderungen innerhalb der Partei öffentlich mitzuvertreten – auch dann, wenn es gegen die Parteiinteressen geht. Dem haben sich erstaunlich viele Politikerinnen angeschlossen. Sogar Christdemokratinnen sind darunter.

Schwarzer: Du selbst hast dich ja erst spät zu den Feministinnen bekannt. Dann hast du neben der »großen« Politik auch Frauenpolitik gemacht. Warum machst du das heute nicht mehr?

Rossanda: Ich habe von 1980 bis 1982 neben Il Manifesto eine Monatszeitschrift für Frauen gemacht, »Minorsa«. Die Zeitschrift ist von innen her kaputtgegangen. Es gab Probleme im Redaktionskollektiv. Das ist diese furchtbare weibliche Selbstzerstörung. Hinzu kommt die gewaltige Gegenoffensive. Im Fernsehen und überall propagieren sie das traditionelle Frauenbild: sehr sexy und sehr dumm. Und das mit Erfolg.

Schwarzer: Wir haben gestern beim Essen mit feministischen Freundinnen von dir diskutiert. Habe ich richtig verstanden, daß heute die meisten autonomen Feministinnen in Italien der Meinung sind, es gäbe einen natürlichen Unterschied zwischen Männern und Frauen, sozusagen eine angeborene »Weiblichkeit«?

Rossanda: So ist es.

Schwarzer: Und wie begründen sie das?

Rossanda: Wir wollen nicht wie die Männer werden. Wir stellen die männliche Kultur in Frage, die Großes geleistet hat, aber auch Kriege gebracht hat, Gewalt, Abstraktion und Macht um der Macht willen. Die Geschichte der Frauen aber, sagen sie, war entweder Unterdrückung, oder aber Kampf um dieselben Rechte. Dann aber werden die Frauen, die es geschafft haben, wie die Männer.

Schwarzer: Aber ist diesen Frauen denn nicht klar, daß, wenn sich die »Weiblichkeit« ändert, sich die »Männlichkeit« mit ändern muß, weil sie die andere Seite der Medaille ist?

Rossanda: Immer wenn ich frage: Was wollt ihr konkret tun? antworten sie: Frage uns nicht nach einem Programm! Wir wollen erreichen, daß alle Frauen sich der heutigen Kultur und dem Staat verweigern. Wir wollen das männliche Geschlecht nicht zerstören. Wir wollen, daß auch unser Geschlecht in seiner Besonderheit anerkannt wird. Der Mann soll begreifen, daß er nicht das einzige Geschlecht auf der Welt ist.

Schwarzer: Diese Feministinnen gehen also davon aus, daß das Geschlecht determinierend für das Denken und Fühlen eines Individuums sei?

Rossanda: Genau das sagen sie. Die Mehrheit der italienischen Feministinnen ist heute dieser Meinung. Ich persönlich teile diese Einschätzung nicht. Ich denke – ganz wie Simone de Beauvoir –, daß das Geschlecht nicht Natur ist, sondern Kultur; daß Weiblichkeit ein Produkt unserer Geschichte ist. Ganz wie in Frankreich Irigaray haben wir hier in Italien Frauen wie Luisa Murano, die nach einer metaphysischen Begründung der weiblichen Sexualität suchen. Meine ganze Haltung ist aber anti-metaphysisch. Ich halte allerdings diese Weiblichkeit ebenfalls nicht nur für minderwertig. Doch diese Suche nach den Hexen und die Behauptung, wir Frauen stünden der Natur näher, finde ich einfach schrecklich. Die Natur ist doch kein Wert an sich. Die Natur ist grausam. Meine Katze tötet alle Schwächeren... Ich bin für die Zivilisation und nicht für ein Zurück zur Natur. Und für die Ratio und gegen die Mystik.

Schwarzer: Diese metaphysische, biologische Argumentation ist auch in der Bundesrepublik recht verbreitet.

Rossanda: Hier kippt es inzwischen ins Religiöse.

Schwarzer: Rossana, du hast in Politik und Öffentlichkeit ein Leben lang wie ein Mann agiert. Als du mit 36 Jahren ins Zentralkommitee der kommunistischen Partei gewählt wurdest, wurde betont, du seist da als »Mensch« reingewählt, nicht als (Alibi)»Frau«. Und du warst stolz darauf. Es hat immer Gründe, wenn Frauen die Kraft und den Mut haben, aus der weiblichen Rolle auszubrechen. Erzähle mir von deiner Kindheit.

Rossanda: Ich bin 1924 in Triest geboren. Meine Mutter war die Tochter eines Offiziers der österreichischen Armee. Mein Vater war ein wohlhabender Anwalt, der in der Krise von 1929 sein Vermögen verlor. Meiner Mutter war das nur recht: sie ging daraufhin arbeiten, hatte eine Stelle als gehobene Sekretärin mit drei Sprachen und viel Spaß daran. Beide, Mutter und Vater, haben mir immer gesagt: eine Frau muß einen Beruf haben wie ein Mann. Ich bin also nicht sehr italienisch erzogen worden. Von der Abstammung her bin ich ein richtiger Bastard: ein Gemisch aus Italien, Mitteleuropa und Jugoslawien. Meine Triebfeder war immer die Wut auf die Ungerechtigkeit. Ich war in der Resistance aktiv. Als ich verhaftet wurde, war mein Vater entsetzt. Vor allem darüber, daß ich ihm nichts gesagt hatte. Das war eine Tragödie. Für uns beide. Mein Vater, der ein sehr kultivierter Mann war, starb früh, als ich 22 war. Meine Schwester und ich wurden dann schnell für meine Mutter verantwortlich, sie war immer viel kindlicher als wir.

Schwarzer: Und die Politik?

Rossanda: Bei meinem Eintritt in die KP hat es mir natürlich den Rücken gestärkt, daß ich im Widerstand war. Ich habe mich auch nie als Arbeiterin verkleidet, habe mein Kostüm immer anbehalten. Meine Unterdrückung als Frau allerdings habe ich lange unterschätzt...

Schwarzer: Du hast früh unter dem Druck deiner Familie eine Studentenehe geschlossen und die dann bald wieder aufgelöst. Erst mit 40 hast du dich wieder gebunden, bist eine feste Beziehung zu einem in Paris arbeitenden Kollegen eingegangen, mit dem du sozusagen eine Ferienehe führst. Wie ist eigentlich dein Verhältnis zu Männern?

Rossanda: Wenn ich heute persönlich Bilanz ziehe, muß ich sagen: Sie haben mich alle immer nur für das geliebt, was ich in der Öffentlichkeit war – die starke Frau. Wenn ich um Hilfe bat, habe ich die nie bekommen. Das ist das einzige, was Männer mir nie zugestanden haben: auch für meine Schwächen geliebt zu werden.

Schwarzer: Ganz schön hart...

Rossanda: Sobald ich schwach bin, ergreifen die Männer die Flucht.

Schwarzer: Immer noch?

Rossanda: Ja.

Schwarzer: Und Frauen?

Rossanda: Ich habe mein Leben lang mehr mit Männern als mit Frauen gelebt. Das hat sich allerdings geändert. Mein Blick auf Frauen hat sich geändert. Sie interessieren mich mehr. Sie sind aber auch interessanter geworden!

Renate Riemeck
Historikerin

Selten war ich auf eine Begegnung so gespannt wie auf die mit ihr. Was
wohl aus ihr geworden war in den letzten 30 Jahren? Renate Riemeck,
1950 jüngste unter den Professorinnen und Professoren in der Bundesrepublik. Um 1958 Vorbild aufmüpfiger StudentInnen nicht nur
in Wuppertal (wo sie an der Pädagogischen Hochschule unterrichtete).
Um 1960 ein öffentlicher »Fall« und erstes Opfer der Berufsverbote,
Grund: angebliche »Ostkontakte«. 1961 Mitbegründerin und
Vorsitzende des Grünen-Vorläufers DFU (Deutsche Friedensunion);
eine Partei, die schon damals gegen Atomwaffen und Aufrüstung, für
Frieden und den Dialog mit dem Osten kämpfte. Und, nicht zuletzt –
soziale Mutter von Ulrike Meinhof und über lange Jahre deren geistiges
wie politisches Vorbild. Das Porträt erschien im September 1989.

Wie habe ich es mit 19 Jahren bedauert, noch nicht wählen zu dürfen (damals ging das erst ab 21). Klar war, wer meine Stimme gekriegt hätte: die DFU! Denn in dieser Zeit der Wiederbewaffnung, des Wirtschaftswunders und des Mauer-Kitsches schien mir bei den Wahlen 1961 die DFU die einzige wirkliche Opposition. Und für diese DFU stand vor allem ein Name, ein Kopf (der auch den »Spiegel«-Titel vom 23. August 1961 zierte): Renate Riemeck, die »muntere Junggesellin, ein wenig viril und ein wenig charmant«, die »in das mickrige Bonner Wahlkampf-Feuer gepustet« hatte (Spiegel).

Mitten im Wahlkampf wurde die Mauer gebaut. Bundes-deutscher Revanchismus hatte Hochsaison. Die DFU bekam gerade noch knappe zwei Prozent und verschwand in der Versenkung. Ebenso Renate Riemeck. Sie tauchte erst wieder auf, als Ulrike Meinhof steckbrieflich gesucht wurde. Erst jetzt wurde bekannt: Renate Riemeck war die soziale Mutter der Meinhof, sie hatte nach dem Tod von Ulrikes Mutter im Jahre 1949 als 28jährige die Vormundschaft für die damals 14jährige und deren Schwester Wienke übernommen. Bis zu Ulrike Meinhofs Eheschließung 1962 blieb sie, nach ihren eigenen Worten, deren »engste Vertraute«.

Die Historikerin und Anthroposophin Riemeck mußte als politisch Unerwünschte 1960 ihre Stellung als Professorin aufgeben und lebt seither von ihrer Arbeit als Referentin und Buchautorin (Veröffentlichungen u. a.: *Mitteleuropa. Bilanz eines Jahrhunderts; Moskau und der Vatikan*). Die große politische Bühne betrat sie nie mehr. Dabei spielte eine späte Kinderlähmung, gegen die sie ab 1960 jahrelang ankämpfen mußte, eine wesentliche Rolle.

Renate Riemeck lebt heute, zusammen mit ihrer Freundin, in einem idyllischen Dorf an der hessischen Bergstraße. Die Frau, die mir die Tür öffnet, ist 28 Jahre älter als die auf dem DFU-Wahlplakat. Aber sie strahlt noch immer die Energie und Angriffslust aus, die sie auch damals gehabt haben muß. Mit den Worten »Ach, das ist ja die Oberhexe!« und einem Handschlag werde ich energisch begrüßt. Nach einer ersten Tasse Kaffee schalte ich das Tonband an.

Alice Schwarzer: Renate Riemeck, Sie waren immer eine Frühstarterin und Ausnahmefrau. Sie haben 1943 mit 23 promoviert und sind dann auch gleich Assistentin an der Uni in Jena geworden...

Renate Riemeck: Kein Wunder, die Männer waren ja alle eingezogen, da mußten sie einfach auf Frauen zurückgreifen. Eigentlich hatte ich das Kriegsende auch schon eher erwartet, nach dem Untergang der 6. Armee. Aber es dauerte dann ja doch noch ein Jahr und ein halbes Jahr dazu, bis es endlich soweit war. Als dann die amerikanischen Soldaten vor Jena standen und, obwohl die deutschen Soldaten alle weg waren, noch anfingen zu ballern – da bin ich denen entgegengezogen und habe gesagt: Sie brauchen nicht mehr zu schießen! Kurz vorher war ich mit einem Bettlaken in der Aktentasche runtergegangen in die Stadt und hatte es zusammen mit einem Vorarbeiter als weiße Fahne auf dem Hochhaus der Zeiss-Werke gehißt. Mein Bettlaken. Das war mein schönstes Kriegserlebnis!

Schwarzer: Sie lebten damals schon mit den Meinhofs zusammen, der Witwe Ingeborg und ihren Töchtern Ulrike und Wienke. Wieso eigentlich?

Riemeck: Das war 1940. Ingeborg Meinhof und ich, wir waren beide im ersten Semester, sie war allerdings elf Jahre älter und gerade verwitwet. Eines Tages gingen wir zusammen ein Stück Weg nach Hause, und da sagte sie zu mir: »Was halten Sie davon? Wie wird das weitergehen mit dem Krieg?« Ich antwortete spontan: »Den Krieg muß Hitler verlieren!« – So begann unsere Freundschaft. Aber die feste Verbindung hat Ulrike gestiftet. Sie war damals fünf und von ihrer Mutter mit einem kleinen Rucksack zu mir geschickt worden, um mir ein Buch zu bringen, an dem wir beide arbeiteten. Sie war ein entzückendes Kind und sehr vertrauensselig. Am nächsten Tag kam sie wieder. Diesmal mit kaputtem Spielzeug. Sie bat mich, ihr Spielzeug heilzumachen. Dann ging sie nach Hause und sagte zu ihrer Mutter: »Du brauchst das Zimmer, das wir übrig haben, nicht mehr zu vermieten. Da zieht die Renate ein. Und heiraten brauchst du auch nicht mehr. Denn die Renate macht das Spielzeug heil.« Ich wurde so etwas wie die große Schwester von Ulrike, und wohl auch eine Art Vaterersatz. Nach dem Tod ihrer Mutter, damals war sie 14, sagte sie zu mir: »Wir haben jetzt nur noch dich.« Na ja, wir sind dann auch zusammengeblieben. Ulrike war so rührend, sie wollte immer, daß ich im Rinnstein unten ging – sie lief dann auf dem Bürgersteig oben, damit sie mich direkt unterhaken konnte. »Du mußt jetzt sehen, daß du mit einem Menschen erwachsener Art befreundet bist«, sagte sie.

Schwarzer: War Ulrike für Sie der wichtigste Mensch bei den Meinhofs?

Riemeck: Ja. Und ich wurde es wohl auch für sie. Sie hing immer an meinen Fersen. Sie war ein unglaublich heiteres, lebhaftes, sehr eigensinniges kleines Wesen, kommunikativ bis zum letzten. Man konnte mit ihr nirgendwo hingehen, ohne daß sie alle Leute unterhielt. Sie war auch der Mittelpunkt einer Bande von Jungs und Mädchen, aber überwiegend Jungs. Im Gegensatz zu ihrer Schwester weinte sie nie, wenn sie Schmerzen hatte. Und sie war sehr gutmütig. Eines Tages fanden wir bei einem Spaziergang auf dem Schlachtfeld von Jena ein kleines Kaninchen, das in eine Grube gefallen war. »Das holen wir raus«, sagte Ulrike und schaffte das auch mit einem Balken. Darüber hat sie dann die erste Geschichte ihres Lebens geschrieben. Ganz typisch für sie ist auch folgendes: Eines Tages kam sie zu mir und sagte: »Du, ich glaube, ich muß den Bubi heiraten.« »Ja, warum denn«, habe ich gefragt. »Der schützt sich immer so an mir«, hat sie geantwortet.

Schwarzer: Menschen schützen und retten, damit war ja Ulrike nun doppelt belastet: durch ihre Familie, in der die Männer seit Generationen Pastoren waren, und durch Sie. In einem Aufsatz über Ihre Kindheit im »Dritten Reich« haben Sie die wesentlichen Stationen geschildert: Kind einer katholisch-protestantischen Ehe; aus großbürgerlichem Elternhaus, aber aus einer zerrütteten Ehe und ab dem zwölften Lebensjahr allein mit der völlig verarmten Mutter, die nicht zum Vater zurückwollte; früh geprägt vom politisch sehr bewußten und »über alles geliebten« Großvater, der Sie schon als Kleines an die Hand nahm und Ihnen die Welt erklärte. Ihre Mutter schickte Sie zwar mit zwölf in die Hitlerjugend (»Wo man singt, da laß dich ruhig nieder«), war aber vom Reichstagsbrand an erklärte Antifaschistin mit Zivilcourage. Sie selbst hatte schon als Schülerin Kontakt zu den Widerständlern und den damals verbotenen Anthroposophen. Nach dem Reichstagsbrand hatte Ihre Mutter zu Ihnen gesagt: »Vergiß nie, daß du jüdischen Kinderärzten zweimal dein Leben verdankst!«

Riemeck: Ich habe ja auch nicht zufällig über »Ketzer« promoviert. Damit meinte ich eigentlich die Juden.

Schwarzer: Was wußten Sie persönlich eigentlich vor 45 Jahren über die KZs?

Riemeck: Es gab nichts, was ich nicht gewußt hätte. Und ich fand es so erbärmlich, daß die Menschen hinterher alle behaupteten, sie hätten nichts gewußt – selbst dann nicht, wenn sie wie wir so nahe bei einem KZ wie Buchenwald lebten.

Schwarzer: Wußten Sie auch von der systematischen Vernichtung der Juden?

Riemeck: Von dem Ausmaß habe ich erst später erfahren. Ich wußte aber, daß sie alle nach Auschwitz geschickt und dort auch umgebracht wurden. Das hat mich natürlich geprägt. Ich habe 1945, kurz vor dem Zusammenbruch, zufällig gesehen, wie Leute aus dem KZ Buchenwald auf der Landstraße von Weimar nach Jena getrieben wurden. Ich sehe diesen ganzen Zug von Elendsgestalten noch heute vor mir... Damals sagte ich leise zu den KZlern: Es dauert nicht mehr lange, es dauert nicht mehr lange. Und ich habe mir geschworen: Nie in meinem Leben werde ich etwas gegen diese Menschen sagen oder gar tun.

Schwarzer: In Buchenwald waren ja überwiegend politische

Häftlinge, Kommunisten und andere Widerständler gewesen. In der Tat haben Sie sich selbst in den Zeiten des Kalten Krieges, als man Sie so hetzte unter dem Vorwand angeblicher »Ostkontakte«, nicht von den Kommunisten distanziert, obwohl sie selbst nie Kommunistin waren.

Riemeck: Das war für mich selbstverständlich.

Schwarzer: Können Sie einmal für diejenigen, die diese Zeit nicht erlebt haben, die Verhältnisse und Ihre Ziele genauer schildern?

Riemeck: Nach dem Krieg war ich entschlossen, in die Lehrerbildung zu gehen, weil die Lehrer die Jugend erziehen. Mein erster Schock kam 1952/53, als unter Adenauer die Diskussion um die Wiederbewaffnung anfing. Von da an war ich sehr wachsam. Als sich die erste Anti-Atom-Bewegung entwickelte, war ich sofort dabei. Damals lehrte ich an der Pädagogischen Hochschule in Wuppertal, und da dachten fast alle so wie ich. Bei einem Protestmarsch gegen die Atombewaffnung ging das ganze Kollegium mit.

Schwarzer: Die Menschen hatten damals ja auch die Schnauze voll vom Krieg.

Riemeck: Stimmt, die Mehrheit wollte keinen Krieg mehr. Wie die dann ganz allmählich umgedreht wurden, das war sehr interessant. Ich engagierte mich damals ganz offen gegen die Remilitarisierung, schrieb Artikel, trat auf Veranstaltungen auf. Einmal sprach ich vor 20 000 Leuten, da war auch der Herbert Wehner dabei. Er sagte zu mir: »Wissen Sie eigentlich, was Sie da tun?« Und ich antwortete. »Ich weiß, was ich tue. Aber wissen Sie, was Sie tun?« – 1960 vollzog die SPD unter Führung von Wehner ihren Rechtsruck und stimmte mit für die Wiederbewaffnung und für die Atombombe. Diejenigen, die jetzt noch wagten, dagegenzureden, wurden immer weniger. Selbst der Physiker Weizsäcker, der Bruder des heutigen Bundespräsidenten, der zunächst gegen die Atombombe gewesen war, kam von einer mehrmonatigen Amerikareise zurück und sagte nun: »Man kann gar nichts machen...«. Mit der Bombe leben! hieß das neue Weizsäcker-Schlagwort, das der Anti-Atom-Bewegung einen schweren Schlag versetzte. Ja, und dann kamen auch noch die Angriffe auf Niemöller. Der war in Polen gewesen und hatte sich nicht von der Oder-Neiße-Grenze distanziert... Dem bin ich dann zur Seite gesprungen, habe einen Artikel darüber geschrieben, wie beschämend es ist, Polen nicht endlich in Frieden zu lassen, und wie aberwitzig, ihnen die Oder-Neiße-Linie übelzunehmen: Denn die stammte ja nicht einmal von den Russen, sondern von Churchill.

Schwarzer: Ein hochaktuelles Thema...

Riemeck: Traurig genug. 1958 habe ich dann noch einen kritischen Artikel über den sehr reaktionären, demagogischen und verdummenden Wahlkampf von Adenauer geschrieben. Das war wohl zuviel. Jetzt wurde ich in der konservativen Presse angegriffen. »Professor Riemeck prüft Marx«, hieß es. Das war der Auslöser der ganzen Hatz. Das Ulkige war, daß ich noch nicht mal Marx geprüft hatte – und wenn, warum nicht –, sondern daß ein Kollege das getan hatte. Das hat mich am meisten gekränkt.

Schwarzer: Das war die Zeit der McCarthy-Prozesse in den USA und des KP-Verbotes in der BRD. Adenauer ließ Kerzen »für unsere Schwestern und Brüder drüben« in die Fenster stellen, und Brandt hielt als Berliner Bürgermeister flammende, antikommunistische Reden. Das Ausmaß der antikommunistischen Hetze kann man sich heute, 20 Jahre nach '68 und auf dem Höhepunkt der »Gorbi«-Euphorie, kaum noch vorstellen.

Riemeck: Ja, und es war auch ganz klar, daß es zu diesem Zeitpunkt in der Bundesrepublik darum ging, ob wir einen Rückfall in die Obrigkeitsstaatlichkeit zulassen und eine Militarisierung allen Denkens und Fühlens. Jemand wie ich mußte da einfach mundtot gemacht werden, weil ich die Wirklichkeit sagte.

Schwarzer: Was war die Wirklichkeit?

Riemeck: Nie wieder Krieg! Und daß wir als Deutsche nicht in das westliche Militärbündnis gehören, sondern als Mitteleuropäer unsere Verbindungen zum Osten erhalten müssen. Und dann kam auch noch die Gründung der DFU – nun stand ich endgültig unter Verdacht, von der »Zone« vereinnahmt worden zu sein.

Schwarzer: Wie kamen Sie eigentlich in diese charismatische Rolle des Stars der außerparlamentarischen Opposition und Gründerin einer Oppositionspartei?

Riemeck: Durch die Proteste gegen mich war ich ja in aller Munde. So kam es, daß sich viele Leute an mich wandten, darunter zum Beispiel der Vater der Geschwister Scholl, ehemalige Emigranten, ganz Linke, aber auch Leute wie Albert Schweitzer, der Urwalddoktor, der damals den Friedensnobelpreis erhielt. Er schrieb mir, es freue ihn zutiefst, daß es Menschen wie mich in Deutschland gebe, und ich hätte ja so furchtbar recht.

Schwarzer: Und Ulrike Meinhof in dieser Zeit?

Riemeck: Ulrike studierte damals noch in Gießen und war verlobt mit einem sehr netten jungen Mann, der ausgerechnet Atomphysiker war. Katholisch war er auch noch. So kam es, daß sie zunächst gar nicht begeistert war von der Anti-Atom-Bewegung. Sie sagte: Um Gottes willen, mach das bloß nicht. Ich antwortete ihr: Das ist deine Meinung, du mußt selber sehen, wie du da hinein- und hinauskommst... Na schön, die Verlobung löste sich auf, und sie ging an die Uni Münster. Da kam sie rasch in Kontakt mit Leuten aus der Anti-Atom-Bewegung und machte dann auch bald selber mit. Von Münster ging sie nach Berlin, begegnete Klaus Röhl und fing an, in »konkret« zu schreiben. Ich blieb in all den Jahren so eine Art Zuflucht für sie. Vor allem nachdem sie 1962 die Zwillinge bekommen hatte und ja auch gleichzeitig ein Tumor in ihrem Kopf entdeckt worden war. Ulrikes Kinder waren in den ersten Jahren viel hier, bei mir und meiner Freundin, wir haben die Zwillinge mit großgezogen. Ulrikes Ehe lief ja auch sehr schnell schief. Ich bin gar nicht so sicher, ob der Konflikt wirklich soviel mit Politik zu tun hatte. Ulrike war, glaube ich, vor allem verletzt über seine Frauengeschichten. Ich weiß noch, wie es

Weihnachten 1965 draußen plötzlich hupte: Ho-Ho-Ho-Chi-Minh. Und dann stürmten auch schon die Zwillinge rein, und die schrien auch: Ho-Ho-Ho-Chi-Minh. – Ja, also, Kindererziehung, da kann ich mitreden.

Schwarzer: Nicht nur da. Wenn Sie einmal den Vergleich ziehen zwischen der DFU damals und den Grünen heute...

Riemeck: Ich habe nie die Konstruktion einer Partei für richtig gehalten. Deswegen habe ich mich damals ja auch geweigert, Alleinvorsitzende zu werden. Wir waren ein Dreierkollegium. Eigentlich wäre ich eher für eine Bewegung gewesen, nicht für eine Partei. Denn solange etwas in Bewegung ist, solange ist da auch noch Leben drin. Danach verhärtet sich das, entstehen nach ganz bestimmten Gesetzen sich verselbständigende Strukturen. Das war mir ganz klar, ich habe schließlich Geschichte studiert: In dem Moment, wo man sich institutionalisiert, müssen alle Aufbruchsgefühle und Utopien weichen... Die Grünen hatten es aber vor dem Hintergrund der ihnen vorangegangenen Jahre des politischen Aufbruchs sehr viel leichter. Man konnte die Grünen nicht mehr so isolieren wie einst die DFU. Auch, weil sich in der ganzen Welt etwas verändert hat.

Schwarzer: Sie haben viel über die Rolle der Kirche, Sekten und Geheimbünde – wie die Freimaurer – geschrieben. Wie beurteilen Sie heute die Rolle des Vatikans in der Ostpolitik, gerade auch im Zusammenhang mit Polen und der UdSSR?

Riemeck: Mit dem Wojtyla-Papst hat das mächtige Kardinalskollegium sich ein wahres Bollwerk gegen den Osten, gegen den Kommunismus und gegen Rußland ausgesucht. Mit Wojtyla ist nun wirklich einer der altmodischsten katholischen Bischöfe zum Papst gemacht worden. Der ist total veraltet, auch innerhalb der katholischen Kirche.

Schwarzer: Aber doch kein Zufall. Ein Kommunisten-Fresser und Frauen-Fresser...

Riemeck: Na klar! Diejenigen, die an den Schalthebeln der

Macht im Vatikan sitzen, wollen ja auch genau so einen Mann auf diesem Platz.

Schwarzer: Christentum und Islam sind – trotz oder sogar wegen ihrer reaktionären Führer – beide wieder im Kommen und beide auf Rückschritt eingestellt. Die Schar der Gläubigen wächst dennoch. Stoßen die Religionen da in ein Vakuum? Haben Kommunismus und Sozialismus ein zu eindimensionales materialistisches Denken, haben sie die metaphysischen Bedürfnisse der Menschen vernachlässigt?

Riemeck: Nach der Aufklärung kommt die Romantik... Die psychologische Macht von religiösen Führern wie Papst oder Khomeini ist zweifellos unterschätzt worden. Dennoch glaube ich, daß einige Errungenschaften der Aufklärung nicht mehr rückgängig zu machen sind.

Schwarzer: Wenn ich mir die Entwicklung im Islam so anschaue, auch und gerade, was die Frauen betrifft, bin ich nicht so optimistisch. Es ist ja kein Zufall, daß gerade jetzt so frauenfeindliche Religionen wieder einen Aufschwung bekommen.

Riemeck: Bestimmt nicht. Es ist ja auch unerhört, daß die Frauen sogar hier verschleiert rumlaufen und selbst hierzulande Moscheen und Koranschulen gebaut werden können.

Schwarzer: 1970 war noch eine Zeit der Aufklärung. Trotzdem ging Ulrike Meinhof damals in den Untergrund, vertauschte die Schreibmaschine mit dem Maschinengewehr. 1971 haben Sie, Renate Riemeck, in einem offenen Brief an Ulrike appelliert: »Mit propagandistischem Symbolismus ist dem amerikanischen Imperialismus nicht beizukommen (er ist kein Papiertiger). Genauso, wie man den Verhältnissen in der BRD nicht mit einem bloßen Symbol einer selbsternannten ›Roten Armee‹ beikommen kann (...) Ich weiß nicht, wie weit dein Einfluß innerhalb der Gruppe reicht, wie weit deine Freunde rationalen Überlegungen zugänglich sind. Aber du solltest versuchen, die Chancen von bundesrepublikanischen Stadtguerillas einmal an der sozialen Realität dieses Lands zu messen.« – Ulrike antwortete nie.

Riemeck: Ulrikes Sprung aus dem Fenster, der am Anfang ihres Weges in den Untergrund stand, war ganz sicher eine Kurzschlußhandlung. Dann konnte sie nicht mehr zurück. Zuletzt war sie, glaube ich, nur noch die Gefangene der Gruppe. In den Jahren zuvor war sie ja von den politischen Themen mehr und mehr auf soziale Themen gekommen. Heimkinder, das war ihr Problem, Bambule. Ich glaube, das hatte auch viel mit ihrer ganz persönlichen Situation zu tun: Schließlich hatte sie kleine Kinder, von denen sie nicht wußte, wohin mit ihnen. Zuletzt wirkte sie sehr müde, sehr resigniert auf mich. »Es hat alles keinen Zweck mehr«, sagte sie 1969. – Auffallend fand ich auch, wie unsicher und wankelmütig sie in ihren Auffassungen geworden war. So hatte sie zum Beispiel den Kaufhausbrand in Frankfurt, in den Baader und Ensslin verwickelt waren, in einem ersten Text sehr scharf verurteilt. Ich sagte entsetzt zu ihr: Das darfst du so nicht schreiben! Vermutlich hat auch der Klaus (Röhl) ganz ähnlich argumentiert. In dem Artikel, den sie dann kurz darauf veröffentlichte, schrieb sie jedenfalls genau das Gegenteil. – Ich dachte, mein Gott, was soll aus Ulrike werden? Sie kam mir damals so schwach und manipulierbar vor. Als sie sich dann von Röhl trennte, wußte sie noch nicht einmal, wie sie die Kinder ernähren sollte.

Schwarzer: Was ist eigentlich aus den Zwillingen geworden?

Riemeck: Denen geht es gut! Die eine wird Ärztin, die andere Journalistin. Sie haben dasselbe Lachen wie Ulrike – genauso hell und mitreißend.

Schwarzer: Wie erklären Sie sich eigentlich, daß Ulrike in all den Jahren im Untergrund und im Gefängnis nie versucht hat, Kontakt mit Ihnen aufzunehmen?

Riemeck: Ich glaube, sie hätte nicht gewußt, wie sie das alles vor mir rechtfertigen soll. Und sie hat wohl auch Angst vor meinen Argumenten gehabt.

Schwarzer: Hat man in dieser Zeit versucht, auch auf Sie Druck auszuüben.

Riemeck: Klar. Autokontrollen, eine Razzia mitten in der

Nacht. Und ein sehr merkwürdiger Besuch. Eines Tages fuhr hier bei mir vor dem Haus ein schicker Mercedes vor, und ein großer, eleganter Herr mit Blumenstrauß stieg aus. Er stellte sich vor als »Herr Klaus«, Klaus mit Nachnamen, aus Godesberg, vom Bundeskriminalamt. Wir hatten hier ein ungefähr anderthalbstündiges Gespräch. Er behauptete, er komme »aus Sorge um Ulrike« (ausgerechnet!). Und er fragte mich, ob ich »nicht etwas tun will für Ulrike«, ihr zum Beispiel raten, »ins Ausland zu gehen, vielleicht nach Kuba«.

Schwarzer: Wann war das genau?

Riemeck: Im Spätherbst 1971.

Schwarzer: Aber das war ja dann Monate vor der Verhaftung von Ulrike!

Riemeck: Genau. Sie wurde ja erst am 15. Juni 1972 verhaftet.

Schwarzer: Und wie stellte sich das Bundeskriminalamt ein solches Treffen zwischen Ihnen und der damals als »Top-Terroristin« im ganzen Land Gejagten vor?

Riemeck: Das fragte ich Herrn Klaus auch. Ich sagte ihm, daß ich ja noch nicht einmal wisse, wo Ulrike sei, sie also gar nicht treffen könnte. Das ließe »sich arrangieren«, antwortete mir Herr Klaus. Auch der Flug nach Kuba ließe sich arrangieren.

Schwarzer: Heißt das, daß auf dem Höhepunkt der RAF-Fahndungshysterie das Bundeskriminalamt in Wahrheit wußte, wo die RAF zu finden war?

Riemeck: Genau das heißt es. Das war in der Zeit, in der schon Brandt/Scheel an der Regierung waren und das Berlin-Abkommen kurz vor dem Abschluß stand, das muß man zum politischen Hintergrundverständnis wissen. »Wir wissen«, sagte Herr Klaus, »daß das Ganze zusammenbricht, wenn Ulrike aus der Gruppe rausgebrochen wird.« – Ich stieg also zum Schein darauf ein und fragte: »Und wo soll ich Ulrike treffen?« – Da antwortete mir Herr Klaus: »Vielleicht in der DDR.« – Das lehnte ich ab.

Schwarzer: Soll das heißen, daß Ulrike zu der Zeit in der DDR war?

Riemeck: Nein, sie war hier in der BRD. Aber sie kannten ihre Unterkunft! Und zwar zu einer Zeit, zu der es die meisten Toten der RAF noch nicht gab.

Schwarzer: Das heißt, all diese Toten hätten verhindert werden können... Das BKA aber hat, obwohl es die Leute jederzeit hätte verhaften können, die RAF weiter agieren lassen. Um weiterhin einen Vorwand für die Sympathisanten-Hatz und die Jagd auf alle Linken zu haben?

Riemeck: So ist es.

Schwarzer: Sind Sie eigentlich im Wissen um solche Hintergründe und Mechanismen aus der aktiven Politik ausgestiegen?

Riemeck: Nein. Das hatte wirklich nur gesundheitliche Gründe. Ja, aber noch etwas kam hinzu: Ich hatte keine Lust mehr, andauernd die parteiinternen Querelen der DFU zu glätten und fühlte mich auch als Aushängeschild von den progressiven Männern mißbraucht.

Fotonachweis

Domenica, Margarete Mitscherlich-Nielsen, Marion Gräfin Dönhoff, Elfriede Jelinek, Pina Bausch, Inge Meysel, Rossana Rossanda, Renate Riemeck: Bettina Flitner / Irmgard Keun: Isolde Ohlbaum / Franziska Becker: Walter Neusch / Romy Schneider: Gabriele Jakobi / Erika Pluhar: Emma-Archiv / Margarethe von Trotta: Filmverlag der Autoren / Nina Hagen: Gernot Huber / Gianna Nannini: Emma-Archiv

Warum gerade sie? Warum hat Alice Schwarzer gerade diese Frauen interviewt? Und warum haben gerade diese Frauen es geschafft, »berühmt« zu werden?

In einem einleitenden Essay analysiert die Autorin die Gründe. So unterschiedlich die von ihr porträtierten Frauen sind, eines haben sie gemeinsam: Sie alle sind Vorbilder, Idole. Und sie alle sind Querdenkerinnen, von der Prostituierten bis zur Schriftstellerin.

Alice Schwarzer stellt die Machtfrage. Sie forscht bei den berühmten Frauen nach den Gründen ihrer Stärke – ohne dabei die Schwäche und Verletzlichkeit auszublenden. Bei ihren Beobachtungen und Befragungen sucht sie immer vor allem nach den Brüchen, die es diesen Frauen möglich gemacht haben, »aus dem Käfig der Weiblichkeit auszubrechen«. Auffallend ist dabei, wie viele der Frauen aus »nicht normalen« Verhältnissen kommen, wie viele Entwurzelte sind.

Der Blick der Autorin und ihre Fragen zeigen diese Frauen, die wir zu kennen glauben, in einem neuen Licht. »Natürlich«, sagt Alice Schwarzer, »sehe ich in jeder einzelnen auch ein Stück von mir. Befragung ist immer auch Selbstbefragung.«

Alice Schwarzer, 1942 geboren, seit 1977 Emma-Herausgeberin. Zahlreiche Buchveröffentlichungen, darunter: *Frauen gegen den § 218*, 1971; *Der kleine Unterschied und seine großen Folgen*, 1975; *Mit Leidenschaft. Eine Bilanz*, 1981; *Simone de Beauvoir heute – Gespräche aus zehn Jahren*, 1982.

Tatjana Tolstaja
Stelldichein mit einem Vogel
Erzählungen
Aus dem Russischen von Sylvia List
ca. 112 Seiten. Gebunden. ca. DM 28,–

Auch in der Sowjetunion sind es nun die Autor*innen*, die das besondere Augenmerk der Öffentlichkeit auf sich ziehen. Mit unkonventioneller Prosa hat die junge Leningrader Autorin Tatjana Tolstaja auf sich aufmerksam gemacht. Mit ironischer Distanz beschreibt sie in ihren Erzählungen mit Vorliebe »Sonderlinge«, Menschen, deren phantastische bis groteske Vorstellungen mit einer harten, illusionslosen Wirklichkeit zusammenstoßen, dem banalen Alltag in der UdSSR heute.

Ljudmila Petruschewskaja
Cinzano
Theaterstück in zwei Teilen
Deutsch und mit einem Nachwort von Rosemarie Tietze
Luchterhand Theater. 72 Seiten. Broschur. DM 12,80

»Meine Stücke sind wie Küchenschaben, sie kriechen in alle Ecken und Winkel.«
Ljudmila Petruschewskaja, eine der herausragenden sowjetischen Autorinnen, die seit Gorbatschow veröffentlichen und reisen dürfen, ist durch Lesungen und Theateraufführungen in München, Hamburg und Freiburg auch bei uns einem breiten Publikum bekannt. Die Autorin über ihr Stück: »*Cinzano* ist ein absolutes Dokumentarstück, ich habe praktisch jeden Satz selbst gesammelt.«

Kerstin Hensel
Hallimasch
Erzählungen
152 Seiten. Engl. Broschur. DM 24,–

»Ich glaube, daß Literatur, vielleicht auch einiges von meiner, ein paar mehr Leute vor jenem Schlaf bewahren kann, der die Sinne mürbt und jene schiefe Behaglichkeit erzeugt, die wir Wohlstand und Optimismus nennen.«
Anna Seghers und Günter Grass mögen als Vorbilder für ihre kraftvolle Prosa stehen, die phantastische Mittel spielerisch einbezieht. Auf Anhieb aber hat Kerstin Hensel einen ganz unverwechselbaren eigenen Ton gefunden, provokant, von spröder Skepsis, rigoros: eine der herausragenden Nachwuchsbegabungen der DDR.

Aysel Özakin
Die blaue Maske
Roman
Deutsch von Carl Koß
ca. 240 Seiten. Gebunden. ca. DM 29,80

Die Suche nach der Freundin wird für eine türkische Autorin zu einer Reise zurück in ihr beengtes Leben in der türkischen Provinz und zu einer bitteren Bilanz des Unverständnisses, auf das sie hierzulande bei ihren Landsleuten und bei denen, die sich aufgeklärt geben, stößt.
»Aysel Özakin schreibt mit den Augen, mit den Fingerspitzen. Sie ist eine Poetin der Prosa.« *Ingeborg Drewitz*

Natascha Wodin
Einmal lebt ich
Roman. 240 Seiten. Gebunden. DM 29,80

Eine Frau erzählt die Geschichte ihrer Kindheit und Jugend im deutschen Wirtschaftswunderland. »Von der extremen Erfahrung des Einzelseins handelt diese Geschichte, von einem urmenschlichen Zustand, den der Heimatlose und Unzugehörige im Äußersten erlebt«, schreibt Natascha Wodin, die 1945 als Tochter russischer Emigranten geboren wurde, über ihren neuen Roman.
Ausgezeichnet mit dem Brüder-Grimm-Preis der Stadt Hanau.

Waltraud Anna Mitgutsch
Ausgrenzung
Roman. 288 Seiten. Gebunden. DM 32,–

Jakob ist nicht krank, er ist anders als andere Kinder. Mit dem Versuch der Ärzte, Pädagogen und Therapeuten den »Fall« durch eine zweifelhafte Diagnose (Autismus) in ein System zu zwingen und die Mutter schuldig zu sprechen, beginnt die Isolierung zweier Menschen.
»Ein grausamer und mit bewunderungswürdiger Folgerichtigkeit erzählter Leidensweg.«
Eva Haldimann, Neue Zürcher Zeitung